医路书香·读书

王虹 丁强 成运芬 主编

江苏凤凰文艺出版社
JIANGSU PHOENIX LITERATURE AND ART PUBLISHING

图书在版编目 (CIP) 数据

医路书香·读书 / 王虹，丁强，成运芬主编. -- 南京：江苏凤凰文艺出版社，2025. 1. -- ISBN 978-7-5594-9047-6

Ⅰ.G236

中国国家版本馆 CIP 数据核字第 2024FN1924 号

医路书香·读书

王 虹 丁 强 成运芬 主编

责任编辑	傅一岑
装帧设计	南京融蓝文化发展有限公司
责任印制	杨 丹
出版发行	江苏凤凰文艺出版社
	南京市中央路 165 号，邮编：210009
网　　址	http://www.jswenyi.com
印　　刷	江苏省高淳印刷股份有限公司
开　　本	718 毫米 ×1000 毫米　1/16
印　　张	25.75
字　　数	330 千字
版　　次	2025 年 1 月第 1 版
印　　次	2025 年 1 月第 1 次印刷
书　　号	ISBN 978-7-5594-9047-6
定　　价	68.00 元

江苏凤凰文艺版图书凡印刷、装订错误，可向出版社调换，联系电话 025-83280257

《医路书香·读书》编委会

主　编

王　虹　丁　强　成运芬

责任编辑

何雨田

编委名单

丁　强	万红慧	王　虹	王一方	王人颢	王建六	方秉华
申文武	田晓青	成运芬	刘永耀	刘宏石	许　平	吴希林
吴晓燕	何雨田	张　蒙	张秀卿	陈清江	陈国忠	陈　曦
武素英	林　栩	徐　勇	徐　婕	韩启德	温秀玲	

（姓名按姓氏笔画排序）

序言　精神阅读：在书卷中洗涤自我

王一方

中国医院协会医院文化专委会近年来组织开展"医路书香·读书"活动，以推动医护人员借阅读医学人文书籍感悟医学人文精神，提升自身医学人文素养，并在征集的800余篇征稿中甄选出百余篇优秀文章结集出版，嘱我在书前说几句话，我感到很荣幸。待读完书稿，更是感到十分的惊喜。

医护岗位的一个鲜明的职业特征是终身学习，但一些医护同仁对此的理解有些片面，以为只是读专业书，而不读杂书，包括以医务生活为素材的文学作品，于是造成医护的管状视野，导致职业生活的沉闷、心智的板结。医护的生活是五光十色的，有着丰富的社会链接，洞悉诸多苦难的表情、生死的呼告，感受、积淀着厚重的人生哲理与圆融的生命智慧。仅仅读教科书、参考书，很难打开这扇门。无疑，繁重的职业操劳会挤占医护有限的闲暇，电子媒介的发达又在蚕食本属于书刊阅读的局促时光，朋友们辩称"读屏也是阅读"，这种说法有一定的道理，但读屏不能取代读书、读刊——前者多是碎片化的信息接收、浏览，只能算是浅浅的阅读；后者则是心灵的对话，关乎生命的价值、意义，以及医学的使命、医护人员的爱与担当，是深层次的人类理解，是人与人智慧的对话，不可完全画等号。此时此刻，中国医院协会文化委倡导跨学科的精神阅读，是一件有意义的创举，开启了医学职业生活的新气象。

对于每一位有精神生活的医护人员来说，一本好书的陪伴与精读，首先是职业生活的洗礼，这一洗要洗去蒙面的灰尘、蒙心的污垢，建构一副强健的职业筋骨。为何除了技术专家，我们还必须是社会精英、道德承重墙？医护的技术魅力为什么不是人格魅力？种种危机面前，为何我们总是逆行者？世间有人利己，有人利他，为何我们要坚定地选择利他？要知道，成熟的医护人员深知内心的平衡比技术的精进更重要。当下，医护的神圣光环、医疗技术的突飞猛进，带来社会的过度期许，尤其是过分道德化的期许。临床生活中，医护与患者共情，给予患者关怀，自己也需要他人的共情与关怀，渴望更多的理解与支撑。因此，医护岗位不仅需要专业知识与技能，还需要丰富的阅历与强大的心理素质，譬如直面残酷的身心苦难，生死转圜的心理刺激与自我平复。

《当呼吸化为空气》一书的阅读，常常勾起医护自身患病或陪护亲人的复杂思绪。这是一次触痛心灵的角色互换，也是一次对职业价值、意义的深刻反思。白大褂与病号服，揭示了医护的二元身份——有时是医护，有时是患者或患者家属。无疑，白大褂象征着权威、力量、洁净、坚毅，病号服象征着谦卑、脆弱、无助、恐惧、焦虑、沮丧、迷茫……换衣即跨越，顷刻间完成了身份、地位、心理、社会境遇、伦理角色的跨越。无怪乎柏拉图曾断言"只有生过病的医生才是真正的好医生"。疾苦体验与咀嚼的丰富细节，超越了教科书和执业经历中的感知，是对疾病和自我认知的突破。疾病叙事揭示了生物医学视域之外的社会关系的震荡与破裂——疾病角色的罪感萌生（连累他人与家人），家人、同事、朋友心态与姿态的改变（过度关注、零度诊疗、厌恶、躲避、虚伪、欺瞒），对社会支撑（心理倾诉、灵魂安抚）的渴望；开掘处疾病关注之外的生命（职业）信心、信念的崩解——对生命未来的失望与绝望，生命坦荡、豁达的稀缺；凸显更丰富的个体死亡想

序言　精神阅读：在书卷中洗涤自我

象——如死亡逼近的读秒感，死亡恐惧与重生渴求、现世眷恋；撞击出医生对医学功能、技术价值、医生角色、医院服务内容（手术—药物）的重新认识——对疾苦与死亡的反思与忏悔，对职业冷漠、技术傲慢、贪婪（滥用冗余技术）的批判，自我诊疗评估，以及代价的掂量与认知。通过医患角色转换，医生世界（客体、观察的）与患者世界（主观、体验的）视域交融，医生对患者的疾痛、苦难从抽象同情到体验同情（共情），促成道德感、使命感的升华，以及灵魂的向上与向善，从而替代由道德训导到伦理自觉的传统路径，完成从生命自觉到文化（道德）自觉的转化。一场疾病能够从灵魂深处回答医患之间共情的迫切性、患者为中心的合理性、过度医疗的荒诞性和利他人格的纯粹性。

如果打开米哈里·契克森米哈赖的《心流》一书，则可以洞悉利己快感与利他快感的奥秘，明了为何"做自己真心想做的事情不苦/不累"，在心灵深处发现利他意义，继而超越利己快感，发现利他快感，服务他人，不仅惠及他人，也快乐自己。"每一位医护心中都住着一位难忘的患者"，如此才活得有滋味、有品位，因此利人即利己，利他是有道德的利己。培育利他互惠机制，有利于和谐医患关系的缔结，这是伦理推理路径的改变。但持良善之心，不求即时回报，内心平衡，继而心安理得。只有利他行为才能令我们真正享受服务乐趣，提升服务技能，相反，失去服务机会则会产生无聊感、空虚感、价值支撑感。

当夜色深沉，医护人员可能还在加班救人，也可能青灯黄卷，在阅读静思。阅读的本质不只是走进别人的精神世界，而且是垒砌自我的精神世界，通过与人对话，实现与己对话，与心灵对话，打开心结，沐浴心房，愉悦身扉。心透亮了，每天的生活都是甜的。

王一方，北京大学医学人文学院

目录

生活启迪·心灵疗愈

骑着自行车去月球
　　——读蔡磊《相信》有感　　　　　　　　郝淑煜　003
身体的局限与精神的无限
　　——读史铁生《命若琴弦》　　　　　　　田晓青　008
以希望之琴弦，奏生命之凯歌
　　——《命若琴弦》读后感　　　　　　　　俞睿妮　012
生命的琴弦
　　——读《命若琴弦》　　　　　　　　　　郭宇航　015
举重若轻
　　——从《万物有灵且美》看医患关系　　　成运芬　019
最终的落脚点是爱
　　——读《万物有灵且美》有感　　　　　　梅雪　024
清醒地面对荒诞
　　——读《鼠疫》有感　　　　　　　　　　柏小丹　028

从文学的角度看待疫情

　　——重读加缪小说《鼠疫》后的思考　　　　　舒砚　031

灾难中的人性之光

　　——读《白雪乌鸦》有感　　　　　　　　　慕佳佳　034

世事无常须直面，人生从来是自愈

　　——读史铁生《我与地坛》有感　　　武海亮　唐艳　037

莫里教授的哭与笑

　　——读《相约星期二》　　　　　　　　　　成运芬　040

凝视生活之庸常，洞察生命之哲思

　　——读刘亮程《一个人的村庄》　　　　　　成运芬　044

是谁，拨动了我思乡的弦

　　——写给我的村庄，读刘亮程有感　　　　　贾志英　049

镭姑娘的光亮照亮黑暗

　　——读凯特·摩尔《发光的骨头》　　　　　何晓妍　053

一场爱的救赎

　　——《姐姐的守护者》观后感　　　　　　　尹霞　056

振翅而飞的蝴蝶

　　——观《潜水钟与蝴蝶》有感　　　　　　　段盛之　059

让我再多救一个！

　　——观《血战钢锯岭》有感　　　　　　　　刘荣森　063

读懂生死

　　——读村上春树《挪威的森林》　　　　　　张恕玢　066

生之炼曲

　　——读《先知》有感　　　　　　　　　　　葛俐娜　070

救赎与自救

  ——让《偷影子的人》温暖春寒　　　　　　赵香梅　073

人性的温热

  ——读《许三观卖血记》　　　　　　　　何宇恒　077

生命缝隙中的爱

  ——观《最爱》有感　　　　　　　　　　廖大伟　081

热泪盈眶，热爱生活

  ——观《我不是药神》　　　　　　　　　朱良啸　084

有工作也有生活

  ——读林语堂《苏东坡传》有感　　　　　张超　088

医学温度·重拾信仰

勾勒姆医生与医学的真相

  ——读《勾勒姆医生：如何理解医学》有感　王一方　095

不断创新的医学

  ——读威廉·奥斯勒《生活之道》　　　　罗莎　104

假如人体没有痛

  ——读《无极之痛》　　　　　　　　　　田晓青　108

每位医生的心中都住着一个难忘的病人

  ——读《最后的期末考》　　　　　　　　田晓青　111

梦有多远，就能走多远

  ——读《林巧稚传》有感　　　　　　　　马元　115

不为良相，当为良医

  ——读《林巧稚传》 史晓琳 118

"糖丸"爷爷

  ——读《顾方舟传》有感 闫瑞芳 张丽萍 崔献梅 122

秋兰以为佩

  ——观《仁医胡佩兰》有感 王文志 125

热爱、奉献以及真正的医者

  ——读《向西而歌：400位上医人西迁重庆的故事》有感

                     龙利蓉 128

医者仁心

  ——读《一个医生的故事》 吴锋耀 132

医生的敬畏与无畏

  ——读郎景和《一个医生的故事》有感 陈慧 136

医生有温度，医学才温暖

  ——读韩启德《医学的温度》 惠秦 139

人文医学，和合共美：探寻人文医学的初心

  ——读《医学的温度》 曹娟 142

我们是最能让他们安心的存在

  ——读《医学的人文呼唤》有感 胡冰心 146

顺着信仰的藤蔓生长

  ——观《良医》有感 毕欣荣 149

高处不胜寒，孤独守初心

  ——观《孤高的手术刀》有感 任慧芳 151

何为"医者仁心"

  ——观《医道》有感 　　　　　　　　　　刘玉宏　154

电影内外，体悟医学人文

  ——读《电影叙事中的医学人文》　　　　潘懿敏　158

从医为人当如是

  ——《协和医事》读后感 　　　　　　　　杨斌　162

一往无前，双向奔赴

  ——读谭先杰《一个协和医生的温情记录》　王倩倩　166

医学探索·敬畏生命

一位医生的"初心"

  ——读《打开一颗心：一位心外科医生手术台前的生死故事》

  　　　　　　　　　　　　　　　　　　　田晓青　173

以平凡之躯，比肩神明

  ——读《打开一颗心：一位心外科医生手术台前的生死故事》

  　　　　　　　　　　　　　　　　　　　王笺　178

ICU的诱导

  ——《亲爱的ICU医生》序言 　　　　　　王一方　181

那些朝着希望奔跑的美好生命

  ——观《人间世》有感 　　　　　　　　　顾秀竹　185

折翼的天使

  ——观看纪录片《人间世》有感 　　　　　储琼　188

当不得不说再见

  ——观看纪录片《生命缘》   黄宇昕 192

一门之隔,隔的是伟大的母爱

  ——《生门》观后感   武丽娜 段丽珍 195

一个人的笑对,一群人的坚守

  ——观《急诊室故事》有感   姜佳琪 198

每位父母都能找到自己的身影

  ——观《闪闪的儿科医生》有感   严冬琳 201

探索医学与人性的旅程

  ——《豪斯医生》观后感   付丁凯 205

种星星的人

  ——《入殓师》观后感   胡靖斯 208

生命之重

  ——《入殓师》观后感   周婷婷 211

大爱无疆

  ——读《无国界医生手记》有感   张以豪 215

每一个故事都值得被记录

  ——读《白色记事簿》有感   王靖文 218

医学与解题,敌人与战友

  ——读《生命的反转》   谢珉宁 221

用柳叶刀治愈心脏,用文字疗愈心灵

  ——读《治愈一颗心:剑桥心脏外科大师的内心独白》有感 丁一 225

医者的长征

  ——读《让我护佑你的心:"心佑工程"纪实》有感   戴瑛 231

"尤里卡！"

  ——读《仁心词话》 　　　　　　　　　　陈罡　235

被爱珠串的文字

  ——读《所有的爱都值得》　　　　　　土牛　238

向光而行，自造人生

  ——读《自造》　　　　　　　　　　　杨博雅　242

向死而生·直面人生

面临死亡之时，最能见人心见人性

  ——读《死亡如此多情》　　　　　　　韩启德　247

离别，请尽情哀伤

  ——读《死亡如此多情》有感　　　　　雷文静　250

死亡亦需要尊重

  ——《死亡如此多情》读后感　　　　　赵青青　254

敬畏生命，尊重死亡

  ——读阿图·葛文德《最好的告别》　　　李昂　257

我们都有最好的告别

  ——《最好的告别》读后感　　　　　　郭羿辰　260

母亲的告别，逝若秋叶

  ——读《最好的告别》　　　　　　　　刘畅　264

肿瘤科医生的思考：直面生命的无常

  ——读《当呼吸化为空气》　　　　　　吴海军　268

有意义的生活包括接受苦难
  ——读《当呼吸化为空气》 　　　　　　　　　　　王佳慧　273
告别
  ——读《当呼吸化为空气》 　　　　　　　　　　　杨双双　277
给人生一场尽欢的拥抱
  ——观《遗愿清单》 　　　　　　　　　　郭燕晶　武丽华　280
向死而生
  ——《遗愿清单》观后感 　　　　　　　　　　　　　李野　283
奉献爱心，关怀他人
  ——观《遗愿清单》有感 　　　　　　　　　　　　　尚玥　288
医学是与生命共情的产物
  ——读《死亡的脸》有感 　　　　　　　　　　　　　许一凡　291
真正的死亡，是被世界遗忘
  ——《寻梦环游记》观后感 　　　　　　　　　　　　刘慧　294
把死亡当作礼物，你要吗？
  ——读《生命的五种恩赐》 　　　　　　　　　　　　田晓青　297
银色旅程：生命的终极叩问
  ——读《谁在银闪闪的地方，等你》 　　　　　　　　马艳艳　301
迷失在时间里的旅行者
  ——观《困在时间里的父亲》有感 　　　　　　　　　贺国庭　305
不仅仅为了那些生命中的感动
  ——读张大诺《她们知道我来过》 　　　　　　　　　　高雯　309
那一团生命的篝火
  ——关于阿尔茨海默病的电影《脐带》观后记 　　　　黄杰华　314

病房里的烟火气
　　——《太阳透过玻璃》读后感　　　　　　　　　　　许丽莉　318
爱的寄语
　　——《妈妈》《不能流泪的悲伤》观后感　　　　　王敏　321

沟通共情·和谐医患

我在这里
　　——读《照护：哈佛医师和阿尔茨海默病妻子的十年》　李琦　327
共情：医患沟通的基石
　　——《真情沟通：100篇医患沟通的故事》序　　　　王一方　330
医疗事故中的黑匣子思维
　　——《黑匣子思维》读后感　　　　　　　　　　　洪盾　334
医患关系的复杂性及挑战性
　　——《中国式医患关系》中一幕的思考　　　　　　郁仁强　338
高能沟通，迎来医患关系的春天
　　——读《克利夫兰高效能人际沟通》　　　　　　　朱玲珠　341
提高沟通能力　促进医患关系
　　——读《克利夫兰高效能人际沟通》有感　　　　　包祖晓　347
好好说话　高效沟通
　　——读《克利夫兰高效能人际沟通》有感　　　　　杨春白雪　351
急诊的一早一晚
　　——读《叙事医学：弥合循证治疗与医学人文的鸿沟》　王晓霞　355

医学发展·任重道远

麻醉，让人睡着的艺术
　　——观医疗纪录片《手术两百年·手术基石篇》有感　　李晨　361
在希望中欢呼，在绝望中坚守
　　——观《手术两百年》有感　　王铁　364
"人菌大战"
　　——读《枪炮、病菌与钢铁》有感　　李熠　368
敬畏药物
　　——读德劳因·伯奇的《药物简史》　　金开山　371
锐意进取，思辨争明
　　——读《老鱼头的麻醉随笔》有感　　韩传宝　375
深入了解疼痛，才能为患者止痛
　　——读《解释疼痛》（Explain Pain）　　李长江　382
高兴死了·难过疯了
　　——读《高兴死了》有感　　杨春白雪　384
"覆杯而愈"并非传说
　　——读《谢映庐医案》有感　　单孟俊　387
从《三体》科幻浅谈未来医学技术
　　——读《三体》有感　　孙灵跃　391

生活启迪
心灵疗愈

一根弦要两个点才能拉紧，生命之弦亦是如此。老瞎子的师父在临死前说："人的生命就像这琴弦，拉紧了才能弹好，弹好了就够了。"史铁生面对命运的不公，拉紧自身命运的琴弦，一步一个脚印，走得艰难，但虔诚。

——《以希望之琴弦，奏生命之凯歌——〈命若琴弦〉读后感》

人的身体会有各种局限，但人的精神是自由的，是需要健全的，是可以高贵的，就如同人的生命的长度不由我们自己掌握，但生命的厚度和广度可以掌握在自己手中一样。

——《身体的局限与精神的无限——读史铁生〈命若琴弦〉》

哈利把动物们也当作人一样来尊重，生命就这样鲜活饱满起来，温情就这样产生了，这样的温情让哈利"大肚能容"，让哈利"举重若轻"，于是，疗愈般的快乐也随之包裹着读者的身心。

——《举重若轻——从〈万物有灵且美〉看医患关系》

现实生活不会永远光鲜明亮，人类社会的发展也无法总是一路平顺，变幻莫测的灾难是人类无可逃避的命运，但灾难过后认真反思、深刻总结、以史为鉴，既是对遇难者的尊重，也是对历史最好的铭记。

——《灾难中的人性之光——读〈白雪乌鸦〉有感》

骑着自行车去月球

——读蔡磊《相信》有感

文/郝淑煜

"双十一到了,您用不用买点什么?"孩子问我。"好吧,那我就买几本书吧。"

于是,我买来了蔡磊写的《相信》。周一查房时,我发现病房的23床拿着《相信》在读,虽然我心里想,脑瘤患者应该读读我写的"战地日记"《没有硝烟的手术室》和《刀尖上的舞蹈》,但还是告诉患者:我也有蔡磊这本书。

立冬后,北京嗖一下进入了冬天。忙碌一周后,昨天晚上加上今天半天,我窝在床上读完了这本书,马上写下读书笔记,怕时间一长就会忘记。

蔡磊的病是神经系统疾病,他说自己来过天坛医院,还跟院里的领导恳谈过,也和许多研究脊髓损伤的教授交谈过,这勾起了我对自己读博士时研究干细胞治疗脊髓损伤的课题的回忆。一晃快20年了,神经干细胞还没有大规模在临床应用,研究就是研究,发个文章而已,可啥时候能真正为患者治疗,还是未知数。

病人看疾病

医生看疾病和病人看疾病是两个截然不同的角度。疾病像一座大山，医生从阳面看，病人从阴面看。病人看到的、想到的、在漫长黑夜中思索的，跟医生考虑的不太一样，往往更多的是焦虑。

昨天查房时，我看到上周手术的脑膜瘤患者，一家人围着病人，眼睛里都闪烁着泪光，老父亲也来探视女儿。我连忙安慰他们：疾病已经治好了，不需要紧张。但对于患者和家属来讲，脑里面长了肿瘤，谁能放松呢？

蔡磊40多岁的时候罹患渐冻症（一种慢慢地全身肌肉不能动的神经系统疾病），对于一个财务自由（指不用为了生计被动工作）的人来讲，无异于从天上掉进冰窟窿，生命开始了倒计时。更何况对如此优秀的人——前京东副总裁、曾经工作中的"拼命三郎"——来说，这种落差可能比普通人更难接受。

书里这样写："老用别人双倍的速度来回答人生答卷，就像他总试图用一半的时间就交卷一样，这一次老天爷掐表一算，一半时间到了就要来收卷。"而这一次，蔡磊还未完成考试，他还不想交卷，他要与疾病抗争。在接下来的章节里，他写的就是如何跟疾病做斗争的故事。

看了蔡磊的文字，我回想起另一个与疾病抗争的人——师永刚。他的《无国界病人》讲述了患癌后与疾病抗争的故事，主要写的是看病的过程：在国内找不到治疗方法，然后到黑市买药，再后来去美国看病，并得到救治。

两位病人的故事不一样，这是个体背景差异决定的：一个故事讲的财务自由人群对疾病的高层次对抗，另一个故事讲的是高级白领内心深处的感悟。

一百个病人就有一百个故事，病人如何看待疾病，他不讲，没人会知道。所以，我们应该鼓励患者都写写自己的看病经历。

商人，疾病，药商

蔡磊看待疾病的角度是独特的，既然他能设计出第一张电子发票，并且成为京东的副总裁，那么他在对待疾病，特别是渐冻症这样的罕见病时，所想到的自然不是看自己的病这么简单。他想的始终是"干大事"。

建立渐冻症的完整病例数据库，开发70多条渐冻症药物管线推动药物研发，第二次冰桶挑战，推动渐冻症患者的遗体捐献，包括现在我读的这本书的出版……蔡磊这几年的工作都在书写渐冻症的历史，其中最重要的事情是推动了渐冻症的药物研发。

对于疾病，尤其是恶性肿瘤、神经变性疾病、代谢病等，终极治疗是药物。拿帕金森来讲，左旋多巴失效以后，脑深部电刺激为患者带来了希望。2023年11月，深圳先进科学院在《细胞》杂志上发文，对帕金森的通路进行了深入研究，未来新药物可能为帕金森治疗带来新的选择。

如何说服药企投钱研发渐冻症，蔡磊做了好多的工作。一个药企的目标是赚钱，是赚大钱，要不是作为商人的蔡磊从赚钱的角度说服了他们，药企是很难投钱进行研发的，因为看不到盈利希望的研发，投资人是不允许的。

蔡磊通过一次一次的路演，说服资本投资渐冻症的药物研发："我国有近10万的患者，如果每人需要花费100万去治疗的话，这个市场就是1000亿。"

这些工作是普通人实现不了的，这也是蔡磊对渐冻症治疗所做的贡献。

名人，为疾病站台

名人对疾病研究的推动非常重要。樊东升教授如果没有遇到蔡磊，他和渐冻症可能还是孤独地存在；而蔡磊的出现，让樊教授、渐冻症、北医三院被更多的人所了解，使更多的人知道了"罕见病"这个词。

我也一直关注神经系统的罕见病。在NIH访学期间，跟章琦在一起时，我一直在筹划罕见病的研究，还建立了Card这样的罕见病网站。但是当日常繁忙的工作压在自己身上的时候，我开始彷徨失措，为了更多的病人，我也回到了现实生活中，开始将精力集中在脑膜瘤这样的常见病研究上。但是，堂吉诃德孤独求败的精神值得称赞。

美国总统拜登的大儿子因罹患胶质瘤去世，白宫当时非常震撼，原来脑癌这么可怕。于是，当时的美国总统奥巴马和时任副总统拜登开展了"抗癌登月"计划（Cancer Moonshot），以此来推动美国的癌症研究，并辐射到了目前的肿瘤研究。

可见，名人对于疾病研究的推动作用是非常重要的。

蔡磊在书中也写了自己寻找不同的途径进行治疗的经历。有病乱投医嘛，疾病没有标准治疗的时候，西医、中医、大师医学全部招呼上，普通人这样做叫想尽办法看病，有钱人这样做叫"遍访名医"。书中写道，"当家的"没开口，旁边的人很直接地说"挂号费300万"，相信这绝非杜撰。

蔡磊在路上

蔡磊的故事还在继续，随着他的身体条件越来越差，我想他露面的机会将越来越少，社会资源也会逐渐减少，他更多依赖的可能还是病友群。

蔡磊的路不是平坦的。慢慢地，他也觉得研究是真烧钱，而且没有清晰的未来，"希望—失望—再希望—再失望"。蔡磊被人说是"骑着自行车去月球"，助理也要离开他了，但是蔡磊还在坚持走他的路。穿过云雾，他带着的光将变成彩虹。

郝淑煜，首都医科大学附属北京天坛医院神经外科主任医师

身体的局限与精神的无限
——读史铁生《命若琴弦》

文／田晓青

一直喜欢史铁生的书，有新的文集出版，总要买一本来读。最近，我买了一本《命若琴弦》，这个文集除了收录同名小说，还有另一部短篇小说《我的遥远的清平湾》，以及5篇散文、7篇随笔。集子中的大部分文章我都曾在《病隙碎语》《我与地坛》《记忆与印象》中读过，但《命若琴弦》是第一次读。

《命若琴弦》讲了两个盲人说书的故事。师父是一出生就盲的人，从未见过大千世界是啥样，他听从自己师父的话，一生说书，一边弹着三弦，一边唱着古今故事。大约在他20岁的时候，他的师父说，只要他弹断1000根琴弦，就可以拿出封在三弦琴琴槽里的秘方，照方抓药，便能让自己的眼睛重见光明。这1000根琴弦必须是实实在在说书时弹断的。他的师父至死也没有弹断1000根琴弦，而他确实听从了师父的话，一生千辛万苦，竭尽全力说书，终于在自己70岁的时候弹断了1000根琴弦。此时，他觉得"一切都是值得的。一辈子的辛苦都是值得的。能看一回，好好看一回，怎么都是值得的"。

当他满怀希望打开琴槽拿出秘方去县城照方抓药的时候，却被告知，那张秘方只是一张白纸。他自然不信，找了很多诚实的人帮他看那个秘方，均被告知是一张白纸。他的希望彻底破灭了："他的心弦断了。他发现那目的原来是空的。"他在药店门前坐了几天几夜，又在小旅馆内逗留了很长时间，等他将一生的积蓄都花完之后，他想起了自己的徒弟——那个并不喜欢说书，一心只想去看世界的孩子。

他翻山越岭找到了徒弟。徒弟问他是否吃了秘方上的药，他说："我记错了，不是1000根，是1200根。"他明白自己将不久于人世，要徒弟继续弹琴说书，同时把那秘方又封在了徒弟的琴槽里。此时，他突然醒悟了，他想起自己的师父当年说的那句话——"咱的命就在这琴弦上。"师父在临终时对他说："记住，人的命就像这琴弦，拉紧了才能弹好，弹好就够了。"

故事很简单，但书中盲人说书者的命运，其实也是我们每一个人的命运。我们都按照自己的憧憬或梦想，给自己制定一个目标，然后拼命地努力实现它。但真正达到目的时，我们却发现那并不是自己想要的结果。我们匆匆忙忙前行，结果却让我们大失所望，就像毛姆在《人生的枷锁》中说的那样："人们要为年轻时对未来的美好憧憬，付出饱尝幻灭之苦的惨痛代价。"此时，我们可能会觉得是生活欺骗了自己，或是那些好心的导师欺骗了自己。如果是这样，说明我们始终没有学会自觉，没有发现生活真正的目标是品味日常——拉紧那根琴弦，品味我们追求目标的过程，而非目标本身。史铁生故事中的两个盲人，其实就是我们每一个人的今天和明天。

但这并不是我从这个故事中感悟到的全部启示，我觉得史铁生在这篇小说中还有一层更深的思考，那就是：我们该如何面对我们的局限。

在《命若琴弦》中，师父听从他的师父的话，一心一意地说书。为了说好书，让自己讲的故事具有时代信息，他还买了一个"电匣子"听一些新词。然而，他终究没有突破自己的局限。当我们的身体局限没有办法突破或超越时，我们是认命、绝望，还是可以另辟他径？我们有路可寻吗？

关于这个问题，在该文集中的另外两篇文章《我的梦想》和《给盲童朋友》中也有阐述。

如果让人猜一下，史铁生的爱好是什么，估计大多数人会猜是文学。其实，他最大的爱好是体育，他将自己喻为"全能体育迷"，他"第一喜欢的是田径，第二喜欢的是足球，第三喜欢的才是文学"。在《我的梦想》中，史铁生说："也许是因为人缺了什么就更喜欢什么吧，我的两条腿一动不能动，却是个体育迷。"只是他年轻的时候，中国还没有残疾人运动会，但这丝毫不影响他对体育的痴迷。一般人看比赛、看奥运会，无非热衷于谁赢了谁，谁又拿了一块金牌……这样的想法其实是人的物欲的一种延伸——占有或拥有。但史铁生对体育的钟情，尤其对田径的爱好，更在于感受运动之美。他说："我能说出所有田径项目的世界纪录是多少，是由谁保持的，保持的时间长还是短。""这些纪录是我顺便记住的。田径运动的魅力不在于纪录，人反正是干不过上帝，但人的力量、意志和优美却能从那奔跑与跳跃中得以充分展现，这才是它的魅力所在。""你看刘易斯或者摩西跑起来，你会觉得他们是从人的原始中跑来，跑向无休止的人的未来，全身如风似水般滚动的肌肤就是最自然的舞蹈和最自由的歌。"

当史铁生看到刘易斯在 2008 年夏季奥运会的比赛中负于约翰逊时，他难过极了。在他的心目中，刘易斯是个幸福的人——他有那么健美的身材，"能像一头黑色的猎豹一样，随便一跑就能在 10 秒以内（跑完百米）"。当他看到刘易斯没有拿到金牌时那茫然失落的眼神，他那"幸福"的定义破碎了。但他并没有深陷于这情绪之中，而是对自己所想象的"幸福"进行了思考："上帝从来不对任何人施舍'最幸福'这三个字，他在所有人的欲望前面设下永恒的距离，公平地给每一个人以局限。命定的局限尽可永在，不屈的挑战却不可须臾或缺。"由此我们看到，史铁生对体育的热爱，并不在于他是否可以参加运动，而是在于欣赏并感悟运动员那种不断挑战自我、挑战极限的精神和意志。

其实，史铁生又何尝不是一直在挑战自己的局限和命运呢？当他的腿在 21 岁那年永远失去知觉和行动能力后，他在痛苦彷徨中思考和寻找。按照当时人们对残疾人生活的理解，他有一份赖以糊口的工作来维持生活就足够了。但是，他要为自己继续生存下去找到支撑，要为自己的生命找到意义。他万分清楚自己身体的局限，但他也通过广泛深入的阅读和艰难的思考，来塑造自己的精神。人的身体会有各种局限，但人的精神是自由的，是需要健全的，是可以高贵的，就如同人的生命的长度不由自己掌握，但生命的厚度和广度可以掌握在自己手中一样。他在《给盲童朋友》中说："生命就是这样一个过程，一个不断超越自身局限的过程，这就是命运，任何人都一样，在这个过程中我们遭遇痛苦，超越局限，从而感受幸福。"

正因为如此，我们才可以看到，史铁生虽然身体残疾，却有着那么健全和丰满的精神追求；他虽然一直经历病痛和生活的煎熬，却有着那么博大的对生命的热爱，那样乐观积极的生活态度，以及那样睿智和风趣的文字。

田晓青，《中国医学论坛报》高级记者

以希望之琴弦，奏生命之凯歌
——《命若琴弦》读后感

文／俞睿妮

我看史铁生的书是因为加缪，老师说，史铁生是中国的加缪。我恍然记得我家的书架上有史铁生的书，回家后就从书架上取下史铁生的《命若琴弦》这本书。

其实《命若琴弦》是其中的一篇短篇小说，故事很简单，是两个说书瞎子的故事。一个老瞎子带着一个小瞎子拿着一把三弦琴，游走在十里八乡，靠着弹琴说书混口饭吃。老瞎子的师父在琴槽里留下了一张药方，师父曾经告诉他，说是弹断1000根弦，烧灰做药引子，拿着药方去抓药，瞎眼便可重见光明。

终于有一天，老瞎子的第1000根弦应声而断，老瞎子把小瞎子留在村里，准备去抓药。谁知伙计告诉他，那张药方是一张白纸。老瞎子又问了很多人，都说那是一张白纸。

过了很多天，老瞎子回到村里，发现小瞎子不见了，原来小瞎子最喜欢的女孩嫁了人。老瞎子是在雪窝里找到小瞎子的，他把意欲轻生的小瞎子带进了山洞，燃起了火，把药方封进了小瞎子的琴里，老瞎子告诉小瞎子："我记错了师父的话，师父是说要弹断1200根弦才行。"小瞎子哭出了声，老瞎子才松了一口气：哭了就好，哭完了就有了新的希望。老瞎子希望小瞎子永远扯紧欢跳的琴弦，不必去看那张无字的白纸。

看完这本小说，我发现这本小说就像是史铁生本人的精神写照。他戏剧性的遭遇，磨灭了多少生的希望，他在本该用脚步去丈量世界的年纪，就坐上了轮椅。他一定也有过许多绝望时刻，但他找到了自己的信念，他说："活着不是为了写作，而写作是为了活着。"我越来越明白他说的这句话了，就像书中老瞎子的师父说的："咱的命就在这琴弦上。"

写到这里，我不禁想起我遇到的一位与史铁生一样坐着轮椅的患者。2022年2月，四川省妇幼保健院产科接诊了一位特殊的孕妇，这位孕妇身高只有98厘米，体重只有35公斤。凭借着自身的艰辛努力和家人的默默付出，她出落成一位德才兼备的女性。成年后，她幸运地遇到一个非常爱她的男士，两人组成了幸福的家庭。此时夫妻俩共同的愿望就是拥有一个可爱健康的孩子。怀揣着期待，夫妇二人辗转找到省妇幼产科的高岩主任和产前诊断中心的汪雪雁主任，经过全面的检查，确诊她为COMP基因缺陷导致的发育不全。这不仅意味着她怀孕的概率极低，更意味着即使怀了孕，她也将面临能否顺利通过妊娠的考验，以及孩子或将遗传该疾病的风险。

就像书中那个踏踏实实弹断了1000根琴弦的老瞎子一样，尽管希望渺茫，她仍然瞄准那微乎其微的可能性。不同于书中的老瞎子没迎来看见光明的那天，她迎来了做妈妈的希望。通过检查确定了胎儿没有携带COMP基因，悬在大家心中的弦总算松了一点。在踏过了孕期的重重难关，在各组医护人员的悉心照料下，终于，2022年3月10日，她的女儿出世，母女平安。

无论是在《命若琴弦》这本书中，还是在这位伟大的母亲身上，我都看到了希望的力量。史铁生强大的地方在于，作为一个深陷苦难的人，一个被困在方寸之间的人，他没有萎靡在个人的小世界里，他永远没有放弃思索，通过沉静而痛彻的思索，他触摸到了生命的本质。只要有希望，再苦再难，就有活下去的动力，有实现愿望的可能。

一根弦要两个点才能拉紧，生命之弦亦是如此。老瞎子的师父在临死前说："人的生命就像这琴弦，拉紧了才能弹好，弹好了就够了。"史铁生面对命运的不公，拉紧自身命运的琴弦，一步一个脚印，走得艰难，但虔诚。

每个人的生命就像琴弦，可以弹奏出不同的生命之歌。那弹断的一根根琴弦，意味着生命中一次次挫折。生命布满苦难，如何在苦难中救赎脆弱的生命，值得我们深思。但值得肯定的一点是，生命必须有目标、追求和希望，才能弹奏出动人的曲调。

人生在世，我们又何尝不是为了弹奏那一根琴弦？

俞睿妮，四川省妇幼保健院产科

生命的琴弦
——读《命若琴弦》

文/郭宇航

"咱这命就在这几根琴弦上,我师父当年就这么跟我说。"

"咱这命就在这几根琴弦上,您师父我师爷说的,我都听过八百遍了。"小瞎子说。

初读史铁生时我还乳臭未干,只记得他瘫痪的双腿、他的母亲和北京的地坛。那时候的我有个习惯,喜欢把藏书时不时地翻出来再读一次。他的书被我放在书架的最右侧,是个最容易被记起的地方。很多时候我感到彷徨,于是在半夜里翻书,读那些印在米黄书页上的字。它们时常提醒着我,提醒我那些躲藏在生命中的最宝贵的东西。

史铁生的作品中,有一部短篇小说叫《命若琴弦》,讲了一个关于人生的故事。故事里有两个瞎子,一老一少,一前一后,在莽莽苍苍的群山之中。无所谓从哪儿来,也无所谓到哪儿去,他们各自带一把三弦琴,以说书为生。

去往野羊坳的路,太阳正热得凶。干他们这行当的一辈子就是走,一辈子都要把弦绷得紧紧的。老瞎子年轻的时候也跟着他的师父到处弹琴说书,老瞎子的师父没能弹断如数的琴弦,没能取出药方治好自己的眼睛。

老瞎子的师父死的时候告诉他，要弹断1000根琴弦，才能够取出琴中的药方，并说："人的生命就像这琴弦，拉紧了才能弹好，弹好了就够了。"老瞎子一直期盼自己能弹断1000根琴弦，取出琴中的药方，治好自己的眼睛。所以，尽管在这烈日炎炎的山谷里，他也能够顶住酷热，他坚信自己在这个夏天能弹断1000根琴弦，摆脱一辈子瞎眼弹琴说书的命。

小瞎子跟着老瞎子在这层峦叠嶂、沟壑纵横的大山里一步一步地走，但小瞎子只是跟着走，他是没有目标的。他跟着老瞎子走，是因为他爹从小就把他交给了老瞎子，希望他跟着老瞎子学点手艺，好养活自己。但小瞎子的心思总不在学艺上，老瞎子评价他说："你这小子心太野，老人的话你从来不用耳朵听。"

这时的小瞎子依然年轻，他就像五十年前的老瞎子一样，不明白他的师父为什么要坚持弹断那1000根琴弦，不明白为什么一定要一根一根尽心尽力地弹断才成。吸引小瞎子的是那遥远的地方，和稀奇古怪的事物。对小瞎子来说，他的命也在琴弦上，但是没有绷紧，也就无所谓弹好了。

在老瞎子弹断1000根琴弦的五十年里，他翻过了无数的山，走过了无数的路，扛过了无数的打，挨过了无数的冻，心里受了无数的委屈。在这五十年里，他的脊背变成了山一样的黄褐色，那嶙峋的瘦骨，就像山根下裸露的基石。在老瞎子说书的五十年里，在这片荒凉偏僻的大山里，人人都知道他，人们看着他的头发一天天变白，看着他年年月月地背着一把三弦琴满世界走，看着他为愿意出钱的地方拨弄琴弦、说书逗唱，在夜里给寂寞的山村带来欢乐。在老瞎子说书的五十年里，他在他的脑子里勾勒了一生未曾见过的世界的模样。他想看见那个世界。

五十年后的那个夏夜里，老瞎子终于弹断了第1000根琴弦。在那个夏夜里，他的琴声低沉、零乱。往事在他的心里狂奔，琴声烦躁不安，像年年旷野上的风雨，像日月不息的溪流，像那晚山谷里落下的血红的夕阳。

第二天一大早，老瞎子便剥开了蛇皮，取出了琴槽中方方正正的纸条，将药方带到集上。在药店前，老瞎子请了无数人帮他看那尘封在琴槽里整整五十年的药方，然而人人都说，那是一张无字的白纸。几经确认后，老瞎子在药铺的台阶上坐下。他在那里坐着，以为只是一会儿，其实已经几天几夜。他不想再动弹了，吸引他活下去、走下去、唱下去的东西瞬间消失干净。就像一根不能拉紧的琴弦，再难弹出赏心悦耳的曲子。老瞎子的心弦断了。

在选择成为一名医生前，我并不太明白什么是"生"，更别说"死"了。但生和死的藤蔓却一点点交织着慢慢地生长，最先出现在我的右手，渐渐长满了整个双手。后来我才知道："死不是生的对立面，死作为生的一部分，包含在生之中。"

不止一次，我遇到这样的一幕：一位老人躺在病床上，看到医生走来，便伸起手，用微弱的声音说：

"医生，我不会死吧？"

"不会，怎么会呢？一定不会的。"医生随即握住老人伸出来的瘦弱的手。

"好，好，您这么说我就放心了。"

即使站在远处，我依旧能感受到那瘦弱手臂上传出来的力度。

那是琴弦，我想，绷紧的琴弦！

正如史铁生所说的——人的生命就像琴弦，每个人的人生都是一根琴弦。若是要生命的乐章响彻天地，就要绷紧那根琴弦。

每一个人在遇到生命的挫败时，他的弦都会松弛。作为医生，我们要做的是帮助病人绷紧他们生命的琴弦，绷紧他们生的渴望。因为，"只有活着才有希望，有了希望，才能有光"。

在史铁生的故事里，老瞎子的师父给了老瞎子一个目标，老瞎子守着这个目标，弹奏了属于他的五十年。五十年后，老瞎子弹断了 1000 根琴弦，取出了药方，却发现药方是空白的。他的琴弦断了，他的心弦也断了，他知道自己死期将至。

在小瞎子悲痛欲绝时，老瞎子同样给了小瞎子一个目标：弹断 1200 根琴弦。目标虽然是虚设的，但非得有不可，不然琴弦拉不紧，拉不紧就弹不响。此时，他也终于明白了师父的那一句话："人的生命就像这琴弦，拉紧了才能弹好，弹好了就够了。"

他在心里对小瞎子说："永远扯紧那欢快跳跃的琴弦，不必去看那张无字的白纸……"

作为医生，我们无法从死神手里抢回生命，我们能做的是绷紧病人的弦，绷紧它，弹好它，这就够了。

"永远拉紧生命的琴弦，不必去管那虚妄的死，要去看那烂漫的生！"

郭宇航，成都中医药大学附属医院

举重若轻
——从《万物有灵且美》看医患关系

文/成运芬

英国作家吉米·哈利的《万物有灵且美》系列，是带给我轻松愉悦感受的一套书。读着吉米·哈利的文字，约克郡乡村那鲜活而温暖的生活画卷就在你面前徐徐展开，伴随着一阵阵急促的召唤出诊的电话铃声，伴随着马牛羊、猪和狗、猫和鸟的叫声，伴随着牲口主人们的质疑声、斥责声、调侃声、歌声、笑声、感谢声，还有他们对动物们的怜爱的、温情的、安慰的话语。

一

从吉米·哈利《万物有灵且美》系列作品中，我读到了什么叫"有趣的灵魂"，也知道了什么叫举重若轻。我把哈利和牲口主人之间的关系权称作"医患关系"吧，虽然他们之间时而有摩擦、有抵触，但更多的是乐趣，是和谐，是温暖；也许正因为有摩擦、有抵触，医患关系才显得真实而可信，哈利对兽医职业始终持有的温度才显得更加可贵。

初出茅庐不久，哈利就深切感受到"理想很丰满，现实很骨感"，学校里的理论、教科书上的阐述，只是工作实践中的只鳞半爪。给小牛接生的艰难过程，就是教科书中从来没有提及过的，书本上那些技术要领都是从生活中抽离出来的。他沮丧的同时，还不得不接受农人们对一个兽医新人的质疑、冷嘲热讽和教导。

虽然哈利顺利获得了法西格兽医助手的职位，但是职业的苦恼也随之而来："有时候你会发现干兽医的永远无法获胜。如果接生得太慢，你就是三流医生；如果接生太顺利，农人就会觉得请你来是多余的。"兽医的职业就是如此尴尬。

"他（季先生）不把最后一条路堵死不会请医生来，而且当我们无法挽救已经不可收拾的结果时，他便会怪罪我们。"

哈利虽然有修养，也会被农人激怒："恼怒没头没脑地淹没了我，当然，我应该站起来，把这桶血水倒在丁叔叔的头上，跑下山去开车走开，远离约克郡，远离丁叔叔，远离丁家人，远离这头牛。""而事实上呢，我咬紧牙，稳住脚，用尽我最后一丝力气去推。"

这些诊疗过程中的情绪，以及自己最终的选择，或许许多医生都体验过。

好在，每一次治愈动物后的欣喜或宽慰给他带来的那种满足感，又是美妙无比的。看到原以为在娘胎中窒息的难产小牛摇头摆尾并尝试着站起来了，哈利就会开心地笑起来："这一幕是我最爱的，这小小的奇迹！我觉得不管我看过多少次了，这一幕还是照旧感动我。"尽管在冷嘲热讽中劳累了两个小时，连一杯热茶也没喝到，虽然疲惫又失望，却没有销蚀哈利对动物生命的敬畏，以及对兽医职业的热爱。

我们看到：凌晨在凛冽的寒风中赶到应先生家去给羊治病的哈利敲门却无人应，好不容易门开了，又意外地被主人关在门外艰难等候。屋内是没心没肺唱着歌的应先生，房屋外是快要冻毙了的哈利……

可是读着哈利的文字，我们却无法生气，无法愤怒，甚至会忍不住没心没肺地笑出声来，就像看到一场孩子的恶作剧。这个让人哭笑不得的滑稽场景冲淡了严寒，为这份诚实的记叙带来了喜剧效果。

哈利通过他的神奇之笔，化解愤怒与痛苦，给我们带来发自内心的欢笑，笑声让一切冰寒融化了。

二

给牲口治病并不容易，"每年的产羊季节，我都是在寒风中完成任务的"。哈利每日的工作环境是肮脏的猪圈和牛舍，往往必须与牲口格斗一番，才能完成工作；给牲口治疗时他常常是胆战心惊，有时还要被踹上几脚，严重时甚至有生命危险。一次，哈利被大公牛比尔抵到木墙上蹭痒，差点窒息，直到木板垮塌才捡回一命。

给动物治病时，哈利常常洋相百出，他被马"欺压"过，被牛"怒踢"过，被猫撕咬过，被鸟惊吓过……几乎每天脱下长裤和鞋袜后，他都会发现腿上又有新增的伤痕。

"我时常觉得，世界上最快的速度就是飞扫而来的马腿了"，"从那时起，它（猫）一见到我就露出不共戴天的神情。当然，这种感觉是相互的"……看到这样的表述，我相信，读者发自内心的笑是哈利轻巧神奇的笔法带给我们的；而我更相信，这种笔法不仅仅是叙事的能力，更源于他内心的善意、良心和爱心，就像他自己所说："即使是面对最凶残的恶猫，我也有耐心和爱心对待我的患者。"

"通常，动物的主人们很少会在乎兽医的死活。我永远记得那回我被一匹凶悍的种马踢飞出去以后，它的主人急急忙忙弯下腰去检查爱马的蹄子有没有踢坏。另一回，当我面对一头龇牙咧嘴的阿尔萨斯犬的时候，它的女主人对我说：'你可别把他弄痛了，我不许你伤到他。你知道他的神经很脆弱，经不起恐吓的。'"

哈利和动物患者的主人们打交道，滋味深长，受到的待遇千差万别。在圣诞夜，随心所欲呼叫哈利出诊而见面和结束后没有一句问候和感谢的"狗屎农人"何先生，扫了哈利过节的兴致，让他心中迸发怒气；之后，兽医哈利又很快被同在圣诞节请他出诊的柯老头的盛情款待和一再致谢而感动，心中重新找回对圣诞节的憧憬。

可以看出，哈利的文字里没有耿耿于怀的记恨，而是一种看尽风景后的释然，一种对动物以及动物主人们的脾性了然于胸的共情。于是，读着这些文字，动物主人的不通人情似乎也并不那么可憎了。不知道为什么，从哈利的文字中获得的这一份豁达感，恰恰也能温暖我们自己。

是的，哈利能举重若轻地看待他自己、生病的动物以及动物主人之间的关系。在哈利的眼里、心中和笔下，过往皆是风景，回忆永远如此轻松快意。

三

哈利所描摹的人物也是个性鲜明，笑料不断。笨拙的、愚钝的、偏执的、暴躁的……都不失可爱。哈利寥寥几笔就能描摹出他们的特征，无论是形貌上的、性格上的，还是癖好上的。

耳朵不好的莫利根先生，对哈利问询的病情全然不解，哈利必须用尽全身力气吼叫着"它还吐吗"，莫利根先生才有一点反应，哈利要有十足的耐心才行。

祸不单行的戴太太坚强乐观，总是在哈利为牲口看病时准备好点心和茶请他享用，并且郑重地站在他身后，满足地看着他吃东西。哈利相信，这位矮小的女主人在接踵而来的灾难面前，永远不会倒下去。

医技高超又热情过度的白葛福医生，几乎每次见到哈利都会又哄又骗又拉又拽地带哈利去听报告（实际上是冲着会议后的自助餐），喝点开胃酒（实际上是数杯啤酒后再加两磅牛肉、六盏布丁、肉质浓汤）。每次和白先生分手，哈利的肠胃往往要三天才能恢复。

满脸稚气笑得天真无邪的泰先生告诉哈利："给我烟抽，就像给猪吃草莓一样。""我每天早上头一件事就是把烟草放进嘴里，晚上最后一件事就是把烟草渣吐出来。"

而农场主人们对动物的溺爱，更是被哈利描写得栩栩如生。

高大壮实而又胆小的邓小姐用一块块饼干诱猪入栏的情景，让邓小姐对牲口的宠爱之情跃然纸上。

听听泰先生对马说的话："你瞧，这样多好！你早就该这么听话了。我说过你是天底下最乖的宝宝，不是吗？"

对动物的爱已经融入他们的血液中。

从《万物有灵且美》这套书里，你可以看到，正因为哈利关注动物的性格和情感，关注动物主人的性格和情感，于是他们之间发生的故事，就不仅仅局限在给动物治病上，哈利的工作不只是简单的诊疗和手术。哈利把动物当作人一样尊重，生命就这样鲜活饱满起来，温情也就这样产生了。这样的温情让哈利"大肚能容"，让哈利"举重若轻"。于是，疗愈般的快乐也随之包裹着读者的身心。于是，每一个读了这套书的人，都会深深地喜欢上哈利这位约克郡乡下的兽医。

成运芬，江苏省人民医院

最终的落脚点是爱
——读《万物有灵且美》有感

文/梅　雪

一开始看了简介，我在想，一个终日和动物打交道的兽医的故事会不会有些琐碎无趣？但阅读后我发现，本书的故事很温馨治愈，哈利·吉米作为一名兽医能妙手回春，作为一名作家能妙笔生花，他笔下的乡村、动物和人都是如此可爱。即使那些看似有点不招人喜欢的行径，在他的高尚情操和英式幽默下都让人读着读着就嘴角上扬，就像看一场孩子的恶作剧。因为他的善良、包容、乐观、有耐心，他才能用文字将痛苦、尴尬、愤怒、悲伤的事巧妙地转变成一个个温馨、滑稽、可爱、充满奇迹的故事。他拥有十分恰当的工作智慧，他把动物当成人一样来尊重，他关注动物的性格和情感，关注动物主人的性格和情感，能与他们共情，与他们有效沟通。

他的工作智慧表现在他对农户的慈爱，能与他们进行有效沟通，他从不忍心说重话伤害他们，比如不忍心告诉老农夫皮先生：他的看家本领"挤牛奶"是错误的。皮先生是个自觉很有威仪的人，所以要他换一种挤奶方式的建议是不太可能被接受的，作者转而以医治皮先生背痛为由，支开他让他休息，由他动作轻柔的女儿代劳。奶牛不再得乳腺炎，皮先生也保有了尊严。坚强的农妇戴太太独自支撑一个农场，养孩子养牲口，热情待人，淡定对事，总是开朗平静地接受一切降临在她身上的磨难。作者不忍心告诉戴太太：她家的牛有可能因为支气管炎治疗太晚而成群地死亡，他想尽一切办法挽回戴太太家的损失，吃力地给32头牛打针、开药，告诉戴太太给牛吃干净的草和燕麦饼。最终在大家的努力下，戴太太只损失了12头牛。汤太太的鸟"批头"死亡之后，为了不让年纪很大的汤太太过于激动，作者竟然想到再买一只鸟来调包，最终"披头二世"没被视力不好的汤太太发现，反而给汤太太带来更多欢乐。

作者的工作智慧也表现在他对小动物的慈悲，他说：一生中最兴奋的时刻是绝望变成希望，死亡变成生机。他为母羊肚子里还未出生的小羊担心，他为抛弃的小狗比普操心，他因为季先生粗暴地给羊接生而愤怒。他用自己的慈悲心救治每一只向他求助的小动物，哪怕是随时都有可能撕咬他的大狗、会踢人的母马、最凶残的恶猫。一次，他被大公牛比尔抵到木墙上蹭痒，差点窒息而死，幸好木板垮塌才捡回一命；但他毫不退缩，一次又一次地救治这些可能会给他带来伤害的小动物。在我看来，像他这样对世间生灵平等以待的兽医，同样担得起"仁心"二字。

作者热爱他的工作，他的工作环境是恶劣的，没有像他期望的那样在干净的手术室里做手术，而是在肮脏的猪圈或者牛舍待命。为了完成工作，他常常不得不和动物格斗一番，有时候为小动物接生后连擦洗的水也没有，还要忍受接生时手指被宫缩挤压的刺痛和麻木。可是，他一点也不后悔。他说，他的生活方式带给他另一种满足感和成就感，他非常肯定自己宁可在尘土飞扬的乡间小路旁为牲口治病，也不愿成天站在高雅的手术台前，虽然有些农夫并不理解他的工作，"有时候你会发现干兽医的永远无法获胜。如果接生得太慢，你就是三流医生；如果接生得太顺利，农人就会觉得请你来是多余的"，好在每一次治愈动物后的欣喜或宽慰给他带来的那种满足感又是美妙无比的。看到原以为在娘胎中窒息的难产小牛摇头摆尾并试着站起来了,他就会开心地笑起来。

他工作起来有极大的耐心,虽然手头有很多工作要处理,但是他还是会耐心地解释潘先生笔记本里记录的一连串关于喂养狗狗的问题。他也会耐心地等待邓小姐用饼干把一只名叫"谨慎"的猪引诱到小牛舍,足足用了45分钟,哈利好几次都忍不住想大叫,但都忍住了。

他工作时只要有一丝机会都会尽力一试。一次,他帮一只母羊生产,但这只羊怀了一肚子死胎,为了让母羊有生存下去的希望,他把死掉的小羊的皮放在一只名叫"哈珀"的弃羊上;当它吸吮着母羊的奶时,母羊也转身舔着那张假羊皮,好像它们之间互相深信不疑。另外一只母羊之所以奇迹般活了过来,并不是由于医疗之效,而是麻醉剂暂时停止了它的痛楚,使得生命力中抗拒疾病的自然力量发挥到了极限。正如作者在书中所说:"疾病之所以会带给动物死亡,往往是因为其痛苦与恐惧已经先吞蚀了它们的生存意志。因此,只要你能除却它的痛苦或恐惧,奇迹时常会发生。"每一个生命都值得敬畏。

他喜欢他的工作,他在给母羊接生的时候说:现在我手边的工作是我最喜爱的。他把手伸进母羊的子宫,心中感到莫名的温馨,因为里面的小生命湿润而健全。他有贴心的合作伙伴,会在药箱里帮他准备充足的药品,因此当为了挽救50头羊的生命需要注射钙剂的时候,没有因为缺药而救治无效。他能得到心地善良、善解人意的妻子的支持,故事开篇就从他在寒冬深夜的一次出诊开始,他说"幸而,每当我像刚从北极回来似的爬回她身边时,她总是毫不犹豫地迎接我,用她的体温温暖我那冻得跟冰棒似的躯体"——即使是在寒冬出夜诊这种不讨喜的活儿,也因为工作的使命感和妻子的体谅支持,而变得不那么讨厌了。

作者用一个个温馨有趣的小故事向我们讲述了他的生活和工作。虽然他在生活中也会经历一波三折，连书中小动物们的生活也不是一帆风顺的，但他总是能够过滤出美好的东西呈现给大家。他的工作品质值得我们学习，他的生活态度值得我们效仿。本书适合放在枕边，睡前读一读洗去心灵的烦躁，像作者写的那样——"闭上眼睛，听到大自然中的天籁，那里面融合了焦虑、愤怒和爱"。最终，情绪的落脚点是爱。

梅雪，四川省林业中心医院

清醒地面对荒诞
——读《鼠疫》有感

文/柏小丹

《鼠疫》的作者是存在主义哲学和法国存在主义文学的重要代表阿尔贝·加缪，他被学术界和评论界认为是最全面、最系统的荒诞派思想家。他的荒诞哲学在文学创作中具有代表性。面对"荒诞"，加缪的态度是抵制的，加缪不相信先验的意义和价值。在他看来，反叛者应该立足于现实，始终保持对荒谬性的清醒认识，通过行动有选择地创造意义和价值。这种勇于面对荒诞、拒绝逃避现实、拒绝任何精神慰藉的人生哲学，对后世文学和当代现实都具有重要意义。

《鼠疫》以里厄大夫的视角，详细地记录了鼠疫在奥兰小城里从出现到结束的整个过程。当死老鼠突然大量出现时，大多数人并不把它们当回事，里厄大夫却敏锐地将它们视为灾难的征兆。他开始深入调查，四处游说以引起当局的注意。经过他的不懈努力，政府终于发布公告，宣布"鼠疫"成立并拉响了抗疫的警钟。对死亡的恐惧最终令政府宣布"城市关闭"。人们不得不待在家里，病人被送往医院，亲戚和朋友被迫分开，医生日夜治疗病人并培养血清，政府试图处理葬礼和维护公共秩序。奥兰小城已经成为炼狱。在这个炼狱里，人类之光成为志愿者，一个一个地奉献自己，然而还有一些人打破了大规模集会的禁令，促进了鼠疫的传播。在小说的结尾，鼠疫突然消失了，人们都很开心；但是里厄知道，鼠疫并没有灭绝，将来还会回来给人类带来灾难。

作者阿尔贝·加缪通过《鼠疫》告诉我们：当遇到危机事件时，什么人在相互推诿，什么人在担起责任；什么人在钳制舆论，什么人在启发民智；什么人在传播谣言，什么人在澄清事实；什么人在畏葸逃避，什么人在前线奋战；什么人不顾他人安危肆意妄为，什么人以生命为代价发出预警。加缪试图证明：众声喧哗之中，并不是所有人都只顾个人安危甚至舒服。他的目光关注每一个无名的抵抗者，不只是驻守一线的医生、护士，还有那些负责统计数据的文员、看管营地的门卫、自发组织的护工等，他们用微薄的力量共同构筑起一面坚强的抗疫之盾。

里厄医生，刚开始每天都忙碌到深夜，他走访、观察病人，后来及时提出防控意见，与鼠疫斗争；塔鲁，四处奔走，积极发动志愿者组建队伍协助抗疫；记者朗贝尔，每天都想着如何靠关系逃出奥兰城；有的人借着交通中断、城市封闭，倒卖物资来赚钱；许多市民明知鼠疫会传染，却还是聚众玩耍……

在《鼠疫》这本书中，我们看到了众生百相。

首先，面对鼠疫，无知的普通人是反对且无视的，他们抱持的是不以为然的态度。看门人被告知有老鼠进入大楼，但他"认为这是诽谤"，并"声称大楼里没有老鼠"。即使瑞克斯医生做出了承诺，那也是"浪费时间"，他不认为死老鼠是鼠疫传播的象征，他一直认为这是一场"恶作剧"。

其次，专业医生格外重视鼠疫出现的端倪。越来越多的死鼠引起了这些专业医务人员的注意。里厄医生首先"通知了门房"，然后"打电话给市啮齿动物控制办公室"。在阅读了塔鲁关于鼠疫相关数据的笔记后，他变得更加警觉，并立即"隔离了门房的尸体"。在打电话给几位医生并进行调查后，他发现了这种疾病的一些不寻常之处，并变得特别担心：他要求夏尔"确保新发现的患者被隔离"，并要求尽快召开"健康委员会会议"。在会议上，医生们一致认为：我们应该注意，"我们将承担责任并采取行动"，他们不能想当然地认为一半的城市居民不会死亡。

最终，政府官员掌握了控制权，选择了消极以待。一方面，里厄医生试图召开一次卫生委员会会议，该省政府虽然同意召开会议，但仍然"认为时机不合适"。在会议上，当提到"鼠疫"这个名字时，总督突然大吃一惊。他想也没想，就转身望着门，"唯恐别人听见他的话"。"在他们看来，确认鼠疫的名称意味着灾难已经到来，似乎是鼠疫的名称本身，而不是疫情的实际发生，造成了这场灾难。"另一方面，直到会议结束的第三天，省政府才发出通知，"匆忙张贴在城市最隐蔽的角落"，以避免引起恐慌。

面对鼠疫，每个人都从自己的角度表达了自己的态度。

《鼠疫》作为一部经典作品，描述了人类的共性以及人类所面临的生存困境。它象征性地表现出，造成痛苦和绝望的自然灾害、战争、疾病、事故和其他"瘟疫"总是潜伏在人类周围，并可能作为生活的一部分随时爆发。面对生与死，每个人都经历着一种精神折磨。在情感和理性之间，在个人和群体之间，人们常常根据自己的价值观做出选择。疫情中暴露出的各种人类状况，以及现象背后的矛盾和冲突，引发了我们对社会、生命和人性的思考，也让我们更加深刻地理解了小说的实用价值。

柏小丹，江苏省人民医院血管外科

从文学的角度看待疫情
——重读加缪小说《鼠疫》后的思考

文/舒 砚

十多年前,我听说《鼠疫》作为法国著名作家阿尔贝·加缪的代表作之一,是一部探讨人性、生死、爱与希望的文学巨著,本着看个稀奇的心态从图书馆借来一阅,而后内心受到的震动,直到现在还记忆犹新。

在这部小说中,加缪通过一个小镇暴发鼠疫的事件,描绘了人类在面对疫病和死亡时的各种心理状态和行为反应。全书给人的最大震撼,就是对人性的探讨。在疫情的肆虐下,小镇上的每个人都处于一种无比焦虑、不安的状态,他们或是自顾自地疯狂囤积食物、医疗物资,或是借助宗教、科学等各种手段寻求心灵上的支撑。但是,当死亡真正降临时,这些表面上的支撑和宽慰似乎都变得毫无用处。

小说的主人公拉蒙·拉祖是一位医生,他在疫情暴发之初就毅然决然地留下来与疫情做斗争,但是随着时间的推移,他发现自己在与病魔抗争的同时,也在与自己内心的懦弱进行着一场搏斗。他意识到,人的生命是那么微不足道,面对死亡,每个人都是如此渺小。在这个疫情肆虐的小镇上,所有的人性都被放大了,有些人变得贪婪自私,有些人变得恐慌绝望,有些人则是选择默默地付出。

加缪极其擅长描绘希望和爱在绝望中的力量。小说中的人们在生死存亡的关头，虽然都感到绝望和无助，但是他们中的一些人仍然能够在互相关爱和支持之下慢慢走出困境。例如，主人公拉祖的同事和朋友在疫情中不幸去世，他感到无比痛苦和绝望，但是当他看到有人为了拯救其他人而不顾自身安危的时候，他的心中重新燃起了希望之火。此外，小说中还有一对年轻夫妇，他们是拉祖的邻居，尽管生命垂危，但他们依然不放弃爱与希望，并且在最后的时刻给彼此带来了温暖和安慰。这些人的坚持，不仅仅给小镇上的其他人带去了希望和勇气，也向读者传递了一种力量，让我们相信：即使在最绝望的时刻，仍然有爱和希望存在，能够支撑我们前行。

　　另外，我觉得这本书还提供了一些非常深刻的思考角度，对现实有着重要的启示。例如，小说中描绘的这场鼠疫，正是一种隐喻，代表着人类社会中可能会发生的各种灾难和危机。这种灾难不仅仅是自然灾害，也包括各种人为因素带来的灾难，例如战争、恐怖主义等。而在这些危机面前，我们需要像小说中的人们一样，保持镇定、勇敢和有爱有希望的态度。此外，小说中描绘的人性和社会问题，也为我们提供了更多的思考方向。比如，我们不妨思考一下：人为什么会在危机时变得自私和恐慌，如何才能保持理智和公正的态度，以及如何在困境中寻找爱和希望，等等。

　　10多年后，我重读《鼠疫》这本书，又有了更深刻的感受和体会。小说对医务工作者在疫情中所面临的巨大压力和心理挑战有着详细的描述。故事里，医生们面对无法控制的疫情，需要承担巨大的工作量，并且在治疗病人的过程中也面临着自身被感染的风险。在这种情况下，医务工作者需要保持高度的专业素养和职业精神，也需要在心理上承受巨大的压力和挑战。在日常工作中，我们也常常面临这样的挑战，这需要我们医务人员具备良好的应变能力和心理素质。

此外，这本书还探讨了一些与公共卫生和医疗相关的社会议题，例如社会责任、公平性、公共卫生教育等。在小说中，作者通过描绘人们对疫情的反应，以及不同群体的应对方式，向我们传递了很多深刻的社会思考。这些思考不仅仅适用于小说中的情境，也同样适用于现实生活中的公共卫生和医疗领域。比如，卫生行政层面的决策者们需要思考：如何将公共卫生和医疗服务的要点更好地普及到各个社会群体中，以保障人们的健康权益。我们还需要思考：在疫情发生后，如何更好地应对大众的不安情绪，从而避免不必要的恐慌和骚乱。

总的来说，阿尔贝·加缪的《鼠疫》是一本思想深刻、感人至深的作品。它通过对人性、生死、爱与希望等问题的探讨，引发了我很多的思考和共鸣。只有通过这种思考和追寻，我们才能在人生的旅途中真正找到自己前行的方向。在我看来，《鼠疫》不仅仅是一部文学作品，更是一部有着深刻现实意义的作品。强烈推荐所有关心公共卫生和医疗领域的人，特别是医务工作者，静下心来读一读这本书，您一定会获得不同以往的体验和思考。

舒砚，四川省妇幼保健院感染管理科

灾难中的人性之光
——读《白雪乌鸦》有感

文/慕佳佳

《白雪乌鸦》是作家迟子建的重磅作品，是一部以1910年至1911年哈尔滨鼠疫为背景的长篇小说，以马车夫王春申纠结的家庭生活为开端，描写鼠疫在小城傅家甸的暴发、肆虐终至平复，展现王春申、傅百川、翟役生等普通民众在灾难来临时从无助、逃避、绝望到集体自救、战胜鼠疫的故事。作者用生动温情的笔触，描写了灾难中的人性之光，凸显社会失序下的复杂人性，让读者在灾难中体会到生命的意义，也传递出一切创伤终将被爱和希望治愈的深远内涵。

灾难不仅伴随着疾病、伤痛和死亡，也迅速破坏着社会稳定，当社会秩序面临崩塌时，道德伦理往往随之发生雪崩，贪婪、残酷、嫉妒和懦弱等人性之恶也迅速被放大。

居住着两万多居民、曾经热闹祥和的傅家甸，在鼠疫的重击下，像是被猎人抽筋扒皮的小兽垂死地挣扎着。开粮店的纪永和不惜抵押妻子，换来粮食囤积居奇；棺材铺老板翟役生盼着生意好，竟然希望鼠疫得不到控制；小官吏周耀庭趁机渎职乱纪、中饱私囊……乱坟岗上堆满尸骨，乌鸦嘶哑的叫声伴着雪花一起在寒风中飞旋。灾难骤然来临，在死亡威胁的笼罩下，随着一条条鲜活生命的逝去，读者得以体会真实灾难情境中生命的脆弱与遭受的摧残。

"天上下着大雪，又盘旋着乌鸦，每天有人死亡，傅家甸两万多人中死了五千多人。但死亡的另一面就是活力，或者，死亡的底层埋藏的就是活力，面对疾病，不管怎么样，人都要挣扎着活下去。生，确实是艰难的，谁都会经历突如其来的灾难、恐惧、死亡，唯一能战胜这些的就是对生的渴望。"

象征着不祥的乌鸦在小说中竟成了希望的象征，而象征着纯洁的白雪却成了死亡的预告，白雪和乌鸦在小说中被赋予了与生命紧密相连的意义，就像黑夜与白天、生存和死亡紧密勾连。

一线生机也在这绝望的暗夜里，悄然来临。长官于驷兴请来了留洋医生伍连德，傅家甸的人们开始自救：焚烧乱坟岗，将病患分区隔离，切断了与外界的交通往来。傅百川领着店铺伙计一起帮忙，捐出了自己大半辈子的积蓄；王春申主动承担起收敛尸体的差事；周家把点心铺改成伙房，给隔离区的人们做饭；谢尼科娃在教堂为患者募集善款，让女儿扮成天使为捐款者送去糖果……傅家甸本身就是一个联结相对紧密的乡土社会，灾难更促使大家团结起来，守望相助，这也是人类历史上一次次战胜灾难的真实写照。

这一年的冬天格外漫长与寒冷，但人性中的光芒和良善可以驱走泪水和严寒。在小说最后一章《回春》中，冬去春来，积雪消融，柳芽绽出新绿，城市从噩梦中醒来，鼠疫带来的伤痛慢慢平息，傅家甸也渐渐恢复了生机。在清明祭奠亲人的行程中，农人们商讨着新一年如何种瓜点豆；商人们谈论着下个季节的市场流行；新生的孩童像花朵般绽放微笑，母亲给他取名"喜岁"——这个名字，曾经属于她去世的大儿子……春种、夏耕、秋收、冬藏的傅家甸，一切又好像回到了最初的轨道上。春天来了，经历过生离死别、爱恨煎熬的人们，会更加坚韧与顽强。中国人骨子里的强韧，将支撑着他们开启新的生活。

迟子建用温暖的笔触治愈着傅家甸人的苦难，她将西方存在主义思想与中国传统文化中的忧患意识，以及中华民族"多难兴邦""众志成城"的坚韧精神结合起来，描写了中国人在遭遇苦难、身处绝境之时仍能坚毅果敢的韧性；她引导读者在平常生活中思考生命的真谛和希望，思考"灾难文学"的价值和意义。

现实生活不会永远光鲜明亮，人类社会的发展也无法总是一路平顺，变幻莫测的灾难是人类无可逃避的命运，但灾难过后认真反思、深刻总结、以史为鉴，既是对遇难者的尊重，也是对历史最好的铭记。文学作品通过对灾难进行反思和隐喻，让厚重的苦难历程镌刻成精神世界里永恒的丰碑。

如何从苦难中汲取经验教训，在前人的肩膀上行稳致远，为人类文明和未来服务，这才是文学的最终使命。

慕佳佳，河南省胸科医院

世事无常须直面，人生从来是自愈
——读史铁生《我与地坛》有感

文/武海亮 唐 艳

《我与地坛》是中国当代作家史铁生的一篇长篇哲思抒情散文。

这部作品是史铁生文学作品中充满哲思又极为人性化的代表作之一，是作者十五年来摇着轮椅在地坛思索的结晶。散文中饱含作者对人生的种种感悟，以及对亲情的深情讴歌。地坛只是一个载体，文章的本质是一个绝望的人寻求希望的过程，以及对母亲的思念。

一座园，成全了一个人；一个人，造就了一座园。地坛，如同北方一样，是一个平实并且厚重的字眼。在这里，春天是祭坛上空飘浮着的鸽子的哨音，夏天是冗长的蝉歌和杨树叶子哗啦啦地对蝉歌的取笑，秋天是古殿檐头的风铃响，冬天是啄木鸟空旷的啄木声。地坛就这样以热烈的姿态荒芜着，直到有一天，一个摇着轮椅的年轻人进入了园中。他孤独而倔强地行走，走过生，却渴望死，走过绝望，却寻找希望。后来，他开始写作，将地坛的故事融进自己的每一段叙述，从此走进一场文学的大雾中，耽迷数十年而不知其返。

《我与地坛》是作家史铁生的代表作，主要写的是史铁生数十年如一日坐着轮椅，在一座废弃古园中的所见所闻、所思所想。作者用简洁朴实的语言，写出了对生命的顿悟、对母亲的怀念和对苦难的关切。这既是作家史铁生的内心独白，又映射了一个身患重疾、濒临绝望的病人寻求希望、努力前行的过程。

少年时期，初读《我与地坛》，那时多是为作者的遭遇感到难过，是对病痛苦难的同情；如今人近中年，再读《我与地坛》，更能深刻体会到作者文字背后的人生百味，是对励志人生的敬佩。

史铁生一生历经苦难，饱受疾病折磨。他1951年出生，青少年时期到陕北地区插队；21岁双腿瘫痪，从此一生都在轮椅上度过；30岁患肾病，后发展成尿毒症，靠每周3次透析维持生命；2010年59岁时因突发脑出血逝世，结束了他苦难辉煌的一生。

史铁生无疑是不幸的，命运无情地剥夺了他的健康。但史铁生又是幸运的，他有挚爱他的母亲，有"历尽沧桑在那儿等待了他四百多年"的地坛。地坛是史铁生的心灵栖息地，他在地坛顿悟、释然，坚强地走出精神的泥沼，大步流星地去寻找生活的新希望，并最终成为一代文坛巨匠。

阅读《我与地坛》，给人最大的思考就是：我们究竟该如何面对生活的无常？当遭遇疾病和苦难，我们从哪里寻找力量源泉？

所谓世事无常终有定，人生有定却无常。天有不测风云，人有旦夕祸福。无常是人生的主旋律，生老病死是自然界的客观法则。世界上有很多同病相怜的人，但不同的心态造就不同的人生。面对苦难，有的人选择就此沉沦，一蹶不振，最后做了苦难的俘虏；而有的人化悲痛为力量，克服困难，最终驾驭苦难。史铁生显然是后者，他用亲身经历告诉我们：唯有直面人生的无常和苦难，从内心深处汲取力量，学会和自己和解，方能涅槃重生，迎来治愈的人生。

心理的自愈往往比疾病的治愈更有力量，更能激励人，更能鼓舞人，所谓身残志坚是也。史铁生如此，霍金亦如此。这便是《我与地坛》给我最大的启示。

但心理的自愈，往往需要一个过程。在"最狂妄的年龄上忽地残废了双腿"的史铁生，一开始是彷徨的、失落的、绝望的。"十五年前的一个下午，我摇着轮椅进入园中，它为一个失魂落魄的人把一切都准备好了"，"两条腿残废后的最初几年，我找不到工作，找不到去路，忽然间几乎什么都找不到了，我就摇了轮椅总是到它那儿去，仅为着那儿是可以逃避一个世界的另一个世界"，"我那时脾气坏到极点，经常是发了疯一样地离开家，从那园子里回来又中了魔似的什么话都不说"。

地坛"接纳"了失魂落魄的史铁生，成了他的精神家园。"十五年了，我还是总得到那古园里去，去它的老树下或荒草边或颓墙旁，去默坐，去呆想，去推开耳边的嘈杂理一理纷乱的思绪，去窥看自己的心魂。"史铁生在地坛观察着、深思着、领悟着，最终完成了心理上的自我救赎、自我解放与自我和解。

更加难能可贵的是，史铁生不仅完成了"渡己"，更寻求着"渡人"。"由谁去充任那些苦难的角色？又有谁去体现这世间的幸福，骄傲和快乐？"自愈的史铁生，从个体病痛的真实体验升华到了对人类苦难的深切关怀。这是他的独白，更是他的伟大。

世事无常须直面，人生从来是自愈。生活的大树万古长青，我们栖息于它的枝头，就会情不自禁地为此而歌唱。

武海亮、唐艳，中南大学湘雅医院

莫里教授的哭与笑
——读《相约星期二》

文/成运芬

《相约星期二》一书所讲的是一个老人、一个年轻人和一堂人生课。

70岁的莫里教授罹患肌萎缩性（脊髓）侧索硬化（ALS），医生断定他最多还能活两年。他曾经的得意门生米奇，偶然从电视上得知老师生病，赶去看望老师，师生二人就这样在分别16年后重逢了。

师生二人约定，每周二莫里教授给学生米奇上最后一堂课，这堂课一直持续了14周，直到莫里教授去世。米奇把这14堂课的内容整理成《相约星期二》这本书，用莫里教授的话来说，这是米奇的毕业论文。

书中记述了莫里教授忍受着疾病的折磨，以积极、乐观的态度和轻松、幽默的口吻，给米奇讲述有关生活、家庭、感情、金钱、事业、爱情的感悟，从而衍生出"自怜""原谅""道别"等人生课程。

授课中，莫里教授讲了许多人生箴言，谈及最多的还是爱：

"爱的感情维系着我的生命。"

"爱会赢，爱永远是胜者。"

"人生最重要的是学会如何施爱于人，并去接受爱。"

"爱是唯一的理性行为。相爱，或者死亡。没有了爱，我们便成了折断翅膀的小鸟。"

"把自己奉献给爱，把自己奉献给社区，把自己奉献给能给予你目标和意义的创造。"

…………

这些人生箴言，是莫里教授在生命最后时刻的真切体悟，也是他最想告诉世人、帮助众生的。

但是，这本书最打动我的还是莫里教授的哭与笑。

书中第一次写到莫里教授的哭，是在米奇的毕业典礼后。分别时，莫里问米奇会不会和他保持联系，在得到米奇肯定的回答后，教授哭了。

莫里教授就是一个如此感性的人。

虽然莫里教授能够清醒地认识并坦然地接受死亡的到来，但这不代表他豁达坚强到没有沮丧、恐惧和哀伤。他像常人一样有着情绪的跌宕起伏，但是他会控制自己的情绪，及时把握住情感的方向盘。

"那（早上）是我悲哀的时刻……我悲哀这种缓慢、不知不觉的死法，但随后我便停止了哀叹。"

"需要的时候我就大哭一场，但随后我就去想生活中仍很美好的东西。"

"体会它（孤独）的感受，让泪水流淌下来……我不怕感到孤独，现在我要把它弃之一旁，因为世界上还有其他的感情让我去体验。"

当然，莫里教授的哭不仅仅是自怜，还有因没有尽早原谅朋友而今再也不能对之说原谅的悔恨。因为朋友对莫里妻子手术一事的漠然态度，莫里从此拒他于千里之外。几年前朋友死于癌症，"我现在非常非常地懊悔"……莫里哭了，那是一个走到生命尽头之人的悔恨泪水，他不希望这样的悔恨再发生在其他人身上。

而在书中，我们感受更多的还是莫里教授的笑，伴随着他的坦诚、乐观、幽默和快乐。

他平静地笑着告诉学生自己得了绝症："如果你们觉得这是个麻烦而想放弃这门课，我完全能够理解。"

莫里的笑，来自他对人生的深刻认识——和自己讲和，和生命讲和；接受衰老，接受照顾，接受死亡。

"这就像重新回到婴儿期，有人给你洗澡，有人抱你，有人替你擦洗……对我而言，这只是在重新忆起儿时的那份乐趣罢了。"

"衰老并不就是衰败，它是成熟。接近死亡并不一定是坏事，当你意识到这个事实后，它也有十分积极的一面，你会因此而活得更好。"

"米奇，老年人不可能不羡慕年轻人，但问题是你得接受现状并能自得其乐……你应该发现你现在生活中的一切美好、真实的东西。"

"我乐于接受自然赋予我的一切权力。我属于任何一个年龄，直到现在的我。"

只有莫里能幽默地笑对苦涩，只有莫里能笑对冰冷的死亡。

这让我不禁想起苏东坡，即使被一贬再贬，虽然也有"君门深九重，坟墓在万里。也拟哭途穷，死灰吹不起"（《寒食帖》）的郁闷，但他还是能调整自己的心情，写出"九死南荒吾不恨，兹游奇绝冠平生"（《六月二十日夜渡海》）的豪迈诗句来。

被公认为"心理最健康"的莫里教授赢得了学生们发自内心的爱。在莫里的最后几个月里，有数以百计的学生回到他的身边。他们打电话、写信，他们千里迢迢地赶来，就为了一次探望、一句话，或者一个微笑。

不仅仅是对学生，莫里教授非常善于开启人们心中的感情之闸。米奇的妻子从没有和莫里打过交道，却乐于和莫里电话交流，乐于在刚刚见面时就为莫里唱歌，这些都让米奇慨叹不已。莫里闭着眼睛欣赏，脸上绽开了笑容——"尽管他的身体僵硬得如同一只沙袋，但你能看见他的心在翩翩起舞。"

所以米奇说：莫里是每个人理想中的父亲。

而所有的一切都源于爱。就像莫里说的："我当然在受罪，但给予他人能使我感到自己还活着……只有当我奉献出了时间，当我使那些悲伤的人重又露出笑颜，我才感到我仍像以前一样的健康。"

莫里的教导不是高高在上、故弄玄虚的，而是贴近生活，贴近每个人的心，它甚至就附着在日常生活的举手投足中。

希波克拉底说"哪里有人性之爱，哪里就有救愈"，罗曼·罗兰说"世界上只有一种真正的英雄主义，那就是认清生活的真相后依然热爱生活"。这些从莫里教授的身上得到了最好的验证。

莫里走了，但他不是那朵撞碎在岩石上的小浪花，这朵浪花已经回归大海，成了大海不可分割的一部分。

成运芬，江苏省人民医院

凝视生活之庸常，洞察生命之哲思
——读刘亮程《一个人的村庄》

文/成运芬

20年前，我第一次读刘亮程《一个人的村庄》一书时，竟然一下子就被他那风格清奇的语言吸引了。时下泛滥的文字太多，往往走马观花，浮光掠影；而刘亮程的文字是在人的心田上深耕细作，在他的笔下，那些庸常的生活就像放大了许多倍的毛细血管一般清晰地呈现在你眼前，是生活洪流中的微循环，是切入体肤的生命感受。于是，读着读着，世间一切的喧嚣、生活所有的烦躁，就在这里消隐了。

心慢慢静了下来，你开始凝视那些平常得不能再平常的一切，你能驻足看一朵花开、听一声虫鸣了；渐渐地，你听到了那些心底的声音。于是，你眼中那些习以为常的生命重新焕发了意义，板结多年的心灵土地像是被重新翻耕，鲜活的意识在春风春雨中瞬间萌发。

一

在这个容易生产焦虑的快节奏时代，读刘亮程，你能读到一份骨子里的纯粹，一份对周遭生命的凝视。在刘亮程的笔下，他和他周遭的人似乎低到尘埃里，有着许多被生活抛弃般的无奈，但这并不妨碍你在沉寂荒芜的乡野中获得哑然一笑的轻松和快乐，还有那些耐人咀嚼的生活哲思。

"我一回头，身后的草全开花了。一大片。好像谁说了一个笑话。把一滩草惹笑了。"(《对一朵花微笑》)每每读到这个片段，我都会情不自禁地跟着笑，那一朵朵花儿，或哈哈大笑，或半掩芳唇，或扭头掩面，笑得前仰后合，似乎都如精灵般浮现在眼前。

在这本书里，你可以看出刘亮程是个知鸟意、通驴性的人，他能听懂风语，读懂炊烟，在他的笔下，你可以感知一窝蚂蚁、一窝老鼠的生存境况，一朵花、一棵树的情感状态。对黄沙梁一草一木、一猫一狗，他都谙知其习性和脾气，刘亮程审视它们的生存状态，恰似审视人的生存状态。

如果你能感受到"万物通灵""众生平等"的意念始终盘旋在村庄上空，那么你也会懂得刘亮程的所说、所思、所悟："也许我们周围的许多东西，都是我们生活的一部分、生命的一部分，它替匆忙的我们在土中扎根，在空中驻足，在风中浅唱。任何一株草的死亡都是人的死亡，任何一棵树的夭折都是人的夭折，任何一粒虫的鸣叫都是人的鸣叫。"

二

在刘亮程的笔下，大自然的一切都是有意识的存在，不论是动物，还是植物，不论昼夜，还是四季，甚至寒风和炊烟，那些会认人的鸟，那根被他了解前生后世的木椽……

"寒风进来了，它比我更熟悉墙上的每一道裂缝。""但是，母亲斑白的双鬓分明让我感到她一个人的冬天已经来临。那些雪开始不退，冰霜开始不融化，无论春天来了，还是儿女们的孝心和温暖。"(《寒风吹彻》)寒风不仅是季节的，也是历史的，更是人的。

刘亮程并不着意去写村庄的家长里短，但村人之间的那些亲疏恩仇，在他的笔下似乎又无处不在：在两片脸对脸、背碰背像一对恋人和兄弟在风中欢舞着的树叶中（它们不知道它们的主人相互有仇），在两股彼此缠抱在一起的炊烟里（它们的主人时好时坏的关系像炊烟一样纠缠不清），在被李家房子挡住的第一缕阳光下（一户阳光的遮挡成了一家人心里的阴影）……

在《一个人的村庄》里，人、动物、植物之间有着亲密的联系，他们的思想是可以相互通达的，他们的精神是可以相互影响的。

"我正躺在山坡上想事情。一个人脑中的奇怪想法让草觉得好笑，在微风中笑得前仰后合。"

刘亮程常常通过植物和动物的眼去审视、揭示人的心灵世界，那是人难以看到的一面：

"数年前的一个冬天，你觉得一匹马在某个黑暗角落盯你。你有点怕，它做了一辈子牲口，是不是后悔了，开始揣摩人，那时你的孤独和无助确实被一匹马看见了。而周围的人，却总以为你是快乐的，像一只无忧无虑的夏虫，一头乐不知死的驴子、猪……"在这样的笔法下，似乎牲口比周围的人更懂得你的内心。也许恰如刘亮程自己所述："我的生命肢解成这许许多多的动物。从每个动物身上我找到一点自己。"

三

一个人的村庄终究脱不开荒凉，"在这个地方，人咳嗽一声、牛哞一声、狗吠虫鸣，都能听见来自远方的清晰回声"，这荒凉不仅是村庄的荒凉，也是人心的荒凉。刘亮程一个人的呓语反衬出这个村庄的荒凉，这种荒凉亦真亦幻。

"我见过几个已经死掉的村庄，啥也没有了，只剩下几堵断墙，被风吹得光溜溜，像骨头似的。"

过去曾经夯实的一堵土墙、修过的一扇门、辛苦挖回来的硕大树桩，有的破败，有的消失。"它将成为一座荒野中的门。进出只有时间和风。"

"到处是空房子，到处是无人耕种的荒地，你爬在院墙外，像个外人，张望我们生活多年的旧院子，泪眼涔涔。"

"你眼巴巴地看着庄稼青了黄，黄了青。你的心境随着季节转了一圈，原地回到那种老叹息、老欣喜、老失望之中。"

而在刘亮程的呓语里，这荒凉的村庄在单调的劳作中，在热辣辣的阳光中，在风中、雪中、人烟稀少中，又分明活了回来。刘亮程充满想象力的描述，让一切有了生机和活力，甚至温馨和热闹。

刘亮程的文字是这荒凉中的一片绿洲，他的文字拯救了村庄的荒凉，拯救了人们心境的荒凉，让我们看到它的生机，看到单调、贫乏、无奈背后的丰富内蕴。

四

刘亮程的讲述透视着生命的哲学，他是无愧于"乡村哲学家"称号的，那些生活的哲思在他的文字中俯拾即是。

"或者做一棵树……一年一年地活着。叶落归根，一层又一层，最后埋在自己一生的落叶里，死和活都是一番境界。"

"冬天总是一年一年地弄冷一个人，先是一条腿、一块骨头、一副表情、一种心境……尔后整个人生。"

"落在一个人一生中的雪，我们不能全部看见。每个人都在自己生命中，孤独地过冬。"

"在我们的成长过程中，有些声音会渐渐熟悉，却再无法听懂。"

刘亮程笔下的炊烟，不仅是村庄的头发，还是村庄的根。

在刘亮程的眼里，人并不比植物动物高贵多少。

"对于黄沙梁，其实你不比一只盘旋其上的鹰看得全面，也不会比一匹老马更熟悉它的路……想必牲口肯定有许多话要对人说，尤其人之间的是是非非，牲口肯定比人看得清楚。而人，除了要告诉牲口'你必须顺从'外，肯定再不愿与牲口多说半句。"

我想，人的狂妄岂止存在于人对牲口的任意驱使、呵斥和抽打中，反思一下：人与人之间，是不是也存在这样的狂妄呢？正因如此，多少人才期盼与拥有共情能力和同理心的人相逢。

用刘亮程自己的话说，《一个人的村庄》是他的元气之作，满足了他对一个村庄寂静无边的冥想。而我们则从他的冥想中，获得了内心深处的豁然开朗。

"我活得太严肃，呆板的脸似乎对生存已经麻木，忘了对一朵花微笑，为一片新叶欢欣和激动。这好不容易开一次的花朵，难得长出的一片叶子，在荒野中，我的微笑可能是对一个卑小生命的欢迎和鼓励。就像青青芳草让我看到一生中那些还未到来的美好前景。"这话是刘亮程对自己说的，我想我们每个人也都可以借来对自己说一遍，提醒自己去鼓舞一下身边的生命，或者鼓舞一下自己，即使是一道微弱的光，也能给人带来一丝光亮和温暖。

成运芬，江苏省人民医院

是谁，拨动了我思乡的弦
——写给我的村庄，读刘亮程有感

文/贾志英

我对村庄的想念是从一个3月的早晨开始的。南国3月的风吹动着窗户，也把阳光吹来，阳光很好，微风不燥，音频里播放着《一块石头》，文章的作者是那个自称"穷得连生日都没有的""城市里也没有的"刘亮程。

窗外的天空纯净透亮，大片大片的蓝，花朵越过生锈的门锁，疏疏淡淡从木栅栏伸出来，绿汪汪的叶片闪耀着希望的光芒，一切美好得就像书里描绘的安恬场景。

这些文字拉扯我蛰伏已久的乡愁：西北、西北又一次在无声地呼喊着我！在我的手机搜索记录中，刘亮程和他的《一块石头》《寒风彻骨》《隔世情语》《一个人的村庄》占据我的头条，这些文字"仿佛一个巨大商队，正经过我行将荒弃的一世"。

而在这个季节，我的高原偶或间还有雪花在飘舞，干枯的树枝划过老屋的屋顶，仍旧沉默着等待夏天的到来。也只有在夏天的时候，它才会拥有一棵树的荣耀——那些晃眼的预示着力量和希望的绿色啊，对那延绵不绝的黄色而言，是如此如朝圣般的存在。我的想念就是从一株草、一朵花、一声鸡或狗的鸣叫、一阵牛羊马儿的脚步声开始的，从村庄夏天的早晨开始的……

一、一亩向日葵的遐想

　　农舍里的鸡鸣声叫醒了村庄的夏天，公鸡们比赛似的扯开了嗓，一个比一个起劲。甚有不甘示弱者飞到屋顶、草垛、柴火的最高处，声音在这个时候成了利剑，充满了王者归来时的雄赳赳气昂昂。

　　就在公鸡们如凯旋的战士吹响胜利号角时，和村庄一岸相隔的向日葵们也睁开了惺忪的眼睛，伸完了第一轮懒腰，整整齐齐排兵布阵般完成一次夜晚与白天的交接。此时的村庄清丽、质朴，远处谁家的炊烟若隐若现，勤劳的母亲们已经手挽竹篮开始下地劳作，炊烟也在母亲的操持下完成早上的使命。

　　当晨曦染红村庄，背着书包的孩童走过那亩向日葵，向日葵露出欣慰的笑。学校离这亩花田不远，花田的旁边是小河，闪着碎银般的河水和村庄相偎相依。河水不大，即使细得"像一根要断掉的麻绳"，它还是尽心尽力滋润着这方土地。

　　河的一边，男孩用泥巴捏起一座座城堡，城堡之间流动着的是河水婉约的身子。女孩用淡紫的小雏菊、黄色的蒲公英花缠成一串串花环，戴在莲藕似的脖颈上。花朵原本的香气温润着体肤，孩子们撒下一河道的笑声，这些尚未到上学年纪的孩子有着足够的在田野嬉闹玩耍的时间。校舍里时时传出琅琅的读书声，再过不了两年，他们也会像哥哥姐姐们一样背起书包走进校园，趁着现在就尽情撒会儿欢吧。

　　可不，你看，蝴蝶、野蜂、不知名的昆虫振翅飞舞，从一棵草到另一棵草，它们能飞多久孩子们就追多远，小小的身子丝毫不觉得累。麦苗开始泛黄，一切都带着丰收的希望，太阳更艳了，向日葵笑得更欢了，或许她在想不远的将来，那些让人欣喜的消息，会抚平村庄的弯曲的折痕。

二、紧张的麦子

很多时候，对村庄浓烈厚重的记忆，来源于屋顶歇息的燕子、树梢叽叽喳喳的麻雀、在村庄自由走动的牛羊马儿。夏天的村庄静默不了，麦场上堆满一捆捆焦灼紧张的麦子，它们等着农人趁着天晴赶紧打场入仓，生怕一场没有预兆的暴风雨带走一整年的收成；农人们的紧张不比麦子少，他们守在电视机前看天气预报，打听明天适不适宜打场晒麦子。

麦场就在院落前或后，推开木质的大门，就是各家不大不小的麦场，麦场打扫得很干净，土质也被车轮、石碾子压得结结实实，麦场两侧种有高大的梧桐树，大家在梧桐树下乘凉吃午饭，说谁家的粮食在队上年产第一，说来年的想法，也说谁家媳妇婆娘茶饭做得香。

在斑驳的光影与缝隙里，也会看到村庄的垂柳。垂柳和梧桐、高大的乔落叶植物一样，是村庄绿色的魂，它们忠诚地生长在这里，这些极易生长的植物命中注定是属于村庄的，只要一抔土、一瓢水就可以在村子里扎根活下去，它们有极强的生命力，和沙漠的胡杨一样。它们把全部的生命都给了村庄，包括童年、少年、壮年，还有它们的躯体。

这些发生在夏天的事，由远及近，再由近到远，称之为往事。往事如昨，但不会成烟，这些都是我生命里的构象。似乎穿过这些绿色精灵的枝枝蔓蔓，淳朴的村庄就笑意吟吟地走过来，给我一个结实的拥抱。

三、村庄的孩子

快有三十年了吧，我时时想起故乡的那轮月、那场雨、那缕炊烟，和那个离家的早晨。

我不停地向留在老家的同学打听村庄的消息，打听熟人的近况，询问："你们都还好吗？"

"你什么时候回来看看？和我们一起坐坐。"

他们总是这么回答。想来他们才是村庄真正的孩子，忠诚地生活在那片土地上，生生不息，没有逃离，更没有背叛。我很想给他们说："记得替我照料好那垄田地、那块旧城墙，我的梦里经常出现它们的身影。"但我开不了口，一开口，就丑了我自己。

一个离开村庄几十年，又跑去千里之外的人，是不应该有什么要求的。

村庄的孩子和村庄彼此感恩，从他们爽朗的笑声和村庄安详的眼神里可以看出这一点。

村庄慈爱地护佑着在这片土地上千年万年生活的子民们，护佑他们不曾改变的质朴与纯良，也宽厚地接纳他们的嬉笑怒骂，穿过黄土上的沟沟壑壑，公平分配她的慈祥。每一颗尘土、每一粒沙砾，都那么坦然，不拘一格，这是他们应该得到的，无可厚非。

这样的乡愁会在某个不经意的时刻出现，乡愁会疼、会痛、会泪流，它是"单枪匹马去闯荡生活"后疗伤的药，也是"春天开的第一朵花，秋风起时第一片叶子落在眼前"的思念。

有人说，"当一个人的岁月像荒野一样敞开时，他便再无法照顾好自己"，那么，就让我心安理得地在我想念的村庄里一切安好吧！但愿如是。

贾志英，金堂县第一人民医院

镭姑娘的光亮照亮黑暗
——读凯特·摩尔《发光的骨头》

文/何晓妍

在中学化学课本上读到居里夫人因发现镭元素而获得诺贝尔化学奖时，谁都没有想到这样一个伟大的发现背后隐藏了多少人的血与泪。直到《发光的骨头》将我带入这一百年前被掩埋的痛苦挣扎中，当我仿佛亲眼见证了与镭密切接触的无数个姑娘的人生被彻底毁掉，甚至失去生命的时候，我对此才有了更多的认识。

20世纪初，全世界都沉浸于发现镭的喜悦中，人们普遍认为，镭可以治愈疾病，给人类带来健康。各行各业的制造商都宣称自己的产品含镭，每个人都想尝一尝这块美味的蛋糕。凯特·摩尔将视点聚焦在美国一个表盘公司的员工身上。这个公司招收了大量的女工，她们被称为"镭姑娘"，她们的工作就是把含镭的夜光涂料用非常小巧的毛笔画在表盘上。姑娘们非常喜欢这个工作，因为她们每天接触的就是人们趋之若鹜的镭。结束工作后，她们站在黑暗中浑身发着光，像是一群"超凡脱俗的天使"。

在得到公司对于镭的安全性的保证后，姑娘们为了提高生产效率，每画几笔都会用嘴唇抿一下分叉的笔尖，一整天工作下来，重复的都是"抿、蘸、画"三个步骤。不知不觉间，姑娘们吞进了不计其数的镭。

然后怪事接踵而至。曾经在表盘公司工作的女工一个接一个身体出现不适。第一个出现症状的女孩叫莫莉，她的牙齿几乎掉光，口腔里全是溃疡，医生小心翼翼地戳了一下她的下颌骨，下颌骨就断了，之后医生用手指把那根断骨取了出来。这是何等超出常人认知的破坏！然而，对镭所属公司的调查却寸步难行。公司对姑娘们隐瞒她们的体检报告，他们只想生产更多的产品，挣更多的钱。在公司将莫莉的死因定性成梅毒后，这一切变成了一场交织着欲望和谎言的人祸。

在必死的绝望中，还活着的"镭姑娘"们努力生活，互相扶持，与疾病共生，同时坚持捍卫自身的权利。她们的维权过程并不一帆风顺，许多专家学者为了利益都站出来证明镭是无害的。公司为了平息这场诉讼，主动提出赔偿，想要达成和解。但是，就算姑娘们的经济情况难以维持治疗，她们也没有屈服，拒绝了和解。在支持者的帮助下，她们勇敢地控诉镭公司的贪婪和无耻。在这一场没有硝烟的战争开始后的第13年，她们取得了最终的胜利。没有歪曲事实，没有庭外和解，一切都公平、公正、真实。她们的反抗精神引发了一场革命，促使政府加强对辐射行业的监管，促成劳工保护法律的修订，拯救了无数人的生命。人们从她们的苦难中意识到了辐射的危险。科学家通过研究她们的身体，积累了关于辐射风险的知识，这一切都让后人受益匪浅。

读完这本书，除了看到"镭姑娘"们的反抗和资本家对普通人的残忍剥削，我还看到了女性的力量——女孩们的互相帮助、互相扶持爆发出无限的能量。同时，我也看到了许多坚持心中正义的医生、调查员、律师以及记者，她们如同星星之火，频繁地上诉和调查，却被镭公司一次又一次地挡了回来；但是，那每次发现的一点证据和进展也可以燎原，最终倾覆镭公司这样一个庞然大物。

作为一名医护人员，文中的同行引起了我的特别关注：他们有的寸步不离地守在病床前照料患者，一守就是三天三夜，并且免费为痛苦的患者提供治疗；有的将检查结果上诉，并建议关停镭公司；有的为幸存的"镭姑娘"进行辐射检查，以证明是镭产生的辐射损害了她们的身体……这让我在日常工作中反思自己：我在工作中能否做到帮助弱势群体，为不公发声？我是否拥有与本文作者一样的共情能力，能真正地感他人所想？我是否能不被权威"捂嘴"，保持自己的判断，掌握发掘真相的能力。就像作者在后记中说的那样：面对一直遭受不公待遇的"镭姑娘"们，"我希望我已经公正地对待她们每一个人了"。

"镭姑娘"们发出的光亮不仅照亮了黑暗，还照亮了辐射行业乃至所有劳动者，以及正在读书的我。在社会环境越来越"卷"的今天，在医疗资源愈加紧张的今天，我们能否像文中的许多医生一样树立好医德医风，像作者一样深刻感受患者的情绪？我们能否有文中"镭姑娘"一般坚韧的精神，在逆境中奋勇向前，在逆风中把握方向，像那暴风雨中的海燕，像那不改颜色的孤星？

何晓妍，湖南省人民医院

一场爱的救赎
——《姐姐的守护者》观后感

文/尹 霞

最近又重温了《姐姐的守护者》，一部关乎生命和亲情的感人影片，故事围绕着一个患有白血病的女孩展开。为了救这个女孩，安娜出生了，她的身体从一开始就不是完全属于自己的，而是为了拯救濒临死亡的姐姐。当安娜的姐姐出现并发症肾衰竭的时候，母亲要求安娜为姐姐捐一个肾，安娜将母亲告上了法院，要拿回自己的身体支配权，母亲并不理解她的做法，一场爱的救赎就此展开。而当真相公开，我才明白影片名"姐姐的守护者"真正的含义。

"小时候，妈妈说，我是一小片蓝天，因为她和爸爸太爱我，所以我才来到世上，后来我发现事实并非如此……有时我想知道，如果凯特很健康会怎样。但不管是不是巧合，我来了。"对于父母而言，照顾生病的孩子是一辈子的事。不过，在和谐的表象之下，还是有裂痕、怨恨，摇摇欲坠的亲缘关系，使这个家庭随时都会面临巨变。凯特的病情加重了，少女安娜面临是否再为姐姐凯特捐献一颗肾脏的抉择。凯特因癌症的折磨几乎崩溃，她的声声控诉，母亲为鼓励女儿毅然决然地剪掉了秀发，以及令父亲分身乏术的消防工作，无不在诉说着这个家庭的烦扰与忧伤，每一个人都如此无力。小安娜的一纸诉状使局面破冰，同时也淋漓尽致地展现了这个家的惆怅与挣扎。

与此同时，姐姐凯特找到了同是病人的男朋友泰勒，他们相互怜惜，彼此陪伴，参加舞会，度过属于他们精彩的时光。但凯特的精神安慰——泰勒还是离开了，凯特十分伤心。危在旦夕的她不需要临终关怀，她只想去看海，静静地躺在家人的怀抱里，看着海滩上追逐嬉戏的亲人们。

看完这部电影，我心中很压抑，同样也很震撼。影片中，每个人无论做出怎样的选择，都没有对和错的区分。对安娜来讲，她的出生只有一个使命——救姐姐，家里一切的重心都围绕着姐姐，她找不到自己的存在感，如果她的控告完全是出于对自身权利的维护，而不是姐姐的意愿，我也很理解。"生命高于一切"是生命伦理学的最高原则。安娜这样做是无可厚非的，只是做出这样的选择，会受到道德、亲情、伦理的拷问，当这些冲突纠结在一起的时候，谁也不知道应该怎样做。如果安娜可以选择，她会选择这样出生并接受这样的生活吗？我们不得而知。

移植医学是一门很伟大的科学，它给患者带来了福音。在濒临死亡的时候突然看到生的希望，这是多么让人激动。当然，这需要供体与受体的匹配。然而，我们忽视了供体的感受。安娜一次次被从自己的身体上取走东西，因为这样才可以挽救姐姐——脐带血、淋巴细胞、骨髓……最后还要捐出肾脏。她本来是一个健康的孩子，然而这样一次次的付出，最后也会威胁到她的健康，那么她的权益应该如何来维护？

安娜的姐姐已经在一次次的急救、手术、化疗中磨灭生的希望，她活得很辛苦、很痛苦，她知道自己有一天终将死去，但每天还要在忙碌的亲人面前强颜欢笑，她的心理压力也很大。那么，她的感受应该如何照顾？是这样痛苦地活下去，还是快乐地离去？这涉及临终关怀与死亡伦理。

镜头来到海边，可怜的凯特遥望大海，她笑得很开心，看着一家人相拥的画面，很感动。我想，所谓的拯救，如果带给患者的是无休止的痛苦，又有什么意义呢？凯特不想再这样痛苦下去，于是她策划了一切，她想通过合法手段来结束身体和心理的双重折磨。凯特在妈妈的怀里安然离去时，她应该是快乐的。

这部影片很让人感动，全片都贯穿了爱与付出，对安娜来说，上诉的结果是什么都不重要，重要的是她爱她的姐姐。为了姐姐，11岁的女孩敢于挑战母亲的权威，她可以接受周围指责的眼光，她愿意永远保守这个秘密，哪怕妈妈一辈子都不会原谅她。如果不是最后她的哥哥说出了这个秘密，也许很多观众都会认为安娜是自私的。如果安娜上诉是为了自己，她不过是在维护个人权益，但如果只有她读懂了姐姐的真实心愿呢？

在现实生活中，我们都可能面临个人权益与社会伦理道德规范之间的冲突。面对冲突，我们应该怎样去做？

以我的观点，我们需要依照自己的良心，来回答这些注定是两难的问题。

尹霞，山西白求恩医院

振翅而飞的蝴蝶
——观《潜水钟与蝴蝶》有感

文/段盛之

现实就是一座潜水钟，愿我的灵魂能如一只冲破潜水钟的蝴蝶，去振翅自由飞翔。

——让·多米尼克·鲍比

鲍比出生在法国巴黎，也在巴黎长大。他于1991年开始在巴黎知名流行服饰杂志 *ELLE* 担任编辑。1995年12月8日他不幸中风，20天后苏醒，仅剩下一只左眼能够眨动。经当地医生诊断，他不幸确诊为闭锁综合征。

闭锁综合征是神经科急危重症的代表，主要是脑桥基底部病变引起的临床综合征。典型临床表现为患者神志清楚，双侧面瘫，四肢全瘫，丧失言语功能，只能依靠瞬目、眼球运动表达意愿。简单来说，可以称之为"清醒的植物人"。近似植物人的鲍比却用两年的时间，以左眼为沟通方式，完成了生命中唯一的一本书。整本书依靠听读方式完成，一名记录者顺序读出一个按照法语字频排序（E, L, A, O, I, N, S, D…）的字母表，鲍比则用眨眼来选择需要的字母，如此往复。每个单词平均耗时2分钟，整本书依靠大约 20 万次眨眼完成。《潜水钟与蝴蝶》出版后两天，他在医院去世，留下两个孩子。

《潜水钟与蝴蝶》不只是鲍比的一本随笔，更算得上是一部传记。全书不仅有鲍比中风后作为一名闭锁综合征患者的日常点滴，还有昔日他与前妻和两个孩子生活细节的回忆。我观看了这部同名传记改编的影视作品，编导巧妙地采用第一人称视角，仿佛观众也被限制在了这具无法移动的身体里，观看时引发强烈共鸣。

在清醒时，鲍比觉得自己像极了被困在深海钟里的潜行者，只余下一只左眼可以看到 60 度视野范围内的所有，正如在深海钟里透过那块玻璃观察深海一样，深邃而压抑。而在睡梦中，鲍比感觉自己越来越轻，慢慢化成一只展翅的蝴蝶，穿过厚厚的深海钟，朝天空飞去。"除了我的眼睛外，还有两样东西没有瘫痪，我的想象……以及我的记忆……只有想象和记忆才能令我摆脱潜水钟的束缚，我的想象可以自由驰骋。"我相信，很多观众都能感受到鲍比抗击病痛和不公命运的那种伟大与坚强，以及对渺小生命也能绽放绚烂火光的赞美。让·多米尼克·鲍比升华了他自己的生命。

在鲍比生命的最后一段旅程中，有两个人的存在不可忽视，他们就是鲍比的物理治疗师和言语治疗师。闭锁综合征病程较长，通常难以治愈，预后较差，治疗手段以原发病治疗为主，辅以营养支持和康复治疗，目的是延长患者生存期，改善生存质量。鲍比的物理治疗师每天都会为他进行关节活动，以改善关节僵硬情况，并预防静脉血栓和肌萎缩等并发症。鲍比的言语治疗师亨瑞特更是教会了鲍比如何通过眨眼拼出单词，以表达自己的意愿。

鲍比第一次在亨瑞特的指导下拼出的句子是"让我去死"，随之而来的是无尽的绝望。后来，在医生、护士、康复治疗师以及前妻、孩子和朋友不停地劝说与鼓励下，才有了那个依靠眨眼写书的鲍比。

鲍比被唤醒了生的希望，不是因为别的，只是因为他想要自己应有的尊严。一具躺在病床上几乎不能动弹的身体，饮食需要鼻饲管，排泄需要纸尿裤和护理垫，他在别人眼里和植物人有什么区别？但是鲍比知道，他不是植物人，他还有思想，他必须做点什么来证明自己还"活着"。这也刚好契合了康复治疗的理念，让人在患病后还能尽力完成生活中的日常活动，还能尽量利用残存的功能，还能有尊严地活着。

生而为人，便是一个独立的个体，我们都希望按照自己的方式生存。当我们生病了，当我们老去、行动不便了，我们也不愿给旁人添太多麻烦。亨瑞特成了鲍比的救赎者，她教会了无法动弹的鲍比与身边人交流，她带给鲍比希望与勇气，她为鲍比的思想插上了一对翅膀，让被囚禁在潜水钟里的蝴蝶可以盘旋飞向天际。同样，她也帮助鲍比找回了自己的尊严——鲍比写了一本书，向世界证明了他和植物人不一样。

亨瑞特在治疗患者的过程中救赎了患者的身心，现在的治疗师不也是这样吗？物理治疗师在治疗中治愈了患者的运动功能，作业治疗师在治疗中教会了患者生活技能，言语治疗师在治疗中帮助患者找回了与他人沟通的技能，职业治疗师在治疗中帮助患者重返岗位……他们都在工作中完成了救赎，同样地，他们自己也获得了救赎。医院的白墙比教堂聆听了更多的祈祷，治疗师也在工作中发现了更多的勇气与爱——有父母为了保护孩子在车祸中双双脊髓受到猛烈撞击，终身无法独立步行；有一胞三女患"瓷娃娃病"而奶奶不愿放弃，独自一人想方设法筹钱为三娃看病；有见义勇为的警察被歹徒刺伤致右手再也无法拿枪，他却只是笑笑说这是职责所在，是应该做的……

我们在医治患者身体的同时，亦是在医治人的心灵。我希望每一个患病或是健全的人，都能够给自己的思想插上一双翅膀，化作振翅而飞的蝴蝶，不再拘泥于这具布满枷锁的身体，而是去看看大千世界的那些勇气、爱与奇迹。

请允许我借用《潜水钟与蝴蝶》中的一句话结尾："Hold fast to the human inside of you, and you'll survive." 保持人性，你就能活下去。

段盛之，四川省八一康复中心

让我再多救一个！
——观《血战钢锯岭》有感

文/刘荣森

"让我再多救一个！"这是道斯一直在祈祷的。身为 ICU 的一名医护人员，我们不是一直也在这样祈祷吗？我生活在现代，而道斯生活在二战时期，他是《血战钢锯岭》的主角，这部电影也是根据真实故事改编的。

电影为我们描述了当年的烽火岁月：二战时美军与日军在冲绳岛上展开激烈战斗。美军虽然装备精良，可日军拥有 100 多米高的钢锯岭，它成了阻碍美军进攻的天然屏障，于是一场你死我活的拉锯战开始了。美军进行了数次冲锋，但都无功而返……

道斯不顾父亲的劝阻，像许多美国青年一样，怀着满腔的热血参了军。与众不同的是，他参军不是为了杀人，而是拯救战场上的生命。道斯是个虔诚的教徒，他相信杀生是罪过，所以他坚决不碰枪，这让旁人感到不可思议，也让我惊讶：一个即将奔赴战场的士兵，怎能不拿枪？这使得教官恼火万分，道斯也被战友嘲讽为"傻瓜道斯"。此后，他竟然宁可冒着被军事法庭审判的危险，也要坚持自己的立场。一番周折后，他终于成为一名临时军医，我不禁发出疑问：就他那身板，能顶住战火吗？

道斯的第一场战斗开始了：几天后，他所在的队伍登了岛，在黎明发起了冲锋。在舰炮的掩护下，一群英勇无畏的士兵爬向了钢锯岭。刚上岭，他们便遭到了猛烈的攻击，有的士兵还没来得及找到掩体，就在"嗒嗒嗒"的机枪声中倒下了。炮火中，血肉横飞，除了枪炮声、轰鸣声，就只能听到士兵的惨叫声，这让我看得惊心动魄，暗想：这都是一个个鲜活的生命哪！而这冷酷无情的战争机器，却轻而易举地夺去了他们的生命！

道斯遇到了一个双腿被炸伤的士兵，他奋力抢救，可他的长官说："给他一剂吗啡就走吧，他活不了今天了。"是啊，在战场上，失去双腿等于失去生命，救他或许是在浪费时间，但道斯依然背着士兵前行。就在这时，战友又问道斯："你没听说过伤员分类吗？我们送他下去之前，他会死的。"道斯怒喊道："你又怎么知道？带他下去！"道斯转身，又去救下一个伤员。我们不能因为没有希望，就放弃抢救，这一精神直到现在都值得我们学习。

在惨烈的战斗中，道斯也目睹了生命的消逝。他亲眼看着最好的朋友倒下，那一刻，他的眼里出现了泪光，他被熏黑的脸忍不住抽搐着。虽然恐惧，但道斯还是鼓起勇气，冲到硝烟弥漫的战场上救助伤员。看到战友的痛苦呻吟，他心痛不已，含着泪为他们治疗，心中默默地祈祷。乱石嶙峋中，尸横遍野，道斯心中只有一个信念：抢救自己的战友！而在日军强劲的反击攻势下，美军迫不得已地撤退了，留下了道斯与被抛弃的伤员，此时我真为身处险境的他捏了把汗！

即使不看电影，我相信读者同样能想象到战场是多么残酷，但道斯见到日军伤员，同样上前救治。这可是在战场上啊，竟然救治敌人？但对于医务兵而言，难道职责不就是救治伤员吗？这一点实在是令人敬佩。

在一片狼藉里，道斯还在搜寻着伤员。他冒着生命危险，把一个个战友送下了钢锯岭。好几次，他险些被敌人发现，后来自己也负伤了，但他还在想：让我再多救一个！

让我再多救一个！他将平常嘲笑他的战友送下了山崖。让我再多救一个！他把昔日看不起自己的军官送出了敌人的魔爪。让我再多救一个！他从死神怀里抢下了70多条生命！看到这儿，我不能自已，感动地流下了眼泪！在这样艰难的条件下，普通人的信念依旧顽强得令人难以置信。

战斗胜利了！道斯也体力不支了。最后，他被战友们救下了钢锯岭。

我思考着：在工作中，我们也会遇到许多看似难以逾越的"钢锯岭"，也会面对很多疑难杂症，但是拥有了道斯的精神，我相信再大的困难也可以克服，我们要学习这种精神，与之相比，工作中的小挑战又算得了什么？

"我也不知道为什么我能救下这么多人，也许因为我是个'傻瓜'吧，但我总相信，我能再多救一个！"许多年后，90多岁的老人道斯笑着说。在这平和而坚定的叙述中，我真切地感受到了爱与信仰的巨大力量！

刘荣森，河南省人民医院

读懂生死
——读村上春树《挪威的森林》

文/张恕玢

"死并非生的对立面，而作为生的一部分永存。"

当我读到书中这句话时，突然对生死多了一份思考，有了另一番见解。

《挪威的森林》是日本作家村上春树于1987年所著的长篇爱情小说。小说讲述了主人公渡边彻纠缠在情绪不稳定、患有精神疾病的直子和开朗活泼的小林绿子之间，展开自我成长的旅程。

虽然这是一部爱情小说，但整本书从头到尾弥漫着"孤独"和"死亡"的气息，作者超越一般爱情描写的俗套，更多传递的是对人生和生命的思考。书中不同的人物，对于命运也有着不同的选择。

逃离现实，向死而生

渡边、木月和直子，三人是非常要好的朋友。木月和直子是青梅竹马，但是木月在17岁那年，没有任何征兆地结束了自己的生命，他的死给直子带来了很大的冲击。木月去世后，渡边一直陪伴着直子，两人逐渐产生情感。可两人的感情始终存活在木月死亡的阴影中，而直子也一直对木月念念不忘。

直子之前还目睹过姐姐的死亡，更使得她的内心深陷黑暗，无法自我救赎。直子脆弱敏感，她也曾努力要改变自己，去疗养院进行治疗，可是最终她还是选择了结束自己的生命。

如书中所说："每个人都有属于自己的一片森林，也许我们从来不曾去过，但它一直在那里，总会在那里，迷失的人迷失了，相逢的人会再相逢。"渡边无法真正理解直子，永远无法走进直子的内心世界。

直子曾对渡边说："我希望你永远记得我，永远记得我这个人。"对直子来说，这就足够了。也许，向死而生，她的内心才能得以平静，她的生命才真正得以延续。

拂去阴霾，向阳而生

绿子是一个性格开朗的女生，与渡边初遇时，她就非常喜欢他。渡边与绿子的邂逅，开启了彼此新的人生。

经历过母亲去世和父亲病重的绿子，并没有一蹶不振，她是鲜活的，面对似乎惨淡的人生，她表现得非常冷静和从容。

正是绿子积极向上的生活态度，一直吸引、感染着渡边，给他带来了活力和希望，这也是为什么最后渡边选择和绿子在一起。

与绿子对生活的态度一样，渡边的朋友永泽，以及和直子同住一个病房的玲子，他们虽"身陷囹圄"，却始终对生活充满希望，努力地活着。

或许，他们也曾动摇过、绝望过，但只要闯过自己内心这一关，终将拨云见日。面对困顿的生活，他们是敢于拼搏的勇士。

村上春树用清丽雅致的文字，巧妙地将生与死对称的牵引力展现在书中，格外扣人心弦。

在书中，直子代表着死，小林绿子代表着生，渡边在生与死之间徘徊，他的内心选择过程引人思考。

自古以来，生死哲学博大精深。庄子提出，不因生喜，不以死悲。他认为死亡不是一件可怕的事情，因为生与死都是生命的一部分，村上春树的生死观与之契合。

作为一名肿瘤中心的护士，看着生离死别每天都在上演，死亡是人类永恒的话题，惧怕死亡是人类的本能，可当死亡真正来临时，正视死亡，显得尤为重要。

我们常常讲临终关怀，要关怀患者，也要关怀家属，它的意义就是帮助患者舒适、安详、有尊严地离世，帮助生者充满希望地继续生活。

作为一名护士，读懂生死，才能更好地感知患者和家属的情绪，才能为他们提供更多的帮助。

我时常听到临终患者的家属哭诉，他们祈求神佛保佑，希望亲人没有痛苦地离开。他们悲伤，他们绝望，他们说家里的顶梁柱没了，不知道今后怎样活下去……

书中写道："无论熟知怎样的哲理，也无法消除所爱之人的死带来的悲哀。无论怎样的哲理、怎样的真诚、怎样的坚韧、怎样的柔情，也无法排遣这种悲哀。我们唯一能做到的就是从这片悲哀中挣脱出来，并从中领悟某种道理。"的确，亲人离世，痛苦至极，只有当悲哀过后，明白生死，才能向前看。

我也见过身患肿瘤却依旧乐观向上的患者，他们每天读书看报，规律作息，甚至主动和同病房患者分享抗癌经历和心路历程，帮助他们树立积极乐观的心态，提供精神力量。他们认清生命的真相后，依旧热爱生活，对生活充满希望，即使到离开人世的时候，回想过往的人生，也觉得十分美好和知足。

人生是一段旅程，对于生死，每个人都有自己不同的见解，而读懂生死，能让我们往后的生活中，多一些释然。

"死并非生的对立面，而作为生的一部分永存。"希望我们读懂这句话，从而在面对生死时，让它治愈我们的心灵。

张恕玢，山西白求恩医院肿瘤中心消化系统肿瘤科

生之炼曲
——读《先知》有感

文/葛俐娜

> 在你劳力不息的时候，你确在爱了生命，从工作里爱了生命，就是通彻了生命最深的秘密。
>
> ——纪伯伦

这本散文诗集的大小连A4纸的四分之一都不到，当初看中的就是它的小巧精致，口袋本，九毛三分钱。它是由冰心翻译的，黎巴嫩著名作家、诗人、画家纪伯伦的作品——《先知》。

拥有它的时候，是个凉爽初秋，我还在北方一所大医院里实习。诗样年华，身躯瘦小，理想丰满。学业还算优秀的我对于未来的工作充满信心——大城市、大医院，老师们也颇看好我。却不料，两个月后噩耗降临，母亲猝然离世，一切改变……

我的工作是迎接新的生命。

虽然大、小医院的落差很大，但能回到家乡，与父亲相依为命，是我的无悔选择。从此，在当时所谓的"累死累活妇产科"里，我整天与血液、羊水为伍，与针、剪为伴。为了新生儿的第一声啼哭，为了他们家人的欢颜，一路行来一路歌。

纪伯伦在《论工作》一章中写道："在你工作的时候，你是一管笛，从你心中吹出时光的微语，变成音乐。你们谁肯做一根芦管，在万物合唱的时候，你独痴呆无声呢？"

在产科嘈杂的环境里，有欢乐颂，有悲鸣曲，有咏叹调……

20世纪90年代，来陶都打工的外地人渐多。某天中午，一名外地口音的孕妇因阵痛到了产科病房。那时我当班，一查，就快生了，赶紧带她上了产床，并呼来医生。胎儿顺利娩出后，宫底却异常高，是胎盘未完全剥离造成了内出血？但短时间内也不会让子宫胀大如孕七个多月大小啊。我问产妇："怀孕后做过B超没有？""没有。""查过几次？""就一次，刚怀孕那会儿。"我和医生面面相觑，犹疑一下，我轻声对医生说："要不，拿木听筒来听听看？"医生拿听筒在产妇腹部移动、倾听："真的还有胎心！"在帮我另取来几把灭菌器械后，医生直奔产房门口，对着家属说："快去医院对面的百货商店买两条大毛巾来，还有个小孩要出来了！"怀了"双黄蛋"却不知情，老天在最后关头给了产妇一家意外的礼物，也让我们科室着实兴奋了一下午。

北京协和医院妇产科专家张羽在她的一本书中写道："一个妇产科大夫要是一辈子没在这四大杀手面前栽过跟头死过人，金盆洗手之前，必须上高香，感谢祖师爷关照。"这四大穷凶极恶的"杀手"指的是：羊水栓塞、子宫破裂、脐带脱垂、产后出血。

除了子宫破裂，另外三大"杀手"我都有过招过，有胜有败。那是1998年的一个春天，中午接班后，我正和医生在产房忙碌，12点左右，待产室里的一名孕妇推开产房门，对着里面大声说："医生，我刚刚上厕所，羊水破了，现在肚子很痛。"本以为是一次寻常分娩，不料胎儿娩出，跟着涌出大量血性羊水，从未见过。胎盘出来，尽管用了宫缩剂等，仍是大量出血，产妇很快进入休克状态。科主任来了，业务院长来了……全院惊动。尽管抢救了好几个小时，产妇的生命还是永远定格在了25岁。检验结果明确了"羊水栓塞"的诊断，而我，过了许久才缓过神来。作为亲历者，我压根没想到，站在产床的右侧，便是站在生死两端，右手迎来蓬勃的生命，左手却在与另一个生命仓促告别。孩子的生日是他真正的"母难日"，那一幕，至今难忘。

无数个日夜颠倒的日子，无数次摸爬滚打，我的理论渐渐丰富，技术日趋成熟：懂得心理护理的重要，也理解"同情但不动情"的从医境界；接受赞扬，经受批评，忍受不公；不断学习"顺着天赋做事，逆着个性做人"；付出血汗，也遭受病痛。这背后，不变的是父亲挚爱的目光和呵护的双手。

写作此文，数度哽咽，守护神一样的父亲离开我快两年了，仍不放心我，常常与我梦中相见，多数时候，他不说话。

先知一般的纪伯伦，隔着八十多年的时空，再次用他的水晶诗句轻叩我的额头——

> 我说生命的确是黑暗的，除非是有了激励；
> 一切的激励都是盲目的，除非是有了知识；
> 一切的知识都是徒然的，除非是有了工作；
> 一切的工作都是虚空的，除非是有了爱；
> 当你仁爱地工作的时候，
> 你便与自己、与人类、与上帝联系为一。

葛俐娜，宜兴市第二人民医院

救赎与自救

——让《偷影子的人》温暖春寒

文/赵香梅

"斜风细雨作春寒",在冷凉的春光里,最适合读一本温暖的小书。《偷影子的人》便是这样一类书,读完便彻底治愈了心底的春寒。

每个人都有埋在心底的伤痕

"我"从小拥有一项特殊的秘密技能:能够与每个人的影子交谈,还能偷偷地与别人交换影子。正是借助这项特殊的技能,"我"发现了很多人心底的伤痕,尽力帮助他们治愈伤痕。

比如年少时与学校警卫员伊凡的影子交谈,帮他解开年幼时缺失母亲关爱的心结,促使他决心去寻找自己的梦想;比如青年时就读医学院,与绝食小病人的影子交谈,发现了他绝食的原因,帮助医生找到积极的治疗方案;比如不经意与朋友苏菲的影子交谈,化解了苏菲对父亲的误解。

温暖的人做温暖的事

"我"愿意使用这秘密的技能去帮助别人,是因为自己从小在温暖和爱的包围中成长:

母亲在父亲离开家之后,一边尽心做着护士的工作,一边尽心独自照顾"我"长大,就连去世后的葬礼也是自己提前安排得妥妥帖帖,不曾麻烦任何人;因为外遇离开了家庭的父亲,却一直在偷偷关注着"我"的每一次成长,未曾缺席儿子的任何一次成就典礼;少时海边遇到的"真命天女"克蕾儿,在许多年后依然用爱等待着彼此的重逢。

不忘倾听内心的声音

"我"的朋友吕克从小在父母的面包房长大,少时的梦想是当一名医生,长大后却因为要帮助父亲养家成了面包师学徒。

在医学院读书时休假回家的"我"通过与吕克的影子交谈,得知他内心一直没有放弃医学的梦想。于是"我"决定帮助吕克成就内心的愿望,也成功促使他申请就读医学院。

吕克即将毕业时,由于在医院看了几年的生老病死,发现自己内心觉得做一个面包师更加快乐和满足,而不是成为一个医生,于是选择了退学,回家继承了父亲的面包房。

这书读来动人的原因,除了温暖的故事,还有很多关于生活的态度:像是吕克对于某些欲念的豁达放弃,以及对于梦想执着勇敢的追求;像是人们对待聋哑的克蕾儿,不是怜悯而是关爱;像是苏菲拿得起放得下的爱情态度。

当然,书中的每个人都拥有了自己温暖的结局:有人找到了自己爱的人，有人找到了自己爱的生活方式，有人找到了自己爱的梦想，等等。这一切都让人觉得平常又真实，仿佛就是我们身边的你我他。

也许我们都需要再勇敢一点，多倾听自己内心的声音，才能更加坚定地生活下去。

救赎与自救

《偷影子的人》能够成为一部让大家为之动容的温情疗愈小说，触动数以千万的人群，其另一强大的魅力就在于小说背后隐藏的价值观和人生哲学：救赎与自救，赠人玫瑰，手有余香。

"我"曾经帮助过的每一个影子，也都反过来帮助"我"照亮了内心的自己。偏见、遗忘、痛楚、孤独……"我"帮助他们一一点亮了生命的光芒，也找到了自己生命、生活的意义所在：从马格的影子里找到了自信和勇气，从伊凡的影子里收获了友情，从克蕾儿的影子里遇见了一生挚爱。渡人就是渡己，给别人点亮的那一道道光，最终也会照亮自己的人生之路。最被上苍眷顾的，其实永远都是主动去爱、主动自救的人。生的答案从来不在别处，每个人需要的治愈其实一直都在自己的心里，在自己的行动之中。

> 你看着吧，一切都会顺利度过……
> 开学日，我背靠着一棵悬铃木，看着小团体一个个组成，我不属于其中任何一个，得不到微笑、拥抱，没有一丝假期过后重逢的欢乐迹象，也没有对象可倾诉我的假期生活。转过学的人应该熟悉那种场景：九月的早晨，父母向你保证一切都会顺利度过，一副他们还记得当年事的模样！而你只能用哽咽的喉咙回应。其实他们全都忘了，不

过这不是他们的错,他们只是老了。

——《偷影子的人》

想想作为医者的我们:每天面对病患时和蔼可亲的笑容,饱含赞赏和鼓励的眼神,一句句充满关切和共情的话语,临别时的有力的握手或拥抱……对处于病痛中的患者来说,都是一剂最有治愈力的良药,温暖他心和人间世,丈量生命和爱的距离。"偶尔去治愈,常常去帮助,总是去安慰",愿我们都能通过一个个影子折射出自己的内心,解开禁锢自己的枷锁,因为爱是救赎和治愈一切的力量。

赵香梅,河南省人民医院急诊医学科

人性的温热
——读《许三观卖血记》

文/何宇恒

　　《许三观卖血记》是余华创作的一部充满现实主义色彩的小说，围绕着主人公许三观卖血的经历，向我们缓缓展示了一个小人物悲喜交集的人生。小说中，许三观靠着卖血，渡过了人生的一个个难关，闯过了命运中的重重关隘，作品为我们生动刻画了一个农村小人物的顽强，也展现了男人该有的责任与担当。

　　纵观许三观的一生，他总共卖过 12 次血。

　　第一次卖血，许三观是出于好奇，跟随阿方、根龙一起去的。

　　第二次卖血，许三观是为了给他儿子一乐闯下的祸赔罪，为了赎回被铁匠拿走的财产而选择卖血。

　　第三次卖血，许三观是在出轨林芬芳之后，自觉对女方有亏欠，决定卖血来给林芬芳买补品。

　　第四次卖血，发生在 20 世纪 50 年代末 60 年代初三年困难时期的时代背景下，为了让家人下馆子吃顿好的，许三观选择去卖血。

　　第五次卖血，是因为儿子一乐下乡插队，为了儿子在乡下过得好些，许三观卖血后将钱交给一乐，让他逢年过节给队长送点东西，以便能早点回城。

第六次卖血，距离第五次其实不久，是为了请一乐插队那个地方的生产队队长吃饭。然而就在这次卖血过程中，带领他走上卖血道路的根龙因卖血而死，阿方也因为卖血落下了残疾，许三观开始害怕卖血这件事了。

第七次到第十一次卖血，许三观都是为了给得了肝炎的一乐治病。许三观规划好了路线，一路卖血到上海，他渴望可以这样给儿子筹到医疗费用，他在短短 1 个月左右的时间里竟然卖了 5 次血。戏剧性的是，前两次卖血挣得的钱却在第三次卖血时因晕倒而全部花光了。

第十二次卖血，新来的血头嫌弃许三观年纪太大，嘲笑他的血只能给木匠去当油漆。许三观之前数次卖血都是生活所迫或者为他人而卖，只有这最后一次为他自己而卖，却被人拒绝了。

卖血早已被许三观看作是生命中不可缺失的一部分，是生活得以延续的有力武器。卖血不仅早已融入他的生活，更是他对自己身体状况、存在价值以及应对经济困难能力的一种肯定。之前的他，是家里的支柱，这个家是靠他卖血撑起来的，他靠自己的血帮家里人一次次渡过难关。最后，许三观卖血被拒，他久久不能释怀，内心感到崩溃。他难受的，并非血头对他的嘲弄，而是他意识到，他已经失去了价值。

余华的作品多数是悲剧结局。在许三观前往上海的途中，我一度以为他会因为频繁卖血而死，没想到却收获了一个完满的结局。我很喜欢书中的一句话："事情都是被逼出来的，人只有被逼上绝路了，才会有办法，没上绝路以前，不是没想到办法，就是想到了也不知道该不该去做。"我们同样很难想象，为了活命，人究竟可以爆发出多大的能量，做出多大的牺牲。那些处于穷困中的人，他们的行为最能体现人性。即便生活如此困苦，我们依然能从书中的人物身上感受到人性的温热。

《许三观卖血记》让我们看到，中国的父母骨子里对孩子的关爱和付出，是多么令人动容啊！一乐原本是许三观最喜爱的儿子，当他发现一乐其实可能是何小勇的儿子时，他内心的挣扎可想而知。很长一段时间，他都生活在一乐并非自己亲生儿子的阴影之下。余华刻画了许三观痛彻心扉的矛盾：一方面，在这段无法接纳一乐的日子里，许三观变得十分易怒、狂躁，甚至会家暴许玉兰。一乐离家出走时，他一开始甚至不愿意去寻找。另一方面，一乐又是家里最懂事、最乖巧的孩子。一乐问许三观："爹，如果我是你的亲生儿子，你就会带我去吃面条，是不是？"许三观直接回答："如果你是我的亲生儿子，我最喜欢的就是你。"许三观是个口硬心软的人，在他"卖血探儿"的旅程中，我们不难看出一种高贵的品格。在知青插队点，一乐把许三观卖血得来的钱收了起来，许三观交代说："这钱不要乱花，要节省着用。觉得人累了，不想吃东西了，就花这钱去买些好吃的，补补身体。还有，逢年过节的时候，买两盒烟，买一瓶酒，去送给你们的生产队长，到时候就能让你们早些日子抽调回城。知道吗？这钱不要乱花，好钢要用在刀刃上……"

　　而书中最令我感动的片段，是何小勇惨遭横祸，许玉兰乞求一乐去给何小勇叫魂，一乐却不为所动之时。此时，是许三观不计前嫌地让一乐前去救人，他说："一乐，你跟着你妈走吧。一乐，听我的话，去把何小勇飞走的魂喊回来。一乐，你快走。"一乐在屋顶上哭着说：自己的父亲只有许三观一个！许三观在房下安慰一乐，并告诉他，他就是自己的亲儿子。那一幕，我相信足以让读者看得涕泗横流。

　　书中许三观和许玉兰的爱情故事也值得一看。他们在一起的过程非常草率，许三观只用了八毛三分钱请许玉兰吃零食，并许诺许玉兰的父亲，孩子将来可以跟女方姓，就将这位深恋何小勇的"油条西施"娶了过来。婚后的生活虽然闹剧不断，却也算是平淡温馨。直到"文革"的到来，才让这对夫妻找回了相濡以沫之情。当许玉兰遭人诬陷的时候，只有许三观日复一日地送饭给她；许三观甚至不顾可能遭受的责罚，偷偷将肉藏在饭底下；他还在许玉兰吃饭的时候，为她站岗放哨。

这本书里有父子情深，有夫妻情深，也有普通老百姓的淳朴民风。许三观代表那个年代为了生计而卖血的人们，却展示了一个男人的坚韧和担当。那个年代的人曾经面临深刻的苦难，但他们也向我们展示了惊人的生命力和爆发力。也愿我们在生活中，能有如此坚韧与永不言败的勇气。

何宇恒，四川大学华西医院门诊部

生命缝隙中的爱
——观《最爱》有感

文/廖大伟

在连绵起伏、雄伟苍凉的大山环绕的小乡村里，村民的生活如袅袅升起的炊烟般平淡而幸福，如蓝天上的白云般惬意。但，谁又能想到，在这平淡、惬意、闲情与无争的平静下，隐藏着村民称之为"热病"实为艾滋病的病毒，正在村庄里蔓延。对"热病"及死亡的恐惧，是这个小乡村挥之不去的宿命。

这是顾长卫执导，众多一线明星郭富城、章子怡及王宝强在电影《最爱》中为观众展示的画面。他们精湛的演技，让得了"热病"的主人公们麻木、得过且过的生活方式一览无余地呈现在观众面前，灰色的基调一直笼罩观众的心里，观众以为这个基调会一直延续。随着剧情的推进，电影中的灰色基调有了几分颜色，让卑微的角色有了几分尊严，让即将枯萎的生命有了几分信念，这就是导演顾长卫贯穿电影始终的——爱。

得了"热病"的众多村民，为了不让"热病"继续在村庄传播，在乡村教师老柱的建议下，全部搬入目前废弃的乡村小学。为了保护广大村民的健康和生命，将已经身患重病的自己封闭，这是大爱无疆的最佳诠释。在乡村小学里，得了"热病"的村民在生活上互帮互助，共同抵御病魔，而这都源于一个字——爱：爱自己，爱病友，爱生命，爱明天……

影片中，商琴琴的红棉袄在某一天无缘无故丢失，大伙翻箱倒柜地寻找，终于在平时看起来老实巴交连说话都不顺畅的一位老伯的床位上找到。村民们愤然，观众哗然，不解、愤怒、指责、怒骂充斥其间。清晨，年老的老伯拦着匆匆而来的商琴琴，商琴琴见状，躲避后又匆匆而去，望着远去的商琴琴，老伯嗫嚅的嘴角最终没有说出话来。老伯在临终之际，终于说出了偷红棉袄的原因，是为了兑现年轻时对妻子的诺言——亲自为她穿上红棉袄。这是年老的老伯对他年老的妻子的爱，经过岁月的洗礼，当初海誓山盟的爱情已经成了柴米油盐的亲情。这份爱，也让村民心里沉甸甸的……

郭富城饰演的赵得意与章子怡饰演的商琴琴的爱情，是本片浓墨重彩的一笔。他们从相怜、相依到相爱，最后携手走进爱的殿堂，虽然不被亲友及家人祝福，但走过风风雨雨的他们，甜蜜地看着两人手中的红色结婚证，已经足够。赵得意高烧不退，商琴琴忙碌后仍然无济于事，她将自己全身浸泡在直打哆嗦的冰凉的井水中，然后再去拥抱赵得意，让他通过自己身上的冰凉降温。这时，她已忘记了她也是一个病人，而且是一个病入膏肓的艾滋病病人。最终，商琴琴悄然死去。赵得意在第二天清醒后，砍断自己的股动脉，随之而去。他们没同生，但同死，这份爱让生命瞬间伟大。

爱，在生活中躲藏太久；爱，在社交中变味太久；爱，在现实中物化太久。那就让爱在老伯与老妻间尽情翱翔，那就让爱在赵得意与商琴琴间尽情流淌，我已泪流满面，因为，要感受一次纯洁的、真正的爱，不容易……

导演顾长卫在全方位展示爱的同时，也加入了对艾滋病、对生命的思考。号称"世纪瘟疫"的艾滋病正以惊人的速度传播蔓延，如何防艾、抗艾，是横亘在整个人类面前的重大课题。影片试图解答这一课题，如病友之间的互助、社会的救济，包括药物及生活层面的救济等。今后的路应该何去何从，电影并没给出答案，还需要我们及整个社会去探索、去努力。

《最爱》这部电影，给了卑微的生命以尊严，滋养着即将枯萎的生命，也还原生命的本色……一切，都源于质朴的善良与爱。

廖大伟，西南医科大学附属医院放射科

热泪盈眶，热爱生活

——观《我不是药神》

文/朱良啸

我是一名检验技师，主要负责血常规检测工作，每天都会遇见很多血液病人的标本，白血病对我而言既熟悉又陌生。我能从教科书上学习到白血病的各种临床表现和诊断标准，却无法走进一个白血病人的内心世界和现实生活。《我不是药神》这部电影根据真实事件改编，通过角色塑造、故事递进、叙述逻辑、细节刻画等方面的展示，带我走进了一个普通白血病患者的生活，感同身受地体会到片中主人公所遇到的那些困惑和绝境。

时代的一粒灰，落在个人头上，就是一座山。白血病这种突如其来又无法根治的疾病，死亡率极高，不管是高高在上的富人，还是苦苦挣扎在温饱线的底层百姓，都会对此产生恐惧。但是，进口特效药却将人划分成两种：一种可以活下去，一种不能活下去。进口药可以维系病人的生命，但昂贵的药价令很多病人即便卖房破产也难以为继。所以，通过非法渠道购买印度生产的仿制药成了想活命的穷困患者的救命稻草。电影里，在这个灰色产业链中，徐峥饰演的勇哥从一个一心只想赚钱的奸商，渐渐变成侠肝义胆的正义之士。他先是冒着违法的风险为患者带来救命药，又自掏腰包填补药品涨价后的差额。尽管《我不是药神》中太多的镜头展示的都是残酷和悲切，但这部电影本身并非悲剧，而是一个能让人看到璀璨阳光终于到来的美好结局的故事。尽管勇哥锒铛入狱，但一切是值得的，他的故事推动了更加公正的制度和法规，从而让更多的病人由此受益。

看完《我不是药神》，我本以为自己在医院的工作中见惯生死，神经早已麻木，却还是情难自禁，潸然泪下。印象深刻的一个扎心的"泪点"是一位老太太对着警察说出了一段让人无比心酸的话："我病了三年，4万块一瓶的正版药，我吃了三年，房子吃没了，家人被我吃垮了。谁家还没个病，你能保证一辈子不生病吗？我不想死，我想活着。"影片中一次次地出现的"我们只是想活下去，有什么错"，影片最让人纠结的地方莫过于：无论剧情的冲突多么激烈，站在各自的立场上，这是一部所有人都没有错的电影。

患者无错。在生命面前，"活下去"只是最无奈也最卑微的需求，原本的生活已经分崩离析，为了生存，他们绝望而义无反顾地把自己最后的积蓄投入每一个残存希望的方法上，金钱、道德，甚至法律都不足以成为阻碍。

警察无错。主人公代购药物的行为已涉嫌触犯《刑法》的走私罪、销售假药罪，警方以事实为依据，以法律为准绳，对其采取强制措施，也是按职责履行他们的工作责任。

药厂有错吗？作为医务人员，我们都知道一种新药物的发明，从靶点筛选到药物验证再到临床试验，需要投入大量的资金和高学历的技术人员。如果没有专利的保护，不能获得足够的利润，企业没有动力去做新药，也就无法保证源源不断的新药产出。医药圈流传着一种说法："靶向药之所以昂贵到要卖几万元，那是因为你买到的已经是第二颗药，第一颗药的价格是数十亿美金。"言下之意，天价药不能完全归罪于药企的逐利，研发成本巨大也是重要的原因。

至于代购商人，我们也很难评价，尤其是勇哥这一角色在现实中的原型陆勇，他在代购药品的过程中，自己没有赚一分钱，同为白血病病人，他的初衷只是让自己活下去，而对其他患者来说，他无异于救命的"药神"。

病人的求生意志、药贩子的道德抉择、医药公司的商业追求，种种矛盾都在这部现实主义题材的电影中得到展现。然而人类的悲欢并不相通，在生命的十字路口，生存、法律、道德、利益……全部面对面激烈地交锋。每个选择都有充足的理由，每个立场也都有难言的无奈。这不是非黑即白的世界，更像是太阳也无法穿透的阴影，有人行走于阳光下，有人只能在黑暗中苟活。

现实中，患者除了面对昂贵的肿瘤药物、巨额的手术和检查费用，还承受着各种长期疾病所带来的绵延不绝的心理压力，这些时时刻刻发生在全国每一家医院里。我见过患者因需要定期复查化验抽血而恳求少抽些血时绝望的表情，也见过患者因经济负担过重而放弃治疗时无奈心酸的模样，有的患者和家属甚至误解为什么救死扶伤的医院变得唯利是图，要开那么多检查单，开那么贵的药品……这些经常让我在夜深人静的时候反复叩问自己的内心：到底是哪一方有错？或者说，这印证了《我不是药神》里那句扎心的台词："这世界上只有一种病，那就是穷病。"

文学家罗曼·罗兰说："世界上只有一种真正的英雄主义，那就是认清生活真相依旧热爱生活。"诚然生活是残酷的，而认清生活的真相是一件了不起的事情，真正的英雄是明白了世界的残酷，也遭受了生活带来的苦难，他依然能用心地说："我热爱这个世界，我愿竭尽所能去为我的世界而好好战斗。"莫泊桑说："生活没有你想象得那么好，也没有你想象得那么糟。人的脆弱和坚强都超乎自己的想象。有时可能脆弱得一句话就泪流满面，有时也发现自己咬着牙走了很长的路。"余华在《活着》中说："四季人生，繁华萧瑟，总有一些颜色很好看，可是日久天长终会褪色。唯有天生的颜色，永不会改变，那就是努力活着。"

这个世界并不完美，但我们仍不言乏力不言放弃，努力成为一个普通人；也希望每一个人都能勇敢面对生活，珍惜现在，热爱生活，以积极的状态努力地去充实自己。

朱良啸，上海中医药大学附属宝山医院

有工作也有生活
——读林语堂《苏东坡传》有感

文/张 超

"有的人活着,他已经死了;有的人死了,他还活着。"——当你浑浑噩噩,看不见前进的方向、努力的目标,就会开始变得沉默。此时你就像失去了生命力一样,周围的一切也仿佛变得黯淡无光,就像大自然失去了它生机勃勃的景色,千千万万的生命也失去了灵性,你更感受不到大地孕育生命那蓬勃的力量,每个微小的生命律动都失去了活力。然而此刻,当你认识了苏轼,你会发现,他就像黑暗里的一道光,在你心中点燃希望,给平凡的生活照见力量的光芒。遥远的宋代似乎触手可及,他就像你多年未见的老朋友,带着"一蓑烟雨任平生"的豁达,带你走进"也无风雨也无晴"的人生境界;他用纯洁真诚而热情的心灵温暖你的世界,好像给生活注入了不一样的生命力。

带着对苏轼的喜爱,我读完了《苏东坡传》,发现这是一个才子为另一个才子所作的传记。苏东坡是林语堂的偶像,是林语堂的隔代知音,林语堂对苏东坡的喜爱、欣赏、仰慕,最终凝结成了这部传记名著。论中国人对苏东坡的喜爱程度,林语堂总结得极为精准:"一提到苏东坡,总会引起令人亲切敬佩的微笑。"

《苏东坡传》以苏轼的成长轨迹为线索，分为"童年与青年""壮年""老年""流放岁月"四卷，林语堂仿若穿越时空，隐于苏东坡身侧，记录着他的言行起居、喜怒哀乐。林语堂旅居海外之时，身边相伴的便是有关苏轼及其作品的珍本古籍，一天天的精神交流，一次次的心灵对话，一部经典传记就这样顺理成章地一气呵成。苏轼的旷达、豪迈、洒脱，在林语堂的笔下也是轻快的，即便是苏轼跌至仕途低谷之时，传记的笔触也不曾灰暗。

　　苏轼天赋才气，他称最大的快乐就是写作之时。林语堂也道，杰作之所以成为杰作，在于必然具有一种发自肺腑的"真纯"，还在于文学给予读者的快乐至上。东坡创作时自得其乐，其诗文书画卓绝之美带给我们太多的愉悦和欢乐。

　　苏轼处世旷达，诚如他对弟弟子由所说："吾上可陪玉皇大帝，下可以陪卑田院乞儿，眼前见天下无一个不好人。"他写道："三月七日，沙湖道中遇雨，雨具先去，同行皆狼狈，余独不觉。已而遂晴，故作此词。莫听穿林打叶声，何妨吟啸且徐行。竹杖芒鞋轻胜马，谁怕？一蓑烟雨任平生。料峭春风吹酒醒，微冷，山头斜照却相迎。回首向来萧瑟处，归去，也无风雨也无晴。""也无风雨也无晴"，从容淡定中透露苏东坡豁达的人生态度。

　　苏轼情深义重。"十年生死两茫茫，不思量，自难忘。千里孤坟，无处话凄凉。纵使相逢应不识，尘满面，鬓如霜。夜来幽梦忽还乡，小轩窗，正梳妆。相顾无言，惟有泪千行。料得年年肠断处，明月夜，短松冈。"近千年后，读来依旧凄美动人，让我们感同身受。苏轼对弟弟子由之情也非比寻常，因而写下了那首公认最好的中秋词——《水调歌头》。

　　初入仕途，他与苏辙畅谈人生感悟："人生到处知何似，应似飞鸿踏雪泥。泥上偶然留指爪，鸿飞那复计东西。"（《和子由渑池怀旧》）"乌台诗案"后被贬黄州，他写下"人生如梦，一尊还酹江月"（《念奴娇·赤壁怀古》），借酒抒情，思接古今，感情沉郁，余音袅袅。流放岭南，又有"日啖荔枝三百颗，不辞长作岭南人"（《惠州一绝》），他总能在困苦的生活中找到光亮。虽遥距近千年，但他就像我们身边的有血有肉的故友一样，依旧感受敏锐，思想透彻，写作优美，作为勇敢，绝不为利益而动摇，也不为世俗偏见而改变。

2008年到医院工作的我，作为二院这个大家庭中的一名护理人员，大部分时间是在肿瘤科度过的，接触的都是癌症患者。他们面临的是真真切切的绝症带来的折磨：从最初确诊时的怀疑、无助，到不得不接受噩耗，回归现实，再到未来持续面对手术、放疗、化疗……病床上，患者的心理防线一步步被击垮，以前的荣光成了幻影，他们只能接受疾病带来的孤独和折磨，无论以前多么意气风发，抑或曾经如何力挽狂澜，此时仿佛都是过眼烟云，不值一提。罹患癌症的患者面对的终将是死亡的考验，而我多年来在工作中面对真切的死亡，一度觉得压抑，情绪不能自拔：我能感同身受地体会患者为了寻找更好的治疗而四处求医的苦楚，也能了解反复检查带给他们一次次的痛苦，更能理解化疗和放疗的各种副作用带给他们的恐惧，以及恐惧之下不得不坚持治疗的无奈，这一切仅仅是为了获得一线生的希望。看到患者及其家属紧张地等待检验结果，看见好的结果带来了暂时的喘息，反之则带来绝望，这些种种，我都深刻体会过。作为一名护理工作者，我所面对的繁重的日常工作，以及零差错的完成要求，让我时刻神经紧绷，如何调节工作与生活也成了一个难题。直到读了《苏东坡传》，他豁达的人生态度很快感染了我，让我意识到：把正能量传递给罹患癌症的患者，让他们在生命的最后时刻感受真诚的心理照护，用娴熟的医疗技术减轻他们的痛苦，这又何尝不是一种治愈？所以，我改变了方法：用真诚的微笑感化他们，用豁达的同理心支持他们的决定，让他们在看似冰冷的病房感受片刻的温暖，而当他们回以真诚的笑意时，我也可以享受这片刻的温暖。

我曾写过一首在玄武湖赏樱花的诗："玄武湖畔春来闹，满园芳华俏争春。樱花丛中樱花落，莫负春光莫负卿。"这首无心之作，不经意间由一位身为书法家的患者家属题为墨宝，这就是读书共情的力量。我们在心灵上治愈患者，也治愈自己，更让家属在莫大的压力下得到短暂的休憩，这就是读书带给我的帮助和收获。

人生，有工作也有生活，让我们在文学作品的滋养下，走出迷茫，走过彷徨，成就最好的自己。

张超，南京市第二医院肿瘤四科

医学温度
重拾信仰

最终影响人一生的常常是微不足道的小事，细节和小事往往会潜移默化地改变人的思想轨迹。人生的第一要务是，不要纠结昨天的错误和失意，也不要担心明天不可控的情况可能带来的焦虑和不安，理应拿出自己全部的拼劲来承受今天，完成今天的任务。

——《不断创新的医学——读威廉·奥斯勒〈生活之道〉》

自闭症仿佛变成了他所向无敌的优点，让他时时刻刻都能够有颗纯粹的心，也因为他的不谙世事，他的信仰才始终如一，不受外界的干扰。他的信仰很简单，就是希望那些生病的人能够恢复，希望那些孩子不要像他的弟弟一样，还没有来得及长大就匆匆离开了这个世界。

——《顺着信仰的藤蔓生长——观〈良医〉有感》

在人与疾病的斗争中，病人与医生是同志和战友，甚至分不清谁是指挥者。他们必须相互充分信任与理解，密切协作与配合。

——《医生的敬畏与无畏——读郎景和〈一个医生的故事〉有感》

感情投入也并非医病的锦上添花，而是能医好病的必要前提。当患者把自己的生命交给医生的时候，就像婴儿对父母般信任，而这时作为医生的我们如果给予患者的只有冰冷的手术刀和苦口的良药，显然是不够的。

——《秋兰以为佩——观〈仁医胡佩兰〉有感》

勾勒姆医生与医学的真相
——读《勾勒姆医生：如何理解医学》有感

文/王一方

文景要重刊《勾勒姆医生》，让我在书前说一段话，我脑海里冒出"一念成佛，一念成魔"的意象。而非"双刃剑"，是成佛，还是成魔，在于心智？亦在于慧根？全凭操持者的造化。作者心中也很茫然，科学知识社会学（Sociology of Scientific Knowledge，SSK）、知识现象学、不可知论，杂而有之。

这是一本奇书，乍一看书名，读家很容易掉入误读陷阱，把它当作传记来阅读，臆想作者讲述了一位叫"勾勒姆"的神医，如何茹苦含辛，救苦疗伤云云。在我们的记忆中，《百家姓》里有"勾"姓。据《山海经》记载，有困民之国，勾姓。相传帝少昊的一子名"重"，死后被封为"木正"，为五行神之一，掌管天地万物的生老病死，号称"句芒"。其子孙皆以"勾"为姓，其中以越王勾践最为知名，其卧薪尝胆、复兴霸业的励志故事千古传诵。于是，在人们的潜意识里，勾勒姆便容易与勾践归于一类，有着某种英雄主义的精神胎记。

在西方文化语境中，勾勒姆不是一位历史人物，而是一个隐喻式的传奇，类似《西游记》中那位需要紧箍咒的"齐天大圣"。"勾勒姆"

（golem）一词源自依地语，依据犹太教法典记载，"勾勒姆"是由某位亚圣造出来的"泥人"，因而不具备神的全能智慧。无疑，诞生于神创时代的勾勒姆具有明显的英雄主义特质，他强壮有力，而且越来越强壮，但其本性无所谓善恶，通常他会为人类福祉服务，拯救人类于苦难之中，但是，他也有笨拙、莽撞的一面，潜藏着危险，如果未加引导与管束，可能会祸害人类。这不就是所谓的"双刃剑"或者"水能载舟，亦能覆舟"的二元思维吗？是的，勾勒姆就是那位"一刀繁华，一刀寂灭"的剑侠。

勾勒姆只是作者柯林斯（Harry Collins）和平奇（Trevor Pinch）笔下的一个隐喻，他们试图通过隐喻的方式来解读、洞悉理性世界与价值世界的分离与冲撞。为此，他们共同完成了三部勾勒姆的专著，分别为《勾勒姆科学》《勾勒姆技术》《勾勒姆医生》，以洞悉人类价值境遇中科学、技术、医学的"景深"。我们习惯于事实性评判，衡量是非高下、利害得失。隐喻的优势是回避科学、技术、医学的抽象本质，以及方法的优劣、高下，也绕过科学哲学与科学史，而通过寓言人物的形象，对科学进行现象式叩问，以此来透视科学、技术、医学的隐忧。因此，《勾勒姆医生》是一个重审医学的目的、价值、意义，反思医学的现代性，提升现代医学精神海拔的思想操练场。对于中青年医生而言，阅读该书，可以极大地丰富他们的学术维度，建构有品质的批评生活。

细读导言，作者借助"勾勒姆医生"的登场，给现代医学带来两道烧脑的悬题。第一道是医学目的的二元性，一面是探究生命奥秘的医学科学诉求，另一面是救死扶伤的临床功利诉求，诚如副标题所言"作为科学的医学与作为救治手段的医学"，既存在着鸿沟，又并行不悖，由此揭示出医学本质属性的二元性：医学是生命科学，医学也是救治艺术，前者在生物医学模式下惯性运行，后者在全人医学模式中随机调适；前者是受控的"实验室境遇"，后者是变幻莫测的"临床境遇"。

对此，现代临床医学大师奥斯勒（William Osler）在一百年前就明言"医学是不确定的科学与可能性的艺术"，其背后大有深意。不确定性与艺术性的杂糅，不仅揭示了生命现象的复杂性、疾苦现象的混沌性、疾病过程中身心社灵交叠所导致的病况多样性、医疗干预的或然性，以及疾病预后与医患关系的不稳定性，比比皆是，无疑给医学、医院、医生呈现一道"不等式"，给患者、家属递上一个"万花筒"。因此，悉达多·穆克吉（Siddhartha Mukherjee）在《医学的真相》一书中曾诘问："为什么敏锐的直觉比单一的检查更有效？为什么不同的人对相同的药物反应不同？为什么看似有益的治疗方案却是有害的？"

第二道悬题事关临床认知与应对模式的分野，作者形象地将其比喻为"4S 店"模式与"美发（容）店"模式。在汽车普及的当下，几乎人人都有 4S 店维修的经验，一通电脑测试之后，维修工递上一份"换件清单"，仿佛是一条"忒修斯船"，换掉腐烂的船板，置换磨损的部件之后，机车立马焕然一新，甚至不劳维修工动手，全程电脑控制，机器人操作，标准序贯，简洁明快。而"美发（容）店"模式则需要美发（容）师首先对客户的脸型、年龄、身份、职业、审美偏好、支付能力做细分，然后提出美发（容）整体解决方案，充分征求客户的意见，不断进行调整之后才能确定发型、色泽……电脑效果呈现并获得认可后，方可开工，其过程中还可随时调整，力臻完美，所谓"一花一世界，一叶一乾坤"，充分体现了审美与手艺的独特性（个性）。

作者之一的柯林斯亲历了儿子遭遇严重车祸的救治历程，深感标准化的急症处置模式（心肺复苏、输血、摘脾……）的效率；但慢病时代的来临，病有百态，他又感叹"替代模式"的无力、无奈。由此看来，作者并非质疑现代医学的巨大成就，而是要质疑这些巨大成就给医学思维带来的板结。

作为科学知识社会学（SSK）的领军人物，柯林斯与平奇从现代医学社会化境遇中截取了八个有趣的话题来深入透析，试图由此来松解现代医学的认知"沙化"与"板结"，廓清其现代性迷失。以下重点解读其中的"肯綮"——

其一，安慰剂与安慰剂效应，被作者称为"医学中的重大难题"。自从抗生素诞生以来，人们对病因治疗的认知大大强化，尤其是靶向类抗癌药物的横空出世，更让药物治疗意识走向精准化。其实，药物治疗有四个层次，一是病因治疗，二是发病学治疗，三是症状学治疗，四是安慰剂治疗，安慰剂虽然位居末位，但并非没有疗愈效果，只是人们不解：为何安慰剂效应常常超出安慰剂本身的药效动力学的解析？这不得不诉诸人文药理学，也就是说，从"战争模型"角度看，某药物并无明显的病因对冲或拮抗作用，但患者的病况改善十分明显。

原因何在？那就是"心病还需心药治"中的"心治"，身心社灵复合干预所形成的非药物疗效。或许该药存在未被认知的潜在的靶向作用，或许是患者对于该药期待强烈，或许是医护在用药过程中的情感、语言、陪伴、抚慰等复合效应凸显，共同激发了患者体内的某种内源性抗病因子，呈现出慢药急效、轻药重效，甚至无效之效。因此，安慰剂的疗效实实在在，并不蹈虚，更不是虚构的故事，也恰恰证明药物的效果不全集中在病灶靶点上，有更加泛化的、迂回的药理路径存在；尤其在慢病治疗与管理中，放大安慰剂效应是照护的重要内涵，值得深入开掘。由此可见，安慰剂效应极大地冲击了生物医学模式中的药理解释机制，为人文医学开辟了新的航道。

其二，冒牌医生现象。古往今来，医学的专业性门槛及医护社会地位的美誉度，使得江湖骗子孜孜汲汲，跻身其中，非法行医。如书中所列举的十余位冒牌医生，每人都有独特的包装术、伪装力，危害程度也不一而论，有的只是庸术误治，还有的过失杀人。不过，并非所有的冒牌医生都是谋财害命的"混球"，莫里哀的《屈打成医》就以喜剧的形式塑造了冒牌医生的正面形象：

樵夫斯嘎纳赖尔与妻子失和，其妻为图报复，把丈夫斯嘎纳赖尔当作名医引荐给一富绅，为其女儿"治病"。谁料想，斯嘎纳赖尔凭其智慧和勇气，准确地找到了姑娘的"病根"，而且还施展"医术"，使其如愿以偿地与所爱之人结成眷属。莫里哀的剧作告诉我们，医疗过程不仅仅是躯体病况的识别、干预，还包括社会困境、心理纠结、文化冲突的洞悉、把握和纾解。冒牌医生虽然在医学专业知识方面远不及职业医生，也未取得相应资质，但其智商情商、社会交往能力、沟通艺术都有高水准的呈现，以至于某些冒牌医生在被揭露之后，仍有许多病家笃信不疑。冒牌医生的盛行也反衬出重技术、轻人文的偏科时尚，以及商业化、官僚化的医院文化，医患关系不仅失温，而且失信、失和；因此，要杜绝冒牌医生现象，除了加强监管，还需改善"人文贫血"的境遇，提升医学的关怀水准。

其三，扁桃体与一"切"了之（外科崇拜）。曾几何时，西方医学界推崇手术治疗扁桃体炎，接诊室直送手术室，不管青红皂白，一"切"了之，阑尾炎也是如法炮制。更有甚者，将前额叶白质切除术（prefrontal leucotomy）用于根治精神病。1936 年，葡萄牙著名神经科大夫埃加斯·莫尼兹（EGAS Moniz）公布了一项最新研究成果："前额叶切除，是一种简单、安全、有效的手术，是一种可以高效治疗精神障碍的外科手术。"为此，他荣膺 1949 年的诺贝尔生理学与医学奖。

据统计，从 1936 年开始，至 20 世纪 50 年代，仅在美国就有四五万人被施行了前额叶切除。随着微创技术的成熟，外科崇拜、内科外科化趋势不减。相对内科疗法而言，外科技术直击病灶，因而见效快、恢复快，但任意扩大外科技术的适应证不可取。以肿瘤为例，并非早期肿瘤都应该即刻实施外科手术，应该有所选择：对于前列腺癌、甲状腺癌等惰性癌，不一定立即动刀，而应该继续观察；对于肺部体检因 CT 检测增强之后大量冒出的"毛玻璃"患者，也要谨慎手术。医学大师黄家驷先生说得好，外科大夫的最高境界是"心中有刀，手上无刀"，不是泛化手术适应证，而是尽量减少手术量，毕竟手术是一种人体完整性的破坏。

其四，替代医学。相对于主流医学而言，替代医学是地方性、边缘化、民间化的疗愈补充。从医学史上看，主流与非主流疗法，总是维持着一个相对稳定的服务生态，而且曾经主流的服务项目也可能演化为非主流。如传统中医，曾经是中国主流的医学体系，如今已经成为现代医学的替代与补充。从医学哲学上看，主流的现代医学无法克服不确定性、复杂性、偶在性，必定会给非主流的替代医学留下施展拳脚的空间，此消彼长。理论上讲，技术精进的现代医学开疆拓土，不断蚕食替代医学的领地，它生存的空间大大压缩了；但事实上，近几十年来，替代医学的疗愈空间不仅没有缩小，反而在扩大，这是为什么？

书中列举的维生素 C 治疗癌症的探索并不典型，更为典型的案例应该是"疼痛症"。疼痛（pain）、痛苦（pain and suffering）、苦难（suffering），无论在中文还是英文语境，都不是一个齐同的概念，它蕴含着躯体到心灵的两分与递延。痛苦偏重于遭逢疾苦的主体，而疼痛偏重于疾苦的体验本身，苦难则侧重于躯体之外的复合感受。痛苦的精神化呈现出特有的"深井效应"，牵引出"痛苦"的文化概念——指文化群体经历理解和沟通，痛苦、行为问题或困扰的想法和情绪的方式，包括：1. 文化综合征，一组症状和归因，它常常共同出现在特定文化群体、社区，是一种体验模式；2. 痛苦的文化习语，是表达痛苦的特别方式，它不一定涉及个体症状和综合征，但提供了集体、共享的体验，以及讨论关于个人或社会担忧的方式；3. 文化解释或归因，它是意义标签，表明文化上被承认的症状、疾病或痛苦的含义。

目前，现代医学虽然组建了疼痛科，专门针对疼痛进行身心干预，但疗效仍不尽如人意，依然有大量的疼痛症患者求助于替代医学（如针灸、按摩），甚至还有人求助于哲学。法国哲学家鲍德里亚（Jean Baudrillard）就认定：痛苦是人生的"象征性交换"工具，由此确立受苦的意义，化解疼痛的心灵压迫，如恐惧、焦虑，从而部分地缓解疼痛。由此可见，替代医学的优势不是在技术上与主流医学叫板，而是在人文抚慰与照护上同主流医学一争高低。第五章提及的"雅皮士流感"（慢性疲劳综合征）、纤维肌痛都是替代医学的适应证。

其五，心肺复苏术（CPR）。众所周知，心肺功能的衰亡是全身衰亡的扳机点，因此，现代医学在心肺复苏技术的探索方面致力最勤，投入五个骨干科室介入其中，重症医学科、心脏（内外）科、呼吸（内外）科、胸科、麻醉科都在此发力。声光电磁技术的导入，也为心肺复苏提供了完美的支持，人工起搏器、电除颤仪、心肺功能替代仪，以及人工肺（ECOM）和心肺移植技术的长足进步，使得人类"起死回生"的能力大大加强；死亡正在被重新定义，不仅濒死期拉长，濒死复活的概率大大提升，而且即使进入临床死亡期，也尚存复活的可能。

心肺复苏技术的普及，不仅造就了一批不死不活的"植物人"，也使得癌症晚期、深度衰老患者临终期也要经受心肺复苏的无谓折磨；似乎，最后时光不施行心肺复苏，子女就是不孝，医护就是违背"永不言弃"的职业诺言。殊不知，死亡是人生的最后落幕，无法逆转，我们应该尊重死亡的自然进程。无疑，对于急病急死（车祸、溺水、意外灯光），要尽快介入心肺复苏；但对于高龄人群的慢病慢死、慢病急死，就应该避免再施以心肺复苏术。犹如我们手中有榔头，却不必到处去敲——我们掌握了心肺复苏术，也不可逢死必复苏。

其六，艾滋病患者组织与患者自主。艾滋病是一种新生的免疫缺陷疾病，虽然社会资本投入巨大，但至今未研发出疫苗和根治药物；鸡尾疗法可以有效延续其生命，但带病生存期因人而异。作为现代疫病的现代患者群，艾滋病感染者喜欢抱团求生，在全世界组建了许多有影响力的患者维权团体（俱乐部），他们在药物供给、采购、药品价格，甚至研发、评估上发表主导性意见，部分改变了政策与市场格局，正在形成与医学利益集团、医药利益集团鼎立并存的利益诉求集团。美国电影《达拉斯买家俱乐部》就是这种情形的真实写照。20世纪70年代以来，患者权利运动悄然兴起，不仅是艾滋病患者团体，肿瘤、罕见病等患者群体也纷纷效仿，他们借助现代通信技术，以各种方式组建区域性、全国性的患者权益组织，为个体患者代言发声，这种趋势未来将继续拓展，值得医学、医院、医生高度关注。

其七，疫苗接纳与犹豫。疫苗被认为是人类应对传染病的利器，工业化的疫苗生产与接种是20世纪抵御传染病的伟大创举。随后，疫苗有益论风靡全球，既然是经过科学家和科学程序严格确认的预防传染病的"神器"，百姓就应该积极接种，以期疫苗效应的最大化；但是，在西方出现了疫苗算计、继而犹豫与抵制一族。先说疫苗犹豫，当一定比例的人口接种了疫苗之后，那些剩下的未接种人群就可以获得免疫屏障的保护，因此他们无须接种疫苗，就可获得被动免疫。这样一来，没有接种疫苗之后的副反应，又获得了免疫，何乐而不为？但如果人们都想不接种而获得"免疫"，则抵达群体免疫的人口基数就会不足，群体免疫壁垒就无法形成；而且最后一批疫苗犹豫者可能被指责为"自私自利"，受到道德和良心的审判。其次，联合疫苗（百日咳、白喉、破伤风）混合接种，副反应叠加，严重者会危及生命，这给接种者带来了疫苗恐慌。本书作者之一的平奇就自主决定，让自己的孩子分开、错期接种，以减少副反应发生的概率……

这显然不只是平奇一个人的选择，而是"知情同意权"的正当行使，却被医护定义为"不负责任的父母"——难道绝对服从就是负责任，坚持自主评估、自主选择反而是不负责任？这背后缠着"公众理解医学"的巨大暗箱：任何科学知识与结论，都存在着双向辩护的空间，一只"黑天鹅"的存在就会颠覆"白天鹅"的群体印象，只有充分知情、充分理解，才会愉快接纳。同时，社会要为疫苗副反应受害者编织保护网，如提供救助基金等，才能从社会面消除"疫苗恐惧"，减少"疫苗犹豫"。推而广之，医学的不确定性（副作用）阴影几乎笼罩了现代诊疗全程，"公众理解医学"的任务十分艰巨。

在结语中，两位作者一致感叹："勾勒姆医生（医学）"的写作难于"勾勒姆科学"与"勾勒姆技术"。这显然不是因为知识谱系的难度系数更大，而是因为医学的"顶天立地"——既触摸到科技前沿的天花板，又深植百姓的生活栖居，每一个人都是患者，每一个人都是自己与家人的健康卫士，卫生科普是最大体量的科普，健康传播是流量最大的传播，医学、医疗行业、医药产业关乎每一个人命运的起承转合、每一个家庭的荣枯兴衰。

因此，无论是对勾勒姆"造福"与"造孽"两面性的揭示，还是医学的建构（颂扬）与解构（挞伐），现代医学都不能发生大幅度的偏倚，但又很难做到不偏不倚。犹如空中走钢丝的杂技表演，平衡感来自平衡杆，但愿每个读者心中都有一根"平衡杆"。

王一方，北京大学医学人文学院

注：本文原为《勾勒姆医生：如何理解医学》（上海人民出版社 2022 版）一书的导读，原题为《一念成佛，一念成魔》。

不断创新的医学
——读威廉·奥斯勒《生活之道》

文/罗 莎

《生活之道》由威廉·奥斯勒医师所著。威廉·奥斯勒（1849—1919）出生于加拿大，是临床医学家、医学活动家、医学教育家。他开创了现代医学新思想、新观念与新里程，是现代医学教育的奠基人之一，是临床医学的开山鼻祖，是20世纪医学领域的大师。他先后在加拿大、英国和美国工作，终身献身于医学事业，一生撰写医学类文章1158篇，文学类文章182篇，在行医、教学、论著等多领域业绩丰硕。时至今日，他依旧是医界的楷模，是我们的榜样，值得后辈不断向他学习。

其实在此之前，我对威廉·奥斯勒这个名字并没有很熟悉，偶尔看到奥斯勒大师的名言警句，就自行了解了一些他的事迹和有关著作。这次在"医路书香·读书"活动所列书单中，看到威廉·奥斯勒的《生活之道》，于是特别急迫地想要研读这本书。

翻开《生活之道》的第一页，我就被吸引住了，这是一本用心理学来呈现生活感悟的图书，总共有65篇文章，讲述了65个词汇：有"宁静""感恩"这样温暖的词汇，有"幽默""喜乐"这样开心的词汇，也有"焦虑""忧郁"这样难过的词汇，等等。在每一篇文章里，作者都行云流水般娓娓道来一个生动的故事，每一篇文章都蕴含着浅显易懂的却容易被忽视的观念和思想，经作者神来之笔点出，才使我恍然大悟，茅塞顿开。那些字、词、句犹如小溪流向大河般涓涓不断，流经我的大脑，打开我的思维，激发我的灵魂。这样一本有思想、有内涵的书，拿起一读就停不下来了。

我首先翻到了《医界的沙文主义》这篇文章，正如作者所述："一个时代的谠论，到了下一个时代可能变成谬论，而昨日之愚蠢却可能是明日之智慧。更常见的是一种心态，也就是站在自己的观点与地位，或心怀偏见，或自命不凡，以至于一点都容不下不同于我们的方式与想法。"这段话提醒我们，要用开放、诚实的心灵抵御猜忌、欺瞒、妒忌之心和门户之见。奥斯勒认为，最终影响人一生的常常是微不足道的小事，细节和小事往往会潜移默化地改变人的思想轨迹。人生的第一要务是，不要纠结昨天的错误和失意，也不要担心明天不可控的情况可能带来的焦虑和不安，理应拿出自己全部的拼劲来承受今天，完成今天的任务。我想到，医学的探索之路就是在不断地肯定和否定中探索新的知识和真谛。医学是需要不断进步、不断创新的学科，我们要不断地提出自己的观点，然后去验证，或去推翻，或去改变；在不断地摸索学习中，肯定自己，否定自己，得出结论，接着再次去验证、去实践，最后得到真理。在这样持续反复的探索过程中，医学才能进步。医学也是一门需要传承的学科，我们后辈在学习和接受前辈积累的经验时，也要善于思考，要用开放、诚实的态度认真探讨知识，从而探索和总结新的经验与理论，或许就能打开医学上某一治疗的瓶颈，为疾病的诊治开创新的思路和方法，帮助更多患者解除痛苦甚至治愈疾病。这些细腻的感受，相信都来源于作者对医学的观察和思悟，也深深打动了我，并激励着我打破陈旧的观念，不断挑战自己，不断进步。

我也非常喜欢这段话:"即使事实摆在眼前,有些人却不知道去把握。问题其实并不在此,而在于即使我们众里寻他千百度,但心眼是盲的,事实就算是跟你打了照面,你还是压根也看不见。"这段话节选自《学生生活》篇,对此我也感慨颇多。医学这门学科不仅要求我们胆大心细,更要求我们有智慧的双眼和灵活的头脑,还要有不断学习、不断进步、不断创新的精神,熟练掌握已学的知识,反复推敲去探索新的知识,挖掘新的治疗方向和科研领域。

医学的创新离不开科研上的突破,医学创新对医学发展的影响重大、意义非凡。这主要表现在以下两个方面:第一,医学创新通过开创的新技术和新方法,提高疾病的诊疗水平和治疗效果,帮助患者更有效地或更高效地恢复健康,减少医疗资源的重复和浪费,降低医疗成本和花销,减轻群众的看病负担;第二,持续的探索和研究带来了医学的不断创新,为医学领域的研究和实践带来新的思考和方向,从而推动医学大力发展,是医学进步的必经之路。其实现在,国家大力倡导科研工作,给我们医者提供了很多的资源和支持,为医学事业的发展提供了保障。不断学习、不断进步、不断创新的精神,不断否定和肯定自己的态度,是我们现代医生必须秉承的精神,更是我们坚持为医学进步所走的根本之路。

阅读《生活之道》这本书可以发现,奥斯勒医师并没有给读者讲解过多的医疗专业知识,但书中每一篇文章都表达出奥斯勒医师对医者的巨大期待和激励,他希望每一个人都拥有关于生命、生活的智慧,希望每一位医者都有为医学事业不断进步奋斗献身的精神,书中字里行间都渗透着他对全人类的关爱与关怀,以及对人性尊严的尊重。奥斯勒医师在书中虽然并没有过多阐述医疗相关知识,但是全书充满了生活智慧和人文关怀,犹如大海上的指明灯,不管是在工作还是生活上,都给我们医者指明了方向,带来了满满的动力。奥斯勒医师的大家风范在书中表现得淋漓尽致，文字中所体现出的敏锐、创新的思想，智慧的人生哲理，严谨的工作作风，也使得这本书被奉为20世纪重要的思想文献之一。医学的不断创新是医学进步的必要条件，也是我们后辈奋斗的目标。

罗莎，河南中医药大学第一附属医院

假如人体没有痛

——读《无极之痛》

文/田晓青

我是一个痛点极低的人，从小就非常怕痛，但是来自身体不同器官、不同疾病引起的各种疼痛仍然伴随了我大半生。我曾经不止一次地幻想：假如人体没有痛觉，那该是多么幸福的事。直到我读了《无极之痛》这部小说。

这是一个与行医有关的故事，男主人公长相英俊，学习能力强，技术高超，可以算是人生赢家，却最终被时人抛弃。

小说的作者是英国作家安德鲁·米勒，他塑造的小说主人公叫詹姆斯·戴恩。詹姆斯·戴恩出生于1740年，出生时难产，从出生一直到受洗礼，他一直未曾哭叫。他皮肤白皙，有一双蓝色的眼睛。7岁之前他不说话，也从不哭闹或给父母找麻烦，没有人跟他玩的时候，他就瞪大眼睛观察周围的一切。8岁那年，因为一次意外的骨折，家里人才发现他的身体竟然没有痛感，而且有着令人诧异的康复能力。

詹姆斯·戴恩心灵手巧，学习能力很强，他跟着姐姐去学校旁听，便学会了老师教授的课程。以此为基础，十来岁的时候，他在收藏家坎宁先生的图书馆里饱读了解剖学、实验记录、哈维的《心血运动论》、维萨里的

《人体结构》等有关书籍。他研究地图、天文学、几何学等，甚至自学了拉丁语和希腊语。十三四岁时，詹姆斯来到一艘军舰上，在这里遇到了他的外科启蒙老师——军医芒罗先生。他跟随老师在英法海战中边学习、边实践，他对人体解剖的熟悉以及面对伤痛时冷静的态度，让医生和舰长都非常器重他。

战争结束后，詹姆斯离开军舰，去伦敦学习外科。结业后，他又到芒罗医生开业的巴斯，在此协助老师行医。21岁时，詹姆斯就成了一名出色的手术专家。当时，他取膀胱结石，竟然可以在1分20秒内结束手术。在巴斯，他高超的手术技术为他赢得了"上帝之手"的声誉。同时，他也是要价高昂的医生，他的财富迅速聚集——他在市中心买了两幢楼，用来开办医院，医院有病房，有手术室，有疫苗接种室。但后来，他因为只认钱、没有同情心，加上与芒罗医生年轻的妻子通奸导致老师自杀而身败名裂，没有人再上门求医。詹姆斯在伦敦的外科老师听到传闻后，为他申请了去俄国给女皇接种天花疫苗的机会，但詹姆斯失败了。此时的挫败让他的内心终于有了"痛苦"的感觉。经历了一些磨难后，詹姆斯又辗转回到英国，来到一个叫水牛村的地方。此时，他不仅躯体有了痛感，内心也能体会到痛苦，他不再行医，并对自己过去的行为进行反思。

詹姆斯后来对人说："那时，他人的痛苦一点也不会困扰我，唯有当疼痛的程度关系到减轻疼痛所需的费用时，我才能了解他们的痛苦……我的优秀是狭隘的那种，我有灵巧、熟练的外科技巧，但是我无法对任何人抱有仁慈之心……我虽有某种天分，尤其在外科手术方面，但是我从来都没有对受难者的关注——有了这个，才能被称为真正的医生。"

阅读这部小说，你会发现其中包含了许多隐喻。就具象的詹姆斯来说，他的躯体没有痛感，内心也感受不到痛苦。年纪很小的时候，他被收藏家坎宁先生当作宝贝：坎宁向那些热爱科学实验的绅士展示詹姆斯的奇特，并在无任何止痛措施的情况下拔除他的手指甲，而詹姆斯感觉不到丝毫痛苦。由于自身无痛，他冷酷无情，对待病人也如同对待手术的道具。他虽技术高超，最终却鲜有病人请他医病。作者设计了这个有着特殊才华又存在极大缺陷的怪异人物，实际上也是对当时那个科技快速发展的社会的观察和反思。我们很难想象，如果没有科学的进步，我们现在的生活会是什么样。但是，科学真是万能的吗？

再看以科学为基础的现代医学，伴随着科学技术不断向高精尖方向发展，医学对人体、对疾病的探索和认识也在不断精深、入微。专家们似乎完全可以从基因水平了解疾病，并试图从改变（编辑）基因入手来治疗疾病。医疗技术和设备的快速进步，让医生的专业性从某种程度上体现为器械化、技术化，以及高效而不带任何感情或感觉。我们面对日益尖锐的医患关系，反思现代医学的演化进步过程时，或许会发现：医生这个职业在逐步树立自己专业性与权威性的同时，也可能逐渐丧失对病人的体恤和关怀能力。詹姆斯悲剧的一生，包含了一种暗喻，他提醒人们思考：科学技术的发展对社会和人类进步而言，是前进，还是后退？在现代医学快速发展的进程中，我们是否丢掉或者忽略了什么？人类肉体之痛和内心之痛的意义何在？

田晓青，《中国医学论坛报》高级记者

每位医生的心中都住着一个难忘的病人

——读《最后的期末考》

文/田晓青

《最后的期末考》的作者陈葆琳是华裔美国外科医师、《纽约时报》专栏作者，毕业于哈佛大学，在耶鲁大学、美国国家癌症医院及加州大学洛杉矶分校完成外科训练。陈葆琳说："20年前申请医学院时，我相信自己即将拯救生命，就像想象中的英雄那样，我与死神对峙并将之逼退，看着成群被我拯救的病人充满活力到我的办公室，开心地笑着，热烈地表达感谢之意。我没料到，有多少死亡会成为我工作的一部分。"

虽然在学校的解剖课堂上，面对大体老师时，医学生就要学习坦然面对死亡；虽然在临床实习期间以及成为实习医生时，就要学会判断临床死亡，处理临床死亡病人的相关事宜；但真正能接纳经自己治疗的病人死亡，并帮助即将走向生命终点的病人有自尊地走完最后一程，是另一回事。而陈葆琳真正明白这一点，是缘于那个让她无法忘怀的"荷兰佬"。

荷兰佬的出现，是在陈葆琳成为外科住院医师的第二年。那时的她踌躇满志，不辞辛苦，意欲用自己学到的技术拯救她的病人。此时，有一名65岁的二战退伍老兵史矛德（人称"荷兰佬"）因为食管癌住院接受手术治疗，陈葆琳是他的主管医生。荷兰佬是一个孤寡老人（家族中只剩他一人），脾气暴躁，终身未婚。陈葆琳每天例行查房后，晚上总要抽时间再去看看他，找他聊参战时的一些趣事。

在荷兰佬做手术的前一天晚上，陈葆琳拿着知情同意书让荷兰佬签字。他看着那些并发症有点犹豫，问道："大夫，你认为这个手术是正确的？""是的，动这个手术是正确的，而且手术医生是在这一行中很有名的。"于是荷兰佬用颤抖的手在同意书上签了字，并且说："坚持下去，大夫。"

第二天的手术非常顺利，主刀医生经由荷兰佬的颈根部和腹部的切口，摘除了他的全部食管，因为陈葆琳的手臂是手术组成员中最纤细的，所以由她负责将手臂伸入荷兰佬的胸腔，确认可以将他的胃拉上去，重新接通胃肠道。手术后，荷兰佬应当住进外科重症病房。不巧的是，原来规范化的重症病房正在改造，他便住进了临时启用的外科重症监护病房，而且是在一个角落。

手术后的当天晚上，陈葆琳值班，凌晨2点时，她特意去看望荷兰佬。他的两只手被护士以柔软的固定装置固定住，以免他神志不清时拉扯呼吸管或其他管线。他似乎还没有醒，陈葆琳握着他的手说："荷兰佬，我是陈医生。"陈葆琳似乎感觉到她的手被荷兰佬轻轻地捏了一下，接着她又去查看其他病人了。

大约半小时后，也就是凌晨2点40分时，陈葆琳接到一通惊惶的呼叫，她赶到荷兰佬那里，没有人注意到他何时挣脱了束缚，在迷迷糊糊中扯掉了自己的呼吸管。他的心率从95掉到了60，肤色转为灰蓝，皮肤温度冰凉。经过一番面罩给氧、插管、环状甲状腺软骨膜切开术、注射阿托品等药物、电击、胸外按压……凌晨3点27分，荷兰佬被宣布死亡。

是因为荷兰佬是陈葆琳主管的病人，在手术前夕对她说"坚持下去，大夫",因而他从此住在了陈葆琳的心里？是因为在手术中,陈葆琳的手臂曾经穿过荷兰佬的胸腔——"外科具有某些极为个人化的物质,我们的双手深入病人的躯体,以恋人也无法做到的方式抚摸他们",他从此住在了陈葆琳的心里？是因为荷兰佬是在她值班时死亡的,她必须在外科"死亡及并发症讨论会"上汇报这个病例并接受各方质询,因而他从此住在了陈葆琳心里？尽管在讨论会的最后,陈葆琳被"赦免"了——荷兰佬的死亡归因于临时启用的外科重症监护病房设置不能周到地照顾手术后病人。但是,荷兰佬从此妥妥地住在了陈葆琳的心里。

虽然"死亡及并发症讨论会"已经判决陈葆琳与荷兰佬的死亡没有关系（她的处置不存在什么过错）,但挫败、悲伤、疑惑、恐惧……一直包围着她。她总是怀疑自己做错了什么,总是无法摆脱自己要为荷兰佬的死负责任的念头,儿时溺水的窒息感再一次袭来。是啊,从技术角度看的确没有错误发生,但是难道荷兰佬的死亡只是因为他运气不好（手术后被安置在一个容易被人忽略的病房角落）？陈葆琳开始反思自己,反思外科系统的惯性思维及价值追求。荷兰佬让陈葆琳重新审视了医生职业和治疗的真相,以及它与病人的关系。医生对病人,除了诊断病情、治疗病症,还能做什么？陈葆琳在日常诊疗中,感受到工作其实是自我的延伸,通过共情,她在病人身上看到了自己。荷兰佬的死亡,还让陈葆琳学会了接纳医疗系统、诊疗技术及医生能力有限的现状——有时面对垂危的病人,即使竭尽全力,最终还是要败给死神。然而,学会接纳不是目的,更重要的是要改变什么,做点什么。

有人跌到谷底会自怨自艾、沉沦不起,有人却会绝地反击,陈葆琳无疑是后者。

陈葆琳问自己：手术成功的标准是什么？除了完成手术,外科医生还应该为病人做什么？病人不是机器,医生不是机械师。医生不能只看到疾病而不见病人，外科医生不能只是用自己灵巧的双手完成看上去很漂亮的手术；对于那些处于危重状态或即将走向生命终点的病人，医生需要给予更多关注："我可以做某些比治愈疾病更重要的事，我可以给病人及家属提供慰藉，并且敞开心胸，接受他们回馈的宝贵人生功课。"当我们能真心关怀病人时，才能成为真正的治疗者。

又过了十几年，陈葆琳已经又接诊治疗了数百名病人，她不断地从积累的经验中学习并改进、完善自己的工作内容。"我已经能比较平静地看待这件事，但荷兰佬仍不时回到我心中。他就像鬼魅般的亡灵，每当我看到食管道癌病患、执行球状甲状腺软骨膜切开术或者进行紧急心肺复苏术时，他就会出现。每个医生的职业生涯中，总有某些病人彻底改变了他们处理工作问题的方式。"

"有时是治愈，常常去帮助，总是去安慰。"特鲁多医生的墓志铭我们耳熟能详，但在崇尚高科技医疗技术的今天，在医疗实践中又有多少医生愿意去这样做呢？知易行难。要想达到知行合一，或许医生心中那位无法忘怀的病人可助一臂之力。

田晓青，《中国医学论坛报》高级记者

梦有多远，就能走多远
——读《林巧稚传》有感

文/马 元

> 能够让生命顺势生长，这是一种智慧，更是一种运气。至于前途和道路，其实就是人不受功利驱使的最真实的意愿和渴望。这意愿和渴望能将一个人送到他能够到达的最远的地方。
>
> ——题记

潮水退去的海滩，清风拂面，波平浪静。海蜇摇摆着身子在沙滩上爬过，海蟹飞快地划动脚爪，在泥沙上留下细细的纹痕。

海边站着一对父女，看夕阳一点一点没下水面。那海天相接处茫茫的紫霭，那落日与地平线相交时荡漾的橙红，那振翅于斑斓天际的海燕，真是静美而开阔。

女孩闪着大大的眼睛，牵了一下父亲的衣角："爸爸，我能像海燕一样飞得很高很远吗？"

父亲和蔼地微笑着，用一双大手轻抚她稚气的小脸："会的。你会比海燕飞得更高更远，海燕没有到过的地方，你也同样能够到达。"

小小的生命埋下了希望的种子。女孩的母亲在她出生后不久就去世了，然而若干年后，女孩成了能够保护许许多多母亲与婴儿的天使——她便是我国著名的妇产科专家，林巧稚。

再读《林巧稚传》，我的眼前浮现出太多画面……多年前立志学医的种种，拿到录取通知书的一刻，第一次试穿白大褂的激动，第一次目睹死亡时的伤痛，甚至第一眼看到工号牌的感动……

10岁时，在《大自然探索》杂志上，我看到了一位身感埃博拉病毒的儿童。她直视着镜头，直视着我，眼中充满对死亡的恐惧，以及对生的眷念。然而照片下的一行小字让我顿时潸然而泣——它提示这个女孩将活不过一个星期。我多么想救她——一个与我年龄相当的生命——可我却无能为力。我告诉自己，将来一定要学医，一定要学医！

怀着这一美好的愿望，我念完小学，读完初中，走过高中，迎来了高考。初三的时候，我的姑妈因为结肠癌离我而去。高三的时候，我的英语老师又因为胃癌，生命危在旦夕。这更坚定了我学医的信念，几乎从小学到高中的好友都知道：这丫头将来要当一名医生！

然而当我依旧怀揣着这一美好愿望走进医学殿堂的时候，我仿佛又迷失在了现实的荒漠中——日常事务的复杂，医学课程的繁多，医疗工作的艰难，医患关系的现状……所有的这些又一点点让我迷惘。

再读《林巧稚传》，翻着以前所作的札记，我感到整本书的语言平淡无奇，没有太多华丽的修饰与渲染，恰似她平静的一生，没有太多的波澜，却充满着执着、坚定与顽强。

林巧稚说，她最喜欢白色，因为它单纯、平和、永恒、宁静。白色可以与任何颜色相调和，配制出斑斓的色彩，而白色自身却不能掺杂任何颜色。

在医院，白色是病人的希望和慰藉，是安宁和圣洁的象征。

曾经听一位学长说过，当他不穿白大褂的时候，他觉得自己就是一个凡人，而当他穿上白大褂，便瞬间担负起了一种伟大的责任，因为他感到自己是一名医生。达尔文的《进化论》赫然昭示着"物竞天择，适者生存"的自然规律，而作为医生，拯救弱者是我们的天职。我们是在逆天行道，是在与病痛做着艰苦卓绝的谈判，是在与死亡做着气壮山河的交涉！

还记得第一次踏进医学校园，内心满是希望与憧憬；还记得第一次杀蟾蜍，泪水中满是惊恐与怜悯；还记得第一次给小白鼠打药，双手颤抖，惊慌不已；还记得解剖课上，一边忍受着极为刺鼻的福尔马林，一边寻找着茫然不知所终的血管与神经……也曾因为抢救病人，累瘫在急诊室；也曾在手术台上，一连拉钩 10 余个小时；也曾 3 个月用完 200 多块 96 孔板；也曾一篇论文修改 26 遍仍然找不到合适的措辞……

转眼春秋轮转，从本科到硕士再到博士，挥手自兹已是光阴十载。再读《林巧稚传》，我想到了太多太多……记得一位不知名的医生曾写过这样一首短诗：

> 我踏上了一条
> 比命运还要漫长的道路
> 等待我的是
> 朝圣者的孤独

而我要说的是：朝圣路上，因为有了彼此为伴，因为有着共同的梦想，所以我们并不孤独！

仿佛所有的困惑都烟消云散，既然选择了梦想，就笃定于梦想；既然选择了远方，便只顾风雨兼程。相信梦有多远，未来的道路就有多长！

马元，江苏省人民医院呼吸与危重症医学科

不为良相，当为良医
——读《林巧稚传》

文/史晓琳

那一年，在美丽幽静的鼓浪屿毓园，一座栩栩如生的汉白玉全身雕塑吸引了我的注意。只见她身着白大褂，双手交叉握在身前，面容慈祥，微笑着注视远方，雕塑底座石碑上刻着"林巧稚大夫（1901—1983）"。

在林巧稚纪念馆，我第一次了解到林巧稚大夫的生平事迹，了解了她为什么被誉为"万婴之母"，受到世人的爱戴和尊重！

林巧稚的名字从此也就根植于我心了。

每每想起她的故事，心中便升起一份敬仰、一份钦佩、一份暖意。

近日，有幸拜读张清平的人物传记《林巧稚传》，跟随着作者的文字，再次走进被誉为"万婴之母"的林巧稚大夫学习、工作和生活的场景，深切感受她心怀信念、刻苦钻研、一丝不苟的学习、工作态度，她的悲悯情怀，以及为了我国妇产科学事业奋斗的不平凡的一生。

传记以林巧稚的成长为背景，翔实地介绍了她的家庭和她所在的厦门女子师范学校，以及老师玛丽·卡琳对幼年、青年时期林巧稚的影响，这些为她步入医学殿堂做了铺垫。

进入协和医学院的林巧稚，不仅为协和医学院不同凡响的宫殿式建筑暗暗吃惊，也为开学后的两门主课物理、化学大吃一惊。她所在的中学没有开设过这两门课程，她没有一点基础。协和有严格的规定，一门主课不及格留级，两门主课不及格离校另找出路。看到这里，真替那时的林巧稚捏了一把汗，进退两难啊！

但是，纵观古今中外，凡是成功人士，身上都具备一种特质：不服输的精神和坚毅的品质。他们不抱怨，不气馁，面对困难和挑战，头脑冷静，思维清晰，沉下心来寻找切实可行的方法。

林巧稚也一样。面对压力，她没有退缩，而是调整好心态，给自己确定了目标：利用全部课余时间全力以赴补修物理、化学。她摸清了宿舍熄灯规律，晚上10点半熄灯，过了12点又会重新合上电闸。所以她10点半上床休息，过了12点再起来学习。预科三年，林巧稚没有给自己放过假，没有回过一次家。

在医学院八年的时间里，林巧稚心无旁骛，一心做好自己该做的事情。毕业季，她用骄人的成绩获得了那一届毕业生的最高荣誉——"文海奖"。

她刻苦勤奋、勇于探索的精神，她的爱心和同理心，她"但去助人，莫问结果"的胸怀，在书中随处可见。这些优秀的品质值得我们后辈学习和发扬。

在传记中，作者多次提到林巧稚的悲悯情怀和她的人文精神。遇到经济困难的家庭，她会减免治疗费用，甚至拿钱接济他们。她会用体贴的话语安慰产妇，疏导她们紧张焦虑的心理；她会拉着产妇的手轻声说"别怕，没事"，给她们鼓励；她会用专业的指导让产妇平静下来。协和医院的医生和护士都知道，林大夫对产妇有特别的安抚作用，或者说是个人魅力。她常对学生说：产妇不是病人，是需要关心和帮助的人。

"有时，去治愈；常常，去帮助；总是，去安慰。"这是医者的使命和医疗的真谛，更透露出人性的温暖和温情。

随着现代医学的发展，临床上越来越关注产妇的心理健康问题。影响产妇的精神、心理因素有多种，如夫妻关系、婆媳关系、经济支持、医护人员的服务态度和技术水平等，而这些对产妇的分娩方式、产程和产后的身体、精神、心理恢复都会产生很大的影响。现在想来，当年那位当着林巧稚的面讥讽她"林大夫，你以为拉拉病人的手，给病人擦擦汗，就能成为教授吗"的妇产科主任的认知，确实失之偏颇。

抗战时期，协和医院关闭，林巧稚在北京东堂子胡同10号开办了妇儿门诊。六年时间里，她的诊所里存留了8887名患者的病历。面对普通百姓，让她惊讶的是，有那么多人患有经久不愈的妇科疾病，因为贫穷不能就医而导致了严重的后果。

这件事成了林巧稚的牵挂。她希望尽自己所能为广大的女性群体做些有益的事情。于是，在20世纪50年代末，林巧稚全力以赴开展了一项浩大的工程：她调动自己所能调动的一切力量，对北京近8万名适龄妇女进行了妇科普查。普查报告发表后，引起了全国乃至全世界妇产科学界的关注和震动。

"早发现、早诊断、早治疗"属于二级预防。林巧稚倡导的妇科普查的推广，大大降低了妇女的患病率和死亡率，广大妇女的卫生保健问题引起了全社会的重视。

在繁忙的工作之余，林巧稚最喜好的事情是养花草、做手工。她做的婴儿服都送给了她的同事，以及病房里经济不宽裕的婴儿妈妈。她终身未婚，一生奔波于保护妇女和婴儿健康的路上。她一生接生过5万名婴儿，被世人誉为"万婴之母""生命天使""妇女和婴儿的保护神"。所有她接生的孩子的出生证上，都有她的英文签名"Lin Qiaozhi's Baby"。冰心的3个孩子都是林巧稚接生的，这一份充满爱意和温暖的签名，也曾深深打动了她。

传记中还有一些特别感人的故事，无不展现林巧稚的同理心、严谨的工作态度、探索精神、无私的高尚品质，以及对生命的敬畏。

比如，那个叫"念林"的女婴，她的母亲当时在孕期被诊断为宫颈癌，林巧稚顶着巨大的压力和风险，在她的守护下，这名女婴终于出生。林巧稚对婴儿的母亲说："你把我的头发都愁白了。"几年以后，医学界得出结论：女婴母亲的肿物是一种特殊的妊娠反应，被称为蜕膜瘤，虽然具有瘤的形态，却不是真正的肿瘤。这一结论，至今在妇产科临床中广泛采用。

还有一位叫"协和"的男婴，他是我国首例被治愈的新生儿溶血病患儿。当时他的母亲请求林巧稚"死马当作活马医"。林巧稚感受到孕妇的痛苦和绝望，她钻进图书馆，查阅世界各国的最新医学期刊，仔细搜寻有关新生儿溶血病的点滴资料。林巧稚让孕妇在预产期前来院，多次组织相关科室专家会诊，最后制定了对新生儿进行全身换血的方案。

因为有爱，所以慈悲。

她坚守一生，为的是心中的信仰，是责任感、使命感；她忙碌一生，是为了保护千千万万妇女婴儿的健康，是为了千千万万家庭的幸福圆满，也是为了我国妇产科学事业的发展。

她离开这个世界后，厦门鼓浪屿这个寸土寸金的地方，为她修建了一座占地 4750 平方米的典雅园林——毓园，让回家的女儿安息。

史晓琳，新乡医学院第一附属医院

"糖丸"爷爷

——读《顾方舟传》有感

文/闫瑞芳　张丽萍　崔献梅

"妈妈为什么那个叔叔走路跛脚啊？"

"小孩子别乱讲话，别瞎看，看路。"

这是老家邻居的一位叔叔，小时候每每见到他，我和父母的对话便会重复上演。现在想想，或许是他们不太了解叔叔的病情，又或许是怕伤害叔叔的自尊心。这位叔叔时至今日也未婚娶，没有正式工作。我没有走过他走的路，只是想想都替他红了眼眶。当时，像邻居叔叔这种情况的不在少数。

只记得那个时候，家长们会主动让小孩子吃"糖丸"，并告诉我们：吃了"糖丸"不跛脚。"糖丸"是一位爷爷发明的，我们亲切地称他"糖丸爷爷"，却不知道这位伟大的爷爷的名字。

长大后，有幸读到《顾方舟传》，才知道原来他就是"糖丸爷爷"，才懂得"糖丸"的作用有多大、多重要，才知道"糖丸爷爷"的真实姓名——直至九十高龄仍心系免疫事业的病毒学家顾方舟！

20世纪50年代，有一种病在国内流行——脊髓灰质炎，简称脊灰，它可能引起小儿麻痹症。这种病多发于7岁以下的儿童，一旦得病就无法治愈。顾老回忆，有个家长背着瘫痪的孩子过来找他，说："顾大夫，求求你治治我的孩子吧，他以后还得走路，参加国家建设呢。"他当时只能遗憾地回答："太抱歉了，我们对这个病还没有治愈的办法。唯一可行的方法是到医院去整形、矫正，恢复部分功能，要让他完全恢复到正常不可能。"看到家长的眼神立刻黯淡了下来，顾方舟心如刀绞，他明白，这等于宣判了孩子一辈子将在瘫痪中度过。他下定决心，一定要研究出疫苗，让患者重拾希望。

一粒小小的"糖丸"，承载着许多人小时候的记忆，然而很多人不知道，这粒"糖丸"包含着顾方舟无私抗击脊髓灰质炎的艰辛历程。1955年，脊髓灰质炎在江苏南通大规模暴发，全市1680人突然瘫痪，大多数为儿童，并有466人死亡。病毒迅速蔓延到青岛、上海、济宁、南宁等地，引起社会恐慌。孩子们开始的症状和感冒无异，一旦发作，可能一夜之间腿脚手臂就无法动弹；如果炎症发作在延髓，孩子更可能有生命危险。1957年，刚回国不久的顾方舟临危受命，开始了脊髓灰质炎的研究工作。从此，脊髓灰质炎疫苗的研究成为他一生的事业。疫苗三期试验的第一期试验，意味着要面临巨大的风险，出于对疫苗的自信，顾方舟毫不犹豫地做出自己试用疫苗的决定。冒着瘫痪的风险，顾老喝下第一口，一周以后，他的生命体征无异常。而接下来，他面临着更严峻的问题：成年人对脊灰本身就有一定的免疫力，疫苗要对小孩子有作用才行。顾老做了一个惊人的决定：他给刚满月的儿子喂下了疫苗，经历了漫长的一个月，儿子无异常。至此，第一期试验顺利通过。1960年底，首批500万人份疫苗在全国11个城市推广，投放疫苗的城市脊髓灰质炎流行高峰逐渐减弱。但疫苗的储藏难度大，许多地区很难被覆盖，同时小孩子也不喜欢打针吃药。经过反复试验和探索，陪伴了中国人几十年的"糖丸"疫苗诞生了。把疫苗做成糖丸，首先解决了孩子不喜欢吃药的问题；同时，糖丸剂型比其他方式的疫苗保存时间更长，保存的难题也迎刃而解，糖丸疫苗走遍了祖国的每个角落。

"1990年，全国消灭脊髓灰质炎规划开始实施，此后几年病例数逐年快速下降，自1994年发现最后一例患者后，至今没有发现由本土病毒引起的脊髓灰质炎病例。"

2000年，"中国消灭脊髓灰质炎证实报告签字仪式"在卫生部举行，74岁的顾方舟作为代表，签下了自己的名字。从疾病大面积流行到消灭脊髓灰质炎，顾老用40多年的时间保护中国儿童远离"小儿麻痹症"。可面对如此成就，顾老却谦逊地说：我这一生只做了一件事，就是做了一粒小小的"糖丸"。

深入地了解顾老的一生后，不得不佩服他那舍己为人的精神，同时也为祖国能够拥有像顾老这样爱国的科学家而感到骄傲和自豪。"舍己幼，为人之幼，这不是残酷，是医者大仁，为一大事来，成一大事去，功业凝成糖丸一粒，是治病灵丹，更是拳拳赤子心，你就是一座方舟，载着新中国的孩子，度过病毒的劫难。"这是"感动中国"组委会给顾方舟的颁奖词。

为一大事来，成一大事去，不曾奢望自己能成为这样的人，但时间足以让我明白：既然成为一名护士，就一定要用心做一名好护士，我开始真正了解人文护理服务。我想，这大概就是顾方舟精神带给我的力量——用爱心、耐心、细心、责任心去做好每一件事，用无私的奉献去支撑病人脆弱的生命，让病人重新扬起人生的风帆，让他们的脸上重绽笑颜。

闫瑞芳、张丽萍、崔献梅，山西白求恩医院妇产科

秋兰以为佩
——观《仁医胡佩兰》有感

文/王文志

作为一名医生，在观看电影《仁医胡佩兰》后，我感触颇多。在医患关系紧张、彼此信任缺失、医生价值荣誉感降低的当下，《仁医胡佩兰》是对我心灵的一次洗礼，让我重拾信心，找到医生的价值所在，也为我指明了人生的方向。

在以往的工作中，我接触过各式各样的病人，感动开心过，伤心愤怒过，也从媒体上看到了各种医疗纠纷甚至伤医事件。虽然我是一名医生，反对部分媒体对医生进行片面不当的报道，但我也反对在医患纠纷发生后，部分医生朋友对患者或家属的吐槽。胡佩兰奶奶行医至90多岁，却未曾出现医患纠纷，值得我们医务工作者深思。

当被问及，如此高寿还能行医凭的是什么的时候，胡奶奶说："感情投入！"简单四个字，却要承担多少责任，付出多少汗水，需要多么开阔的胸襟才能做到。之前我从未想过看病还需要感情投入，甚至觉得投入太多的感情会影响行医，想来许多医务工作者也未必能做到感情投入这点。现在我却发现：以前的想法是错误的，大医者是要医人医心，给患者足够的尊重，而不仅仅是依照诊治流程机械地医病。遇到来自贫困农村的患者时，胡奶奶要她爱护自己的身体，并为其支付医药费；遇到犯了错误的少女患者时，胡奶奶保护患者隐私，教导她要自尊、自爱、自强，要为梦想奋斗……胡佩兰不仅仅医病，而且医人医心，相信胡奶奶对患者的感情投入能够改变患者的人生。

感情投入并非医病的锦上添花，而是能医好病的必要前提。感人心者，莫先乎情。只有对患者足够尊重，付出感情，医生才会竭尽所能地治病救人。当患者把自己的生命交给医生的时候，就像婴儿对父母般信任，而这时作为医生的我们如果给予患者的只有冰冷的手术刀和苦口的良药，显然是不够的。

一个医者，首先要像胡佩兰那样，学会做人，完善人格，尽力做一名具备"仁义礼智信"的有高尚道德的人。一名好医生，要不懈地追求知识，像胡佩兰那样终身勤学，求知不倦，秉持精益求精的态度精进医术，只有具备过硬的技术，才谈得上最大限度地满足患者的需求。

医生是个什么样的职业？胡佩兰告诉我们：医生不是一个赚钱的职业，而是一个奉献的职业。她总是把病人放在第一位，她是这么做的，也是这么教导同样身为医生的儿子的。为医治病人，她强忍病痛；为多看病人，她拒绝采访；她不为名不为利，只为"人活在世上，总要对别人有点用"。她为抢救病人，不怕承担风险和责任；她的学生为救病人，可以向别人屈膝。这样的医者怎能不受人爱戴，怎能不让人推崇！

影片中并没有对医生常见的失败避而不谈，不唱皆大欢喜的所谓主旋律，却更令人感触深刻。我们没有忘记，选择医生这个职业时，内心最初的想法就是"救命"。人是多么脆弱，生命是如此宝贵，人的一生面临许多选择，只要选择就难免付出代价，但能选择就有希望。尤其是我们生病住院的时候，还有选择就代表还有生存的希望。我想起一句话：你的亲人也许会放弃你，你的爱人或者会抛下你，但是你的医生护士是最希望你活下去的人。医护人员从来不处在患者的对立面，而是与患者共同面对病魔的战友。作为医务工作者，我们无比希望自己的作为可以让病人的病情好转，因为这是我们的追求和价值观。

胡佩兰说，行医要有感情投入，还要相互尊重，相互理解。我们的社会太需要这样一份宽容和理解了。我们希望大众能理解医生这个职业的辛苦和无奈，不为别的，只是为了让那些辛勤付出的人得到起码的尊重。理解是相互的，面对心急如焚的患者，我们要理解患者的心情，同样地，我们也需要病人给我们一丝信任，让我们一起努力坚持下去，不放弃。

看完胡佩兰的故事，我对我的职业有了新的感悟，她让我重拾对医生这个职业的荣誉感和自豪感，也让我重新定义了医者的价值——不是赚钱，而是奉献，是做一个对患者有用、对社会有用的人。感谢有这样一部真实温暖的影片带给我真实的感动，让我不忘初心，给我前进的动力。愿胡佩兰精神长存！

王文志，山东省立第三医院心内科

热爱、奉献以及真正的医者
——读《向西而歌：400位上医人西迁重庆的故事》有感

文/龙利蓉

什么是热爱？什么是奉献？什么是真正的医者？近日，读人民出版社出版、重庆医科大学主编的《向西而歌：400位上医人西迁重庆的故事》一书，从中找到了一些答案。书中真实记录了在党中央的号召下，400余名上医前辈离开繁华的大都市上海，来到西部山城重庆，创建重庆医科大学及其附属医院的故事。

400余名前辈中有功成名就的名家大医，有已崭露头角的青年才俊，还有初出校门的医学生，他们白手起家，无怨无悔，艰苦创业。他们不仅是重庆医科大学及其附属医院的创建者，也是西部医学教育事业和医疗卫生事业的开拓者；他们的故事不仅是重庆医科大学及其附属医院的创业史，更是一部医者的精神史。

作为新时代的重医附一院人，每次读起这本书，品味西迁前辈们的故事，就仿佛跨越时空与前辈们进行一次对话。自此，医院的每一草、每一木、每一砖、每一瓦、每一人、每一景，在心中便有了不同的意义。

前辈们的故事从60多年前展开，那时候的上海是中国最发达的地区，那时候的上海医学院是国内最好的医学院之一，那时候的他们站在医学殿堂的顶端意气风发、风华正茂。而当时的重庆资源匮乏，发展落后，一切都要从零开始。随着党中央的一声号令，他们明知前路艰难，却没有半点犹豫，义无反顾地或告别妻儿，或举家西迁。

他们放弃了舒适优越的工作和生活条件。时任中山医院副院长的著名外科专家左景鉴，临行前将政府分给他的位于上海复兴路180多平方米的房子交还给国家，留在上海上大学的女儿左焕琛恳请父亲留一间房给她，却被左景鉴拒绝，他说："房子是因为工作才分给我们的，现在工作调动了，房子自然要还回去。"此后，左焕琛在读书期间每年寒暑假都要坐上四天的火车，先从上海到西安，再转道成都，从成都回重庆与家人相聚。而左景鉴一去重庆四十余载，除了因动手术回过一次上海，就再也没有回去过。

他们从未计较个人得失。当时已是上海医学院副院长、国家一级教授、著名内科专家的钱悳，是到重庆医学院工作的带头人，他自身的人格魅力在他动员其他人前往重庆时，发挥了巨大的作用。钱悳动身前往重庆之前，时任上海医学院党委书记兼院长的陈同生告诉他，重庆医学院已经有院长了，可以不必去了。可是钱悳略加思索后回答："我还是去的好！"他的想法很简单：不能动员了别人去，而自己不去，何况重庆比上海更需要人才。

在人类历史上，许多思想家都提出"趋利避害是人的本性"，我常常想：到底是怎样的信念和力量，让西迁前辈们放弃了眼前的大好前途，而选择更加艰难的那条道路？答案应该是热爱，是对祖国和人民无比深沉的爱，是对医学事业无比赤诚的爱。怀着这份热爱，西迁前辈们与党和国家、与民族和人民同呼吸、共命运，他们以国家利益为重，以民族大义为先，舍小家为大家，将个人前途与国家命运紧密相连，义无反顾地踏上西迁的征程。怀着这种热爱，任何苦难都能被战胜，任何弯道都能变坦途。

选择了西迁，就是选择了一条更为艰难的道路。工作环境简陋，医疗设备缺乏，饮食习惯千差万别，语言沟通不畅……西迁前辈们从头开始创业，所面临的困难远远超乎想象。但他们用无比顽强的毅力，平地起高楼，荒园变家园；他们用求真务实的精神和高超精湛的医术，创造了一个又一个医学奇迹，为重庆医科大学乃至整个西部医学事业的发展奠定了坚实的基础。他们在艰苦创业的过程中所体现出来的攻坚克难、坚忍不拔、敬业奉献、乐观向上的精神，如天空中璀璨的星辰，令人敬仰，让人铭记。

著名骨科学专家、中华人民共和国骨科创始人之一的吴祖尧，与妻子朱苕华带着四个年幼的孩子来到重庆。重庆夏天酷热，手术室里没有空调，只能用冰块和电扇降温，吴祖尧依然坚持手术，一个大手术下来几乎要昏厥；晚上没有电，柴油机只能使几瓦的小灯泡微微发亮，他还要看书写教案。儿科大家石美森、妇产科巨擘凌萝达夫妇带着孩子举家西迁，小儿子石应良出生时正值三年困难时期，由于生活条件艰苦，严重缺乏营养，孩子患了典型的佝偻病。石美森给儿科系学生讲营养不良时，为了让他们更好地了解佝偻病的症状和体征，常常带着儿子去做示教。"文革"期间，左景鉴被撤销了院长职务，下放手术室当工人：冬天要起火烧炭炉，给手术室供暖，他就每天四五点钟起床，兢兢业业做好自己的工作；不让碰手术刀，他就全程站在手术室里，鼓励其他医生进行手术。

千磨万击还坚劲，任尔东西南北风。不管遇到多大的困难，遭受多大的风浪，不管时事如何变故，生活如何艰难，西迁前辈们的步履总是朝向一个方向，那就是为祖国医学事业的发展奉献一生，为人民群众的健康奋斗一生。

读完这本书，我更加坚信：我们每个人都需要有理想、有信念、有担当，都应该像西迁前辈们一样，将个人的前途与国家命运联系起来，心无旁骛、不畏艰难、勇往直前，用热爱和热血去追寻自己的目标，用智慧和双手创造更加美好的未来。

在重医附一院 1 号楼门前，有一棵高大挺拔的黄葛树，那是医院建院时西迁前辈们亲手种下的。冬去春来，寒来暑往，那树总是会在春天落下黄叶，然后悄悄换上新叶，呈现一半橘黄、一半嫩绿的奇特景象，就像西迁前辈们一样，他们虽已老去，但依然滋养着这块土地。"西迁精神"永不朽，西迁的故事应该被一遍遍传唱，让我们沿着西迁前辈的方向继续前行，在党和国家最需要的地方扎根生长，在人民最需要的领域发光发热！

龙利蓉，重庆医科大学附属第一医院

医者仁心
——读《一个医生的故事》

文/吴锋耀

一本好书之于我,是走向远方的一条小径,是通往智慧的一扇门扉。当我与《一个医生的故事》这本书相遇,就如与一朵轻盈的云朵相遇,与一滴晶莹的雨露相遇,与一米温润的阳光相遇。

2008年底,我担任南宁市第四人民医院院长之后,为了推动医院的医学人文建设,开始花大量的业余时间阅读了不少有关医学人文的书籍,因此了解到北京协和医院的郎景和院士不但是中国的医学大咖,也是著名作家、哲学家、书法家,这在医学界是少有的。我开始关注他的事迹,关注他的演讲,更关注他的著作,如《一个医生的哲学》《一个医生的序言》《一个医生的医道》《一个医生的故事》《一个医生的医学词典》《一个医生的学术评论》等。其中,《一个医生的故事》一书从始至终都在讲述一个个医者仁心的动人故事,令人难忘。

郎院士在《一个医生的故事》的自序中承诺:本书所记述的故事或文字,都是百分之百的事实,乃为医生的科学精神使然……医生对病人总是应该敬畏的,应该感谢的。谨以此献给我的病人:病人教我们怎样看病,病人教我们怎样做医生。

《一个医生的故事》分三个部分，第一部分"平凡而难忘的经历"，第二部分"辛苦而快乐的工作"，第三部分"科学而人文的医学"，全书共150篇小故事，每个故事的字数控制在千字左右，不仅记叙了温暖的医学故事，还渗透着作者的医学思考，释放着人性的光芒，它像一幕幕播放的短视频，虽然简短，却含义深刻，让人意犹未尽。

　　在"平凡而难忘的经历"这部分，《我给牛接生》的故事充满趣味和仁爱。郎院士虽然不是兽医，却给牛接过生。1964年，刚毕业两年的他参加中央卫生部组织"四清"工作队，到江苏昆山石碑公社红星生产队，一边工作，一边接受锻炼。一次，生产队的老母牛临产，进展困难，他看到了。当时情况紧急，因为自己是产科大夫，接生还有点经验，他主动"上场"，并顺利给牛接生。后来，他又主动承担起给小牛喂奶的"重任"。《老中青三人行》讲述了他和宋鸿钊、吴葆贞的师生、师长情谊。"三人行，而今唯我独行……好在，一批一批的中青年朋友又都跟了上来。"故事让人感动的同时，更让我们感受到医学传承和人才梯队建设的重要。《她没关系，我给她找个关系》一文除了让人佩服郎院士的情怀和工作方法，也让大众理解："医生的职责使然，医生的良知使然，一视同仁不是空话，每个病人都应尽可放心的。"在《如何开始收集铃铛》一文的开篇，郎院士就写道："我有个条幅：医学是我的职业，哲学是我的训练，文学是我的爱好。还应加一句：铃铛是我的收藏。"而《有书无法》《逛书店》两篇，则可以看到郎院士的兴趣和爱好之广泛。

　　在"辛苦而快乐的工作"这部分，《有时我也会说：另请高明》一文中强调：对于疾病的诊断，病人提供病史，配合检查，确诊则由医生决定。但对于治疗，则应由双方协商确立。适合的治疗选择是：这位医生选择的治疗方法完全符合这位患者所罹患的疾病。医生处理问题，要遵守两个原则：一是科学原则，二是人文原则。尊重科学原则，以确保其有效性；尊重人文原则，以确保其安全性……短短几行字就讲清了医生的诊疗原则，年轻的医生看了必然豁然开朗。在《令人感动的科普效应》《林大夫教我搞科普》中，我们看到有情怀的医学大咖为了百姓的健康，努力去做医学科普，使医学科普真正为人民健康服务，从而达到防治结合、以防为主的效果。也因此才有了《你写的文章救了我的命》这样的动人故事。在《病案》一文中，郎院士强调：医生首先要写好病历。好的临床大夫，都会写出好的病历……而如今，竟有拷贝病历者，真应为之汗颜……

在《郎大夫不来，我不麻醉》《我是一辈子的值班医生》《医生，去看病人》这些文章中，郎院士强调，医生要经常去看望病人，为他们操心、操劳，因为他是你的病人！《病案》一文则体现了人文关怀与治疗同等重要，而这正是如今常常被我们忽略的。

在"科学而人文的医学"这部分中，郎院士对人文医学进行了大量的阐述。《一切为了生命，为了生命的一切》是郎院士为推介最美乡村医生、西藏村医洛松所写的，他指出：对生命的敬畏和热爱，是每个人都具有的，而医生的职业天性，不只是对自己，更应该是对别人，甚至对别人生命的珍爱。

《医生要善于交流》《医生要会画图》《医生还要会写》《修身养性》《兴趣与责任》《通、近、达》《外科三禁忌》《四个敬畏》《什么样的人来做医生》《人文精神是基础，是高度》《我把哲学当成思维训练》《怎样当个好医生》等故事，都是郎院士以自身的学习体会和经验积累告诉后辈医者：医生应该怎样做？怎样才能成为一名既有精湛医术又有人文情怀的好医生？在《医生的三重境界》《再论医生的三重境界》中，郎院士强调：大凡修成正果的医生，都要经历"得意、得气、得道"三重境界——得意、得气容易，得道长矣，得道难矣！因为"道"是理性升华，是心智结晶，是技巧的化境。从医是技术，更是人学，包括对病人的仁爱，对自己人格的塑造，等等。做个好医生，根本在于做个好人，人成则医成。读后我思考："得意—得气—得道"这三重境界不单单是医学大咖的追求，也应该是我们每个医生的追求。

《一个医生的故事》是郎景和院士回归一名普通医生的视角，为我们娓娓道来他从医 50 年漫漫长路上的风风雨雨、酸甜苦辣——一位医术精湛兼具深厚人文情怀的大夫，有棱有角地展现在人们面前。这本书值得医者去阅读、去借鉴，让我们通过医者的"三重境界"牢记从医的来路和归途，让我们用实际行动阐释"医学是人学，医道重温度"这一主题，回归以病人为中心的医学道路。这本书也适合普通读者，可以帮助大众增进对医学的了解，对医患关系的改善也有促进作用。

吴锋耀，南宁市第四人民医院

医生的敬畏与无畏
——读郎景和《一个医生的故事》有感

文/陈 慧

几年前,我在一家书店买了郎景和先生的《一个医生的故事》,一直到现在,这本书都是我的案头书,有空的时候拿起来翻一翻,随便找一篇文章读一读,都能给人以启迪,对医学也会有更深的思考。

如今已经84岁高龄的郎景和先生在国内医疗圈可谓大名鼎鼎。他是中国工程院院士、国内妇产科首屈一指的专家、协和医院著名教授,还是中国作家协会会员。他不仅在医学上造诣深厚,深受患者信赖,而且有着深厚的人文素养。

《一个医生的故事》出版于2015年,在书中,郎景和记录了从医50多年的点点滴滴,分为"平凡而难忘的经历""辛苦而快乐的工作""科学而人文的医学"等篇章,有对过往经历的回忆,有对特殊病例的感悟,有对医学生的寄语,有对医学人文的思考。

读这本书,我感触最深的是医生的"敬畏"与"无畏"。

郎景和先生在书中写道:"医生和病人都应有四个敬畏之情:敬畏生命,生命属于每个人,只有一次而已。敬畏病人与敬畏医生,病人把健康和生命交给医生,病人是医生最好的老师;医生负责病人的健康和生命,为此不遗余力。敬畏医学，医学是未知最多的瀚海，是庄严、神圣的事业。敬畏自然，自然不是神灵，是规律和法则。"敬畏生命、敬畏病人、敬畏医学、敬畏自然，这是郎景和先生认为的医生"四个敬畏"。

在医院工作这些年，与医生群体朝夕相处，我对医生感知最深的，就是他们的敬畏之心。医务工作者的职业精神"敬畏生命，救死扶伤，甘于奉献，大爱无疆"，第一句就是"敬畏生命"，可见这是从医者的首要品质和底线所在。

我们常说，医学的本质是人学，医生首先要修医德，要有仁心、仁术。而对生命的敬畏、对职责的敬畏、对医学的敬畏，就是医德之根本。

郎景和先生在书里说，比如你今天给病人做了大手术，你会始终牵挂他，下班以前一定要再去看看，若情况不好，你不会走。第二天如果是节假日，你会自觉来看病人，这一切都极为自然，顺理成章。

的确，医院是 24 小时运转的地方。每个医生都有深夜或凌晨从家里匆忙赶回医院的经历。不管是自己的病人有什么情况，还是有危重病人需要会诊、抢救，或是有其他紧急状况需要处理，接到电话，第一时间赶到医院，是我们做医生的职业本能，更是职责所在。节假日，如果自己的病人有特殊情况，不用谁要求，医生都会到病房去看一看，心里才踏实。这都是医生们的日常。

我们郑州人民医院心内科的刘恒亮主任有个习惯，就是穿布鞋、走路像小跑，这两者都是为了一个目的：抢时间。心内科经常会遇到心肌梗死、情况危急的病人，对医生来说，时间就是心肌，时间就是生命，必须争分夺秒。病情特别紧急的时候，刘恒亮甚至顾不上穿防护的铅衣就上了手术台。如果让他自己说起这些，他会觉得这都是很平常的小事，不值一提。

对很多医生来说，一切为了病人并不是一句空话，而是实实在在的一件件事、一个个细节。

与敬畏对应的，恰恰是无畏。

郎景和在书中提到一位病人出院时的留言。这位病人的病情非常复杂，手术风险很高，为了给她做手术，医生做了充分的准备。在留言中，她写道："最令我们感动的是，在职业前途、专家声望、病人生命三者之间，大夫选择了后者，救我的命。"

为了挽救生命，医生常常会冒很大的风险。这种勇敢和无畏令人感动，因为他们要为此承担极大的心理压力，付出更多的时间和精力，花费更多的心血去研究和评估。在这个过程中，他们尤其需要病人和家属的理解和支持。正如郎景和先生说的，在人与疾病的斗争中，病人与医生是同志和战友，甚至分不清谁是指挥者。他们必须相互充分信任与理解，密切协作与配合。

我们医院普外科主任张俊杰说过一句话，让我印象深刻。他说：都说医生是病人的胆，其实病人也是医生的胆。只有得到病人的支持与理解，医生才能更勇敢地去尝试，去争取更多生的希望。

医生承担着"健康所系，性命相托"的重任，这个职业意味着奉献和付出，意味着信任与坚守，意味着责任与担当，意味着生命与希望。所以一个合格的医生必然是一名勇敢的斗士。无畏风险，无惧挑战，无怨付出，才能成为真正的医生。

一方面敬畏，一方面无畏，这应该是医生群体的共同品质，这是辩证的统一。希腊哲学家亚里士多德曾说："哲学应该从医学开始，而医学最终应该归隐于哲学。"对于生与死、苦与痛，每个人都有自己的体察和看法，对医学、医术、医德的探讨也永无止境，而《一个医生的故事》给了我们一位从医50多年的医学大家的视角和温暖。

陈慧，郑州人民医院宣传部

医生有温度，医学才温暖
——读韩启德《医学的温度》

文/惠　秦

医学的温度是多少度呢？是上百度的电刀？是10度的止血钳？还是20度的核磁？在这个技术至上的时代，医生在对医学技术高度关注的同时，很少有时间静下心来思考医学本来的模样。一个事物发展到一定程度，就容易出现异化，就会出现高冷，如何让"高冷"变成"高暖"，这是一个时代的命题。韩启德院士用《医学的温度》这本书为我们找到了答案，他以自己从医多年的体悟揭示了医学的特征，从温度的角度看待医学，可谓现代医学迷失的清醒剂，提醒我们"医学是人学，医道重温度"，告诉我们无仁心不成医。

我们每天医的其实都是病的人，而不仅仅是人的病。在我看来，医学的温度就是能让病人感到温暖的温度，是你三冬暖的良言，是你耐心的倾听，是你捂热的听诊器，是医患紧握的双手。医学的温度不仅为患者带来安慰和希望，也为医者积蓄信念和力量。医学的温度流淌在每个医生的行医理念中。作为一名儿科医生，照护生命周期中最具生命力又最脆弱的群体，医学的温度显得格外重要。

医学的温度就是：你紧握我的手，我决定用一生守护你。13年前，刚毕业的我凭着一腔热血选择了儿科。一开始，孩子的哭闹、无法准确表达的就诊过程让我无所适从。记得工作后不久，我在病房查看患儿，第一次看到1斤多的早产儿：他皱巴巴的，又瘦又小，胳膊只有我的手指那么粗，薄薄的皮肤下血管清晰可见，每次呼吸胸廓都会深深地凹陷，他艰难地挣扎着；突然，他冰凉的小手握住了我的手指，我心头一震，心想他一定觉得我就是他的妈妈。就是这一握，握住了我的心，从那一刻起，我下定决心：做个像妈妈一样的儿科医生。

医学的温度就是，你叫我一声"安吉拉"，我跨越4000米雪域奔赴你。我曾多次到西藏做医疗支援，"安吉拉"和英文"天使"的发音相似，在藏语里是"医生"的意思。由于生活习惯、自然环境、疾病防治观念的差异，这里的孩子营养性、先天性疾病多发，可专职的儿科医生很少。尽管那些孩子身患疾病，但他们的眼神都如纳木错湖水般清澈。作为支援队伍中唯一的专职儿科医生，我接到了西藏二院的会诊通知，参加一个28周早产儿的抢救。尽管我一直存在着高原反应，尽管那里的医疗设施不是最先进的，但帮助孩子闯过了难关，我感到无比满足。2020年，我再次来西藏对口支援，老友次巴医生告诉我，这些年"组团式"的援藏工作给西藏的医疗带来巨大的变化，孕产妇死亡率由1949年前的5000/10万降至48/10万，婴幼儿死亡率从430‰降至7.6‰，他的女儿也报考了医学院校，这里又将迎来一位守护健康的"安吉拉"。

医学的温度就是，你一不小心走到鬼门关，我拼尽全力拉住你。2022年的冬天，5个月的婴儿小海豚因为奥密克戎感染引发喉炎，难以呼吸，他面色青紫，深陷的胸廓看了让人心疼。当时医护人员也都被感染了，可看到孩子命悬一线，大家脑子里只有一个念头：一定要让他活下去！紧急气管插管是唯一的希望，可是婴儿喉头严重水肿，很难找到插管的缝隙，一次次尝试都失败了。由于血氧难以回升，小海豚的心率也开始慢慢下降，情况万分危急。我们兵分两组，一组为小海豚做胸外按压，小小的胸廓只能用拇指来操作，力度和部位必须把握精准，另一组继续气管插管。终于，我们用最细的早产儿气管插管成功插入，建立了呼吸通道，小海豚面色一点点转红，心率一点点上升，围在他身边的十几名医护喜极而泣。直到摘下湿透的口罩，脱下被汗水浸透的白衣，大家才想起，自己也还是个病人。

阅读《医学的温度》，我再次静下心来反思医学的本真，体会现代医疗的矛盾痛点，意识到新时代医疗的终极目标是满足人民群众对美好医学的向往和需求，响应二十大"构建卫生健康共同体"的号召，我们责无旁贷。对于直接面对病人的一线医生而言，我们更需要将这种意识融入日常工作的点点滴滴。于是，我根据不同疾病的特点设计了"惠大夫的健康处方"，帮助家长在结束就诊后仍然能够得到科学实用的健康指导，不再焦虑，不再迷茫；希望能够在有限的面对面时间里，提供我的医学温度。我想，我们能做的还有很多。也许平凡的我们只有一束微光，但汇聚起来，就是时代的火炬——照亮自己，温暖社会。

惠秦，中日友好医院

人文医学，和合共美：
探寻人文医学的初心
——读《医学的温度》

文/曹 娟

著名病理生理学家、中国科学院院士韩启德曾在《医学的温度》一书中写道："医学是人学，医道重温度，患者需要的不仅是医术，还有安慰。"书中提出"回归以病人为中心的价值医疗"，让我们认识到医学不仅具有科学属性，还有人文属性和社会属性。在现代医学的殿堂中，技术与人文的交融构成了医学人文的基石，在"高冷"的技术之外，医学需要融入更多的人文温度，其中人文关怀扮演着举足轻重的角色。

人文是医学的翅膀，我们需要从人文医学中汲取力量，用共情力更好地理解患者，倾听患者的心声，充当传递关爱与希望的使者，提供更为精准和人性化的医疗服务。

还记得一个平常的下午，我和同事正在病房交接班，发现6床25岁的阳小妹把床帘拉上围成圈，帘子包住了整个病床，像是要与外界隔离。我缓慢拨开帘子把头探进去，看到她整个身体蜷缩着埋在被子里头，头部轻微颤抖，传来竭力强忍却无法自控的呻吟。我和同事默契地暂停了交接班，轻声走出病房，假装没有看到她的脆弱。交班的护士叮嘱一定要多关注她，原来阳小妹的病检结果刚刚出来，确诊了乳腺癌。年轻的乳腺癌患者有生育力保护、保留乳房外形等个性化需求，很多患者需要定期进行化疗、靶向及内分泌治疗，前期基本上每个月至少来一趟医院，有的治疗周期长达数年，对患者的身心和家庭的经济都是严峻的考验。

"有时是治愈，常常是安慰，总是去帮助。踏着荆棘，不觉得痛苦，有泪可挥，也不是悲凉。"《医学的温度》一书中如是写道。

确定了治疗方案后，阳小妹需要植入一个输液港做静脉通道，以便输入化疗药物。那天，我带着她去介入手术室，路上看她情绪比较低落，便温柔地拍了拍她的肩膀，又重复了注意事项，宽慰她不要紧张，很快我就会接她回病房。为了疏导她压抑的情绪，引导她倾诉生病以来的故事，我特意聊起一个更年轻的"癌友"小李。她俩的治疗方案很相似，小李确诊的时候正在单位实习，洗澡的时候突然摸到胸部有一个小硬块，没想到检查后发现是恶性的，在家人朋友的陪伴以及医务人员的帮助下，她很快就调整了心理状态，经历了艰辛的抗癌治疗后，恢复得很好。前段时间小李来复查遇见我时还向我"炫耀"："剃光头后重新长出来的头发如幼儿的头发一般柔软、乌黑，还带婴儿卷呢。"同时又坚定地告诉我，她目前在备战考研……听我讲完，阳小妹的脸上终于出现了久违的光亮。接下来我们日渐熟络，我知道了她做文员工作，刚入职不久，工作压力很大也很忙，幸好她喜欢文学，能从文字中得到治愈。我向她推荐了几本调节心态的书和几部医学纪录片，告诉她在病房没事的时候，也可以试试正念的方式提高机体免疫力。

科室还精心安排了一位抗癌 18 年的"老战友"吴姨入住了阳小妹的病房。她是一位乳腺癌晚期患者，在经历了癌症的复发、转移后依旧积极乐观。吴姨很喜欢笑，每次来都和医务人员、病友们聊得很欢快，谈天说地，被称为"知心大姐"。病友的现身说法成为心理护理的最强助攻，吴姨的感染力,结合她多年的抗癌经验,为抗癌路上的"新人"灌注了新的希望。阳小妹在经历了医务人员和病友的轮番沟通、疏导后,心理状态大为改善。

第一次化疗结束出院的那天,阳小妹微信给我发了很长一段话表达感谢,她用自己很喜欢的村上春树的一句话与我共勉:尽管眼下十分艰难,可日后这段经历说不定就会开花结果。几个月后,经历了化疗、放疗、手术后的阳小妹又给我写了一封信,分享了她大半年以来抗癌的心路历程及感悟,里面写道:其实我们可以和癌症化敌为友,它的存在像一个信使,以某种形式来提醒我们,让我们知道自己的生活方式或者思维模式出现了问题。只要我们开始反思自己的偏差,保持良好的心态,积极配合医生治疗,会有一切机会和可能。她说,希望这封信也可以成为一味良药,帮助沉湎于悲伤的患友。信中还附带了一张她和吴姨的合照,尽管剃了光头,但她灿烂如花的笑容,依旧那样美。

叙事医学创始人丽塔·卡伦说:"医学是一种回应他人痛苦的努力。"

病房还有一位年轻的乳腺癌患者,经常唤我"小可爱",她说每次来化疗,我都笑脸相迎,说话温柔可亲,让她的心情好很多。那一刻我真的很深刻地感悟到,原来不仅我们的工作有效,我们的笑容也很有力量,这也激励我在烦琐的护理工作中做好情绪管理,希望给患者带去更多的鼓舞。

这些故事只是乳甲外科病房里无数患者的一个缩影,面对无数正在与疾病做斗争的患者,我们护士能做的除了专业上的护理,就是以耐心、同理心和关爱之心与患者交流,关注他们的感受和需求,给予充分的尊重和理解,赋予他们更多能量,帮助他们在抗癌的荆棘之路上走得更稳、更远。

医学这门学科正在日新月异地发展变化着,但其中不变的是治愈,是帮助，是抚慰，是医者的初心。

语言到不了的地方，文字可以到达；灵魂到不了的地方，音乐可以到达；医学科学暂时到不了的地方，相信人文医学可以到达。

医学和文学深度融合，就兼具了科学的精神、人文的情怀。我们应该把护理这份工作做得乐在其中，而不是苦苦坚守，坚持做有温度的医者，用心做好人文医学，相信相信的力量，医患和谐，和合共美。

曹娟，湖南省人民医院

我们是最能让他们安心的存在
——读《医学的人文呼唤》有感

文/胡冰心

自2020年毕业以来，我便在医院开始轮转生涯。临床工作中，面对疾病的治疗以及患者的心态，时而会有力不从心之感。每每此时，为疏解自己的情绪，便会拾起阅读，提升自身，稳定心境。近来，通过品读《医学的人文呼唤》，对医学有了更深层次的理解。

医学，不仅是技术的医学，还是沟通的医学，更是人的医学。人类医学发展经历四个阶段：第一阶段，生物自我本能医学，以其天然抵抗力抗病；第二阶段，经验医学，依据以往经验进行治疗；第三阶段，理性的被动医学，以西医、抗生素为主；第四阶段，理性的主动医学，以挖掘、调动、提高和利用人类机体防御与修复双重免疫功能抗病。当医学发展到第四阶段，医学人文关怀便显得尤为重要，毕竟心态与机体免疫状态及生活质量息息相关。结合我自身的临床工作，浅谈一下与患者之间的人文关怀问题：

其一，曾经病史采集时，遇到一对老夫妻相互陪伴来医院看病。病史采集完毕，老奶奶说：医生，我想和你聊几句话，可以吗？结合当时工作情况，我同意了。老奶奶娓娓道来，原来她和老爷爷都是退休教师，孩子工作忙，就老两口相互陪着来看病。或许因为年轻时过于操劳，老奶奶患有甲状腺癌、乳腺癌及视网膜脱落，老爷爷患有结肠癌和帕金森综合征，好在癌症都是早期，切除后病情尚稳定。他们需要定期复查，每次都是两个人一起，老奶奶说：我眼睛都快看不见了，他腿脚也不太好了，我们两个人相互陪伴，他是我的眼，我是他的腿。整个交谈过程也没多长时间，最后，老奶奶擦了擦眼泪说：医生，麻烦您了，耽误您的时间了，就是看到您，我就很想给您说说这些事，现在说完感觉好了很多。我的情绪也受到了感染，站起来，祝福他们身体健康，生活顺心。

其二，在肿瘤科轮转期间，遇到一位肝癌终末期的阿姨。根据病情看，她时日无多。上级医生给家属做了谈话，任何治疗都意义不大，与其在医院耗着，不如最后几天回家，和家人在一起。阿姨的孩子们当时就哭了，大叔眉头紧锁，隐藏了所有情绪。当我给阿姨办理出院手续的时候，大叔来到办公室，再次询问是否真的就只能如此了，我从病情本身出发与他谈了一会儿，他表示理解。最后，我劝大叔调节好自己的心态，最后的日子好好陪陪阿姨，在阿姨的治疗过程中，有他们这些家人的陪伴与爱护，还是很幸福的，但医学不是万能的，还是要做好心理准备。听完这些话，大叔哭了，他说不明白她那么善良，为什么会得这个病？她才五十多岁，还那么年轻。我觉得很无力，只能温言劝慰。过了一会儿，大叔收拾好情绪，道了谢，拿了出院证明走出办公室。

临床工作中，接触过形形色色的患者及家属，触动心思万千。以上两件小事，只是工作中的一些细节。在第一个事件中，老奶奶是患者本人，但她跟我说的事情，完全与病情无关，只是倾诉。医学的介入治疗，很好地控制了她的病情，但她的心理同样需要疏导与治疗。对老奶奶而言，生了这么多病，或许心理上感到无助吧，而那时对医生的信任感，让她想抒发内心的感受。虽然我只是倾听，但于她而言，便是给予了温暖。

在第二个事件中，大叔是患者家属，面对阿姨的病情，他明明也彷徨无助、束手无策、痛苦挣扎，但又不得不伪装坚强，照顾生病的妻子，宽慰无助的孩子，他坚强的外表下又隐藏了多少脆弱呢？当我从医学角度给他讲患者病情与进展的时候，他静静地听着，消化这些信息；但之后简单的关怀与劝慰，却卸下了他的心防，让他潸然泪下，让他的情绪得以释放。对他而言，在妻子和孩子面前，他不能崩溃，这个家还需要他的支撑；而在我面前，他暂时卸下坚强，释放自己的情绪，虽说往后的日子要继续负重前行，但这短暂的休憩也很有意义。

以上这些行为无关病情，但这种人文关怀能给患者及其家属的内心带去温暖，让他们的心灵得到短暂的憩息。病情所带来的是身体的痛苦，可随之亦有心理的折磨，在患者或家属眼中，与医务工作者的交流，或许便是一种心灵的治愈，让他们在无助彷徨中得到心灵的慰藉，坚定生活的信念。

医学，是以人为本的科学。因此，对医务工作者而言，既需要医学知识和技术去治疗疾病，又需要崇高的精神和理念去救赎患者与家属的心灵。在我们医务工作者的临床工作中，适当的人文关怀，或许会产生意想不到的收获。愿我们医务工作者在拥有解决疾病能力的同时，也能给予人文关怀，毕竟，对患者而言，我们便是最能让他们安心的存在。

胡冰心，河南省人民医院影像中心

顺着信仰的藤蔓生长
——观《良医》有感

文/毕欣荣

"不为良相，便为良医。"患有自闭症的年轻外科医生肖恩，是一个没法与常人正常沟通交流的医生，他能做好一个医生的本职工作吗？美国电视剧《良医》给出了它的答案。年轻的肖恩在目睹了弟弟和兔子的死亡后，生命的无力和自己的无能为力使他立志要做一名医生。从拿起手术刀的那一刻起，他就开始雕刻自己的梦想，他进入医院实习，在医生与患者的关系上，他面临着一个个困难，也一个个去克服，在所有人的共同努力下，最终收获一个个惊喜。

"世上只有一种英雄主义，就是在认清生活真相之后，依旧热爱生活。"我们生来不完美，即使经过时间的锤炼，依旧可能不完美，就像肖恩：他患有自闭症，不能正常交际，无法理解他人的玩笑、嘲讽，自己想到什么就说什么，也因为自闭，他从小就受到各种欺凌——父亲无法忍耐，暴躁地对待他；学校的同学欺凌他，父亲和学校却不分青红皂白，将所有的错误都归咎于他。

如此不幸的他，却也是幸运的，因为他有保护他的弟弟和心疼他的院长，这也是他信仰的起源。小时候，弟弟教会了肖恩最起码的生存本领，最重要的是，弟弟告诉肖恩他是最棒的，也因为这句话，肖恩一直在努力前进。而弟弟的不幸离世，让无能为力的他下定决心成为一名医生，于是他有了最初的信仰。长大后的肖恩在院长的帮助下，在实习过程中遇到的一件件事情里，逐渐成长为一名优秀的医生。

肖恩不完美，但是他充满了魅力，在他的身上，自闭症仿佛变成了他所向无敌的优点，让他时时刻刻都能够有颗纯粹的心，也因为他的不谙世事，才让他的信仰始终如一，不受外界的干扰。他的信仰很简单，就是希望那些生病的人能够恢复，希望那些孩子不要像他的弟弟一样，还没有来得及长大就匆匆离开了这个世界。

我始终记得在那些反对他成为医生的董事面前，他双眼噙着泪，断断续续地阐述着自己要成为医生的理由，他那么不完美，却让人无法转移目光，最后他成功地在董事们的掌声中成为一名合格的医生。之后的各种疑难杂症、各种困难刁难，在这样一颗纯粹的心面前，我们有什么理由怀疑他不能够克服呢？

信仰不是梦想，它存在于我们内心深处，是我们前进的不竭动力。我们相信，每个人都有自己的信仰，用实际行动去呼应它的召唤，你会发现，生活不只是你眼前的这些琐碎，还有更为辽阔的天地等待你去探索。同时，信仰也是唯一的，只有专注在你的信仰里，永怀一颗赤诚、纯粹的心，它才能帮助你化劣为优，成为更好的自己。

我们都是不完美的人，我们平庸，我们有各种各样的缺陷；但是不完美的我们，不应该以此为借口碌碌无为。我相信，我们都曾有过信仰，那为什么不去坚持我们的信仰呢？它远比我们自己想象的更加有力量。

毕欣荣，山西白求恩医院中心手术部

高处不胜寒，孤独守初心
——观《孤高的手术刀》有感

文/任慧芳

"你要对眼前那个可能获救的生命见死不救吗？"这是《孤高的手术刀》中，主人公当麻铁彦医生从心底发出的呐喊，是对灵魂的拷问，更是一句坚定的回答。

在美国深造的当麻铁彦，拒绝恩师的挽留，回到了日本，而且毅然选择了一个地方性的民营医院——滋贺县小波市的市民医院，因为他有一个信念"地方医院应该有和大学医院一样的医疗水平"，他希望为地方的医疗事业尽一分力。而在器官移植被视为禁忌的当时，他还有一个梦想，那就是开展肝移植。和他有着同样梦想的，还有近江大学医学部的实川刚。

当麻医生在基层医院挑战一切困难，在手术中挽救了一位又一位患者，同时积极推进肝移植术。然而，这项医学革命的进程却充斥着种种艰难的博弈——体制、伦理、人性、舆论，甚至是法律，矛盾重重，他注定孤独前行。

以武德为代表的肝移植委员会对两次肝移植手术进行了种种责难——没有走程序，没有获审批，没有经同意……当麻医生痛心地喊出："患者没有那么多时间可以等待！"

以《京坂日报》为代表的媒体左右着舆论的导向，对第一例肝移植失败的表象大肆报道，把当麻和实川这两位推动医学进步的年轻医生推向了风口浪尖。

以野本为代表的同事，醉心功名，傲慢势利，来自近江大学的同僚形成小团体，形成了一股趋利避害、追逐名利的风气。他们嘲讽实川和当麻，把两人的梦想说成是想出风头，他们的傲慢像一剂慢性毒药，时时摧毁着他人的意志，打击着他人的心灵。

以卜部为代表的中立派，把医学的进步当成自己晋升的跳板，不断权衡着利弊得失：如果肝移植成功，他可以凭此成为医院的院长；如果失败，则会给医院、给自己带来负面声誉。所以当第一例肝移植失败时，他把责任推给了当麻，让当麻产生深深的自责。

以实川为代表的同道，曾经为推动肝移植而与当麻并肩战斗，力排众议，勇敢前行。但经历了第一次失败后，实川意识到，要实现梦想必须有相应的权力。为了获得权力，他搁置了梦想，不同意当麻做肝移植手术，终于在妥协中当上了教授，却也发出了"我的手术刀带有算计"的感叹。

当然，重重阻力之下，依然有清流。

年轻的青木医生，为当麻精湛的医术和高尚的医德所折服，不愿与野本之流合污，毅然追随当麻。在世俗的环境中，他们彼此信任，相互慰藉，或许这就是他们坚定前行的力量。

护士翔子，虽然因操作失误被当麻批评，但她觉得看到了县医院的希望，她愿意为这么好的医生苦练技术，全身心地配合。或许只有心意相通，才能彼此理解，他们有着共同的生命价值观。

县医院的院长，冒着各种风险，同意当麻做肝移植手术。他了解当麻的医术，知道"不进则退"的生存规则，也愿意挽救自己好友的生命。来自高层的支持，对一位勇毅前行的年轻医者来说，是多么难能可贵。

肝移植手术成功了。然而在艰难的博弈中，当麻医生被停职了，他不得不返回故乡。他的手术刀在体制、伦理、法律、人性、舆论交织的大网中孤独而从容地游走着，清凛而锋利，坚定而执着。

　　手术刀孤高的存在，是一种纯粹。我扪心自问：若换作是我，处在当麻医生的位置上，在道与义、法与理、名与利、情与智的取舍中，会在哪一个方向妥协，会在哪一个环节放弃，抑或在哪一处看到希望，在哪一刻拾回勇气？毕竟每日，我们都会走向暗夜，而明天，我们又会迎来朝阳。

任慧芳，山西白求恩医院急诊外科

何为"医者仁心"
——观《医道》有感

文/刘玉宏

电视剧《医道》，根据真人真事改编，是李炳勋执导，全光烈、洪忠敏联袂主演的韩国电视剧。剧情以16世纪的朝鲜王朝为背景，描写了韩国一代名医许浚的艰苦创业之路。许浚从小因为出身卑微而备受歧视，虽然他天资聪颖，却终日放荡，不求上进。自从他认识了善良的姑娘多喜，他的人生观开始改变，最终娶她为妻。为了医治母亲的病，许浚遇到了名医柳义泰，开始了他的学医生涯。在目睹柳义泰为病人用口吸出脓毒后，他深深敬佩柳大夫对病人的真诚，并决心成为一名"心医"。

但是，严重的歧视和柳义泰的冷漠，让他备尝艰辛，幸好他得到了柳义泰义女睿珍的帮助。凭借诚恳的态度和执着的信念，许浚的医术突飞猛进，后来又因为要改变自己贱民的身份，接受了科举的推荐书，而令柳义泰大怒，被逐出病舍。心灰意冷的许浚开始自暴自弃，终日无所事事。在目睹母亲和妻子为生计吃尽苦头后，他决心洗心革面，跟随三积大师上山照顾麻风病病人。后来，他终于感动了柳义泰，重新进入病舍学习。经过辛勤努力，他进入宫中成为御医。但是，他再次不幸被卷入宫廷斗争，他坚持只医病、不问政事的态度引来了政治迫害。此后历时十余年，他终于编纂完成《东医宝鉴》。这时，全国性的瘟疫暴发，许浚成功研制出抗病处方，自己却因疲惫过度也染上此病，最终死于妻子怀中，举国哀恸……

许浚的一生贡献巨大，但是剧中深深触动我的，是他的师父柳义泰教导学生"为医者要为大医"的躬身自省。柳义泰的一生，走进大山，走进乡村，为穷人、麻风病人、乞丐治病，由于过度劳累加上风餐露宿而罹患胃癌，发现时已是晚期，但是他没有告诉任何人。那个时候，人们还不知道人体是什么样子，人体解剖也是不能够让世俗接受的。为了让后世医者知道人体的五脏六腑是何模样，为了能为医者尽自己最后的力量，柳义泰在死前未告诉任何人，只说是去外地行医，却让许浚按照约定的日期去找他。他把自己安排在一个远离人群的山洞里，准备好了各类解剖刀具，写好遗嘱，坚持要自己的爱徒许浚来解剖自己的遗体，并画好了各器官图谱，写明了位置形状走向。师命难违，许浚含泪完成了他的遗愿。看到此处，我深受感动，泪流不止。今天的我们有如此先进的医学理论和实践基础，都是我们的前辈用自己的血泪和身躯换来的，为医者更当珍惜这份深情。

剧中，柳义泰得知徒弟许浚为照顾途中求医的病患而耽误了科举考试，儿子柳道知却为奔赴考场而把途中求助需要照料的病患弃之不顾。即使儿子已取得内医院任命书，但柳义泰对他抛弃病患的做法感到极为痛心，他严厉教诲儿子："……大夫不是荣达之路，大夫不是为了赚取金钱。如果想要飞黄腾达，就去学习汉语成为译官，如果一心想赚取金钱，就去当个生意人。大夫的责任就是要照料那些生病的人，那是大夫的第一个责任，第二个、第三个责任也是只有这个而已……所以，你已经输给许浚了。即使你身上披着内医院的虚名，但是与生俱来的品性如此，因此，你将永远达不到许浚的境界。"柳义泰也反思自己对儿子的教育："以前中国的王羲之对其弟子说过'非人不传'的话，以师父的眼光判断出不是适当的人选就不能随意传授弟子，要注重道德和礼仪。然而我却念及与你的血缘关系，明明知道你的为人根本达不到那个境界，还是传授了医术给你，这是我的错，我没有将古代圣贤之言牢记心中。你还是打消前往汉阳的念头吧。以你的为人要在内医院任职，还有很多不足之处，所以我希望你能够重新开始。"这些话语即使如今听来，也是振聋发聩。

柳义泰还说："神、圣、工、巧，审病的知识，只要下功夫积累经验，任何人都可以达到；但是即使达到这个境界，如果没有跟着病患的病痛一起感到疼痛的这种心境，那只是平凡的大夫罢了。假如不能成为真正懂得体恤病患的'心医'，那根本称不上是大夫。"

"天底下无法由大夫治愈的疾病还有很多，面对这样的病症，实际体验过之后，你也会有深刻的领悟，大夫面对病症时不能懦弱地退缩，更不能有自大的心态，认为任何病都可以治疗。"

"如果大夫的心中所想的不是病患而是成名，那就不叫贪念而是罪过，肮脏的罪过。"

"不论世人是不是将大夫当作是崇高的人，大夫的责任就是拯救生命，所以它比任何职业都来得尊贵；但是即使再怎么尊贵，如果不能领悟到最后一个重点，就称不上是真正的大夫。这个重点就是爱心——看到生病的人懂得怜悯，懂得同情、体贴的心。必须具备真正懂得体恤病人的这种心境，才能成为名副其实的'心医'。世人真正期待又盼望的大夫，只有一种，那正是所谓的'心医'。"

"以大夫自居的各种不同种类的人当中，真正让我认同的大夫，只有'心医'罢了——内心的'心'，'心'医。面对病患时能够真心真意，拥有怜悯和同情心的大夫，才叫作'心医'。这个人世间真正等待又期盼的大夫，只有'心医'，不能只求虚名，你要切记！"

唐代孙思邈在《大医精诚》里记载："凡大医治病，必当安神定志，无欲无求，先发大慈恻隐之心，誓愿普救含灵之苦。若有疾厄来求救者，不得问其贵贱贫富，长幼妍蚩，怨亲善友，华夷愚智，普同一等，皆如至亲之想。亦不得瞻前顾后，自虑吉凶，护惜身命。见彼苦恼，若己有之，深心凄怆。勿避险巇、昼夜寒暑、饥渴疲劳，一心赴救，无作功夫形迹之心。如此可为苍生大医，反此则是含灵巨贼。"可见，医者需要有极高的道德水准和要求。

我们常常提到"医者仁心"，何为"医者仁心"？这不是一句简单的口号和标榜。《说文解字》里"仁"的解释有二：一是"仁，亲也。从人从二"，本义是对人友善、相亲，即两个人必须相互付出和给予，是双向的；二是"果核中实有生气者，亦曰仁"，"仁"是一切生机的根本，没有"仁"的种子是长不出禾苗的。孔子说，"仁者爱人"。孟子说："今人乍见孺子将入于井，皆有怵惕恻隐之心，非所以内交于孺子之父母也，非所以要誉于乡党朋友也。"孔子的"仁"、孟子的"善"都是内心本自具足的，没有任何条件的。如果你不承认这一点，那么抢救铃响起时，你也绝不会飞奔而去；疫情肆虐时，你也不会义无反顾地前往……而这些表现在医者身上，就是指在医者的内心深处，每个人都有好好活下去的权利，生命面前人人平等。这是医者的"仁心"，恰好和患者的所求是一致的，如此才能感同身受，才能相互理解和感通。人同此心，心同此理。在这两点上的一致就是医患相处之道，这是医者一生的理想和使命，这就是医者的"仁心"。

看过此剧，我深深为剧情所折服，也深刻认识到何为"医道"，何为"仁心仁术"，何为"大医"，何为"心医"。作为医者的我们，仁心一直都在，胸膛依然火热，始终为能成为一名医者而骄傲！所以，多读一些优秀的经典书籍，不但能增长自己的见识，也会让心灵得到洗涤。我也相信，在这些好的书籍和优秀影视作品的影响下，未来的我们一定能成为一代"心医"。

刘玉宏，重庆医科大学附属第一医院肾内科

电影内外，体悟医学人文
——读《电影叙事中的医学人文》

文/潘懿敏

机缘巧合之下，作为毕业于人文学科的学子，我却一毕业便步入了医院。这10年来，我见证了就医环境的变迁，感受到医疗科技飞速发展与个性化需求日益增长带来的冲击。近几年，医学人文的存在感愈来愈明显，如同春风吹拂般崭新而蓬勃。人们开始以人性的角度，关注人类健康和医疗过程中的人文因素与价值观念。医疗不仅仅是一种技术的施展，更是一种情感的传递。

在医院体系的大环境中，医学人文的价值渐渐被看到，医疗的过程亦更加注重温度。读到《电影叙事中的医学人文》一书的时候，有一种亲切感，这是一本将医疗与人文深度结合的书，仿佛进入了医学生的人文课堂——以18部与医疗相关的中外影片为学习素材，探讨医学人文的诸多富有争议的话题，包括如何面对生死爱欲，如何对待患者的个性化需求，如何践行医学使命与人文关怀，等等。片单中不乏《飞越疯人院》《遗愿清单》这样的经典大片，也有《我不是药神》这类近年的话题之作，沉淀经典兼顾与时俱进。书中对电影人物和情节的描写，特别是每篇文章人文讨论部分的辩证思考，可以帮助我们感受生命的尊严与价值，领略医疗过程中的共情与反思，也让我们了解医学伦理的挣扎与局限性，具象理解医学与人文的内在联系。读完这本《电影叙事中的医学人文》，我也找了书中提到的一些影片来观看或重温，确实对医学人文的内涵有了更为深入的理解。

现代医疗虽然有赖于愈来愈复杂的技术，但究其本质，依然是医院与人、人与人之间的关系。在《心灵点滴》章节里，对于医生与患者的关系有较为深入的剖析："医生面对的不是一种疾病，而是一个有思想、有情感、鲜活的人。"其中，一位医学生的课后留言给我留下了极深的印象："医疗总是过于强调'病人'这个角色，这个角色往往带来的是衰弱和无能为力，但是个体往往有其他更重要的角色。"医生的专业和工作从某种程度上可以为患者"赋能"，激发他们的潜能，患者的主观能动性——生之渴望，对于治疗与康复有着极为重要的意义。只有敬畏生命，尊重医患关系，才能真正践行"有时去治愈，常常去帮助，总是去安慰"的医疗使命。

共情是医学人文的基石，但共情绝不容易。在《心灵病房》章节中，作者着重讨论了共情的构成，包括情感共享、共情理解、共情关怀和认知共情，并将共情从低到高量化为0—5级。0级共情是完全拒绝对患者共情表达；1级共情是对患者的观点"马马虎虎"地认可，完全无差别程式化看诊；2级共情为确认患者的观点，忽略患者的感受；3级共情为认可患者的经历和感受；4级共情开始确认患者的情绪，与患者有了更多交流和互动；5级共情则对医生提出了更高的要求——不仅理解，进而分享。在当下三级医院医疗资源相对匮乏、医生工作负荷相当沉重的现状下，保持高级别的共情可能对医生造成较大的消耗，难以持续，但机械、麻木的低级别共情则可能影响整个医疗过程的效果与体验。《心灵病房》（又名《抛开自我空间》）将医患的状态剖析得淋漓尽致，片中出现了两类医务人员：一类是极度专业的医生，以主任医师柯医生、薇薇安的主治医生杰森为代表，技术臻于化境，但"目中无人"，女主角薇薇安只是他们眼中的工具人，一切的治疗确实对病情有所助益，但都是程序，全无情感；第二类是黑人护士苏西，她温柔聆听了薇薇安诉说的心事，陪她吃冰棍聊天，她也许并不懂薇薇安的专业——诗歌，但对其职业和生命历程保持敬畏，并尊重了患者对于生死的选择。对于垂死的绝症患者而言，看似有效的化疗在杀死癌细胞的同时，也摧毁了患者的免疫系统，击溃了其心态与尊严。在这样的情况下，医生若能够适当地对患者的经历进行人文关怀，达到3级及以上共情，可能会成为照亮患者生命的光。之前读过另一本与医学人文相关的书籍《病患的意义》，里面探讨了医生和患者对于疾病和身体不一样的理解。其中有一个观点让我印象深刻："正如一个人不直接体验'疾病症状'，一个人也无法直接体验其作为科学对象的身体，只有医生才会将其作为一个科学的对象来理解病人，这是医患之间对躯体理解的重大区别。"因此，我们需要对不同角色在医疗过程中的想法进行差异分析，共情患者的角色与感受，最终通过医学人文的路径达到医学的最终目的。

令人欣慰的是，近年来许多医学院校和医疗机构已经开始重视和推广医学人文的教育与培训。身为医院中非医学专业工作人员，医学人文同样与我们息息相关。之前有幸参与了医院里叙事医学相关主题的沙龙，听同事们分享平行病例中的故事，分析患者的感受，反思医疗过程和行为，在讨论中的确可以体悟医学人文的力量。而书中所采取的观影讨论模式，同样是形象地理解医学人文内涵的不错途径。通过银幕上呈现的医疗场景，反思我们在医疗实践中是否存在类似的问题和挑战，正是理解医学人文、了解患者需求、审视医疗流程的契机。"情绪价值"是近年来特别火的词，是治疗技术之外的有机补充，也是医学人文的重要意义。通过电影及其他方式主动学习医学人文知识，包括医学伦理、医患沟通等，可以让我们站在医学人文思考的高度，更好地理解患者和医务人员双方的需求和感受，更好地协调医疗资源，为患者提供更优质的服务，让医护得到更多尊重，为医院营造更好的医学人文氛围。

潘懿敏，复旦大学附属华山医院

从医为人当如是
——《协和医事》读后感

文/杨　斌

作为一名曾经的医学生、如今的临床医生，《协和医事》这本书我曾多次通读，细细品味。

初读此书是十几年前，那时我刚到医院实习，很彷徨，带有对未知临床事务的恐惧和焦虑感，对如何成为一名医生没有方向。

而这本书展示了为医之美，引导我进入医者的世界，领略医者应有的精神。书中将协和的精神概括为六个字："自省、专注、慈悲"。事实上，这六个字不仅是医生所应具备的，从更广的意义上说，是每个人都应该具备的——自省，意味着对自己的观照；专注，意味着对所致力之事的观照；慈悲，意味着对我们身处的这个世界的观照。

再读此书，是我第一次考研失败，与北医擦肩而过。此时我本科刚毕业，进入老家的医院工作。理想的丰满、现实的骨感、巨大的落差给了我前所未有的冲击力。而协和医院作为国内顶级的医院之一，成为一座灯塔，其人其事鞭策我奋勇前行。一年时间，当地编制考试、执业医师资格考试以及研究生初、复试，相继闯关成功，我又可以在漫漫行医路上，向更高的层次跨越。可以说，此书当有一份功劳。

之后，偶有不顺和疑惑，我也会时常翻读这本书。其中前辈医者的治学态度和工匠精神，都会给我带来启发和动力。

有人说：协和的医生是"熏陶"出来的。而此"熏陶"又如何理解呢？大致可分三重境界：

一是"一对一培养"，协和曾经有导师制，不仅指导医术，还指导道德。

二是大师聚集在一起，思想共鸣，群星璀璨，形成浓厚的文化和学术氛围。

三是制度保障，协和有一套严格的培养系统，保证了相对的自由和独立，因此能不拘一格培养人才。

正是得益于此，进入协和的年轻人，在协和育才模式下耳濡目染，人格得以塑造，技术得以精进，风气得以成形。

协和的精神，还在于"严格"。

"严格"体现在协和对医生的选拔培养上。从1917年协和开始招收医学预科学生起，前后约10年的艰辛努力换来的第一届协和毕业生只有3人。后来，即使招收的学生增多，整个学校的学生总数加起来也常不足百人。校园里的老师比学生多，是稀松平常的现象。而协和的老师们已习惯于带领这支以一当千的精锐之师。

"严格"又体现在协和对年轻人的行为要求上，这点尤其在名医大家身上表现得更为明显。张孝骞查房严厉之名远播，在他手下做总住院医生一点都不能偷懒，内科所有病床的疑难病例情况都必须了如指掌，对各项化验检查结果须倒背如流，这样才可能不被张主任问倒。林巧稚如果在查房时看不见实习医生，就要问实习医生去哪儿了。有一次，她甚至亲自拿了一个手术标本去找已由妇产科转到内科实习的学生，让他看他管过的病人的手术标本。吴英恺要求年轻的外科大夫：切皮是一条完整的直线，缝合针针之间必须均匀流畅。名师出高徒，这样严格的名师带出的医生，不仅学到了前辈的经验和技巧，更受到导师思想境界和人格风范的感染，将来有很大可能成为一名好医生。

"严格"还体现在协和对规章制度的一贯坚持上。内科大查房在协和具有悠久的历史，从医学院创建至今已持续了 80 多年，是协和典型一景，基本分为五大步骤：第一步是选择病例；第二步是准备病例汇报；第三步是病例汇报；第四步是自由讨论；第五步是大内科或专科主任总结性发言。几百名协和医生集思广益，百家争鸣，为一个病人会诊，解决病人诊治中的疑难问题。如此高水平、如此热烈的临床病例讨论景象，非常难得。这五大步骤坚持了 80 多年，每一个环节都认真严格到无以复加的程度，绝无浮躁、作秀、走过场的色彩。它的生命力如此顽强，令不少圈内人惊叹，并被它背后散发的力量所震动。正是协和人视做学问为命根子的信条，正是组织者理想主义的坚持，才让这一制度历经八十余载而生生不息。正是这种坚持，成就了协和。

"严"字也深深镌刻在每个协和人心中。协和医院副院长、1970 年的协和毕业生李学旺这样阐述协和文化："协和文化是什么？就是协和的医疗管理制度和程序，以及在对这种制度、程序严格遵守的过程中，不知不觉养成的为人、为事、为学的态度。"

协和精神还体现在对行医环境的探索，甚至对整个世界的关怀，体现在关注问题的深度和高度。

1923 年，兰安生来到协和医学院，在中国医学教育史上第一次专门为医学生讲授了"现代公共卫生"这一课。他讲课的主旨是：走出医院，走进胡同，超越个体，关注整个社区和更广人群，到达底层老北京人生活的真实世界。只有从社会人群的开放环境，而不是从摆满精密仪器的实验室中，去了解社区居民的卫生健康问题，去寻找治疗依据；只有从群体而非个体的角度，去寻找一种维护社区成员健康的办法，才能使医学与社区服务成为一体。

正是"自省、专注、慈悲"的协和精神贯彻其中，正是"熏陶"和"严格"的充分应用，才使协和医院历经百年沧桑依然具有勃勃生机。它也给了我们年轻医生很好的指引，鞭策我们对自身品德、对医学技术有更高的要求，对整个社会做出自己的贡献。

杨斌，河南省人民医院

一往无前，双向奔赴
——读谭先杰《一个协和医生的温情记录》

文/王倩倩

今年有幸参加了中华护理学会的外科学术会议，又十分幸运地在大会上聆听了协和妇产科谭先杰教授的演讲。谭教授风趣幽默地指导我们如何做好医学科普，在感慨他渊博的医学知识和精湛的专业技术的同时，也深深被他的一句话折服："所谓医患关系，其实是一种莫大的缘分，这是一种托付了生命的信任，是一往无前的双向奔赴。"

于是，我在网站搜索了谭教授的资料，第一栏就是这本刚刚出版的书——《一个协和医生的温情记录》，我决定好好读一读它。

这本书记录了谭教授作为一名妇产科医生，在他长达30多年的从医生涯里，12则和病患之间见证生死与悲喜的温情记录。12篇娓娓道来的故事，主题鲜明，感人至深，向普通大众展示了医学的温度，也描述了医生的无助；让人们更加了解医学，了解医护群体，促进了医患之间的相互信任。

谭先杰师从中国工程院院士郎景和教授。郎教授曾说：医生对病人应该是敬畏和感谢，病人教我们怎么看病，怎样做医生。

书中第一个故事写的是一个14岁的花季女孩，在她即将前往加拿大留学前夕，忽然感到腹部隆起，胀痛难忍，后经过漫长曲折的诊治过程，被确诊为卵巢恶性肿瘤，最终女孩去世了，回天乏术。而令人感动的是，整个诊疗过程女孩的父母都参与其中，他们尽最大的可能满足女孩天真的愿望，在生命的倒计时阶段，给予孩子最大的尊重和陪伴；同时，他们又很理性地配合医院做各种检查，甚至漂洋过海将病理标本送去太平洋彼岸。面对极其复杂的治疗过程，医生和病患及家属都用他们的方式努力着——生命是无价的，没有人可以轻易放弃她。美国医生特鲁多说："有时是治愈，常常是帮助，总是去安慰。"然而有的时候，这些都没有办法帮到病患，我们唯一能做的，可能就是尊重。

书里还描写了谭教授当实习医生时的经历。有一个故事讲的是谭医生从医生涯中第一次抢救的一个心跳骤停的患者，抢救成功了，可正当谭医生十分激动、自豪又有点好奇地询问患者死而复生时的感受时，患者的回答令他十分震惊。患者说，那时候他全身抽紧，觉得很快就要不行了，然而突然之间，又感觉特别放松，似乎全世界所有的人和事都和他没有关系，他好像成了旁观者，他说他这一生都没有如此惬意和轻松过。我们这个时代的确缺乏死亡准备和死亡教育，病人总会把最后一丝希望寄托在医院和医生身上，医生也会避免谈论死亡。可当死亡离我们越来越近的时候，坦然面对或许更好。现如今抑郁症患者越来越多，医护人员也是抑郁症高发人群，在面对一次次抢救失败、目睹生命在手中慢慢流逝的时候，我们常常会陷入无尽的自责——假如早点发现呼吸不对劲，假如早点关注到异常化验值，假如早一点送去手术室，假如……生命只有一次，选择了就是义无反顾。因为一场复杂的手术，或是出现了难以预料的病情进展，我们可能会好几天寝食难安，陷入内疚的情绪，久久不能释怀——"或许他找别人手术，就不会出现这个问题了"，这是一个医生最无奈的内心独白。医患一场，是一种缘分，然而我们可能缘分不够。

书中还有一则故事，讲了一位腹腔内长了 18 斤肿瘤的患者，他千里迢迢赶到北京，指明要找谭教授开刀。在门诊交谈中，病人和家属都对谭教授表现出了绝对的信任。尽管谭教授已经是享誉国内外的知名专家，但在面对风险很大的手术时，他也会质疑自身能力：医生这个行业，是一个完全不允许失手的行业，如此冒险值得吗？多年前曾有一个相似的病例，因为好心，也因为规则问题，他得到了很大的教训。而这一次，病人输不起，医生也输不起！于是，他努力调整自身状态，努力给病患和家属呈现出信心十足、精神百倍的模样——这一次，绝对不能辜负他们的信任！所幸这一次，他们都赢了。肿瘤被完整地切除，一个年轻的生命从死亡边缘被拉了回来。术前，病患对谭教授说："开弓没有回头箭，我们相信你，你只管做就是了。"术后千言万语，则化为一句沉甸甸的"谢谢"！

郎景和院士说："谭教授的故事就像一帧帧朴素的工笔画，几个故事、几个人物，栩栩如生，跃然纸上。有情理，有磁力。有情景，有思想。"

这让我想起曾经随访的几位患者。有一段时间，我要随访出院 5 年的动脉疾病患者。出院 5 年，有一部分高龄患者其实已经去世了。正当我拨通一个曾经特别熟悉的病人家属电话时，电话那头传来一位老者的声音："您是找某某某吗？不好意思，他半年前就去世了，谢谢您关心他啊，请问您是他的朋友吗？"电话这头，我的眼眶湿润了，原来他们把医护人员当作朋友。这一份信任，是性命相托，是至高的无憾！

阅读这一本温情记录时，我是站在一个患者的角度去体验的。即便是声名远扬的行业大咖，也是一步步摸爬滚打成长起来的。医生不是无影灯下冰冷的手术刀，也不是宗教场所圣洁无比的神像，医生的成长源于病人绝对的信任，是病人坚定的目光给他们指引了方向。所以，我们要感谢这些把生命托付给我们的朋友,并且将一颗初心始终安放在最纯洁的地方,无悔,无畏,一往无前。医患之间,其实是一场互相治愈的双向奔赴啊!

王倩倩,中国科学技术大学附属第一医院普外科

医学探索
敬畏生命

临床上，人文关怀并不虚韬，是饱含悲悯的关注与关切、感同身受的共情、言辞温馨的沟通、入眼入心的抚慰，更是苦难的见证、分担，是生命意志的激发……而且与各种高技术操作水乳交融，丝丝入扣地混搭在一起，仿佛是一只技术人文的双头鹰。

——《ICU的诱导——〈亲爱的ICU医生〉序言》

随着医学技术的进步，疾病的医治手段和技术不断向高精尖发展，但迎接死亡仍是我们每一个人的宿命，不同的是人们面对死亡的心境——有痛苦的，有不甘的，有妥协的，有坦然的，更多的则是惶恐不安的。在被这些复杂的情绪笼罩时，亲情、爱情、友情恐怕是临终患者生命中的最后一剂良药。

——《当不得不说再见——观看纪录片〈生命缘〉》

死亡曾经是一种禁忌，告别则是死亡中最艰难的部分，而现在，我们将要一直探索告别生命的不同方式——以不同的方式种下每一颗不一样的星星。

——《种星星的人——〈入殓师〉观后感》

我更呼吁每一名医疗工作者都成为故事的记录人——这些故事就是我们工作的日常，多年后当我们回顾从菜鸟到精英的心路历程、同行的经历与困惑时，那些夹杂着感动与喜乐、无奈与泪水并存的故事，都将成为我们有限的人生中独一无二的闪光点！

——《每一个故事都值得被记录——读〈白色记事簿〉有感》

一位医生的"初心"
——读《打开一颗心：一位心外科医生手术台前的生死故事》

文/田晓青

近些年来"初心"一词常被人们挂在嘴边，经常见人发愿"不忘初心"。而最近，我又被"初心"打动了，那是在阅读《打开一颗心：一位心外科医生手术台前的生死故事》一书的时候。《打开一颗心》的作者是一位曾经为上万颗心脏做手术、开创过不少心脏手术国际先例、已逾70岁的英国著名心脏外科医生——斯蒂芬·韦斯塔比，他在书中记述了自己从业生涯中那些难忘的病人和医事。这是一部纪实，更是一部难得的叙事医学著作。一个个跌宕起伏、打动人心的故事，一桩桩惊心动魄的病例，一项项开创先河的救治技术，还有韦斯塔比医生风趣幽默却不失理性的语言表达，让读者拿起书来就欲罢不能。这本书与其说是讲述治疗病人的心病，不如说是作者在剖析自己的"初心"。

"初心"之一：对心脏的痴迷

韦斯塔比7岁的时候在一档名叫《你的生命在他们手中》的电视节目中，看到了美国外科医生靠一部新机器（心肺机）补好了一颗心脏上的破洞。韦斯塔比说："我这个 7 岁的孩子在电视机前看得入了迷，简直像被催眠了一样。就在那一刻，我决定要做一名心脏外科医生。"10 岁时，一次他与外祖父外出散步，目睹了外祖父心脏病发作，不久之后他看到了外祖父因"心力衰竭"而过世的死亡证明书。于是，他"避开大人们的视线，悄悄走进外面的防空洞，和小鸡坐在一起，悄悄地崩溃"。

16 岁那年，韦斯塔比在医院找了一个临时搬运工的工作，主要负责手术室内的物品搬运。由于他的机灵和主动，以及他因为绘画而对人体解剖产生的浓厚兴趣，他得到了手术医生的信任，同意让他参观手术。在此期间，他还与病理科的医生老太太套近乎，不仅对心脏有了更直接的认识，比如冠状动脉血栓形成、心肌梗死、风湿性心脏瓣膜等，并且"明白了人的身体何等复杂，生与死的界限是何等微妙，病理学家的内心又是何等的冷静超然"。

韦斯塔比 18 岁进入医学院学习，一周后，因为想看"一颗生机勃勃的跳动心脏"，他去了"乙醚厅"，这里正在为一位患慢性风湿性心脏病的年轻母亲贝丝进行手术。韦斯塔比没有看到生机勃勃的跳动的心脏，只是看到了一个心脏的蠕动。这台手术没有成功，贝丝死在了手术台上。

通过医护人员的对话，韦斯塔比大致了解了贝丝的身世——这位母亲是一个孤儿，而她的孩子也将成为孤儿。这台手术的结局不仅让韦斯塔比心怀恻隐，也促使他对"生与死、胜与败、希望与绝望"有了进一步的认知——"这些状态之间只有一线之隔，只要多死几个肌肉细胞，血液中的乳酸高出分毫，脑部稍稍肿胀，就会使人从前一种状态进入后面一种。举着镰刀的死神盘踞在每一个外科医生的肩头，死亡永远是最后的结局。人死不能复生。"此后，"贝丝常在夜深人静时来找我，特别是在那些艰难的日子"，"贝丝希望我当一名心脏外科医生，我没有辜负她"。

在韦斯塔比成长的不同时期，总有不同的人或事，或明或暗地告诉他：未来一定要成为心脏外科医生。

"初心"之二：为"保持初心"不断追求技术精进

韦斯塔比在他 50 余年的执业生涯中，打开过 12000 颗心脏，虽然书中记述的病例不足 20 例，有成功有失败，却能让读者看到他对卓越技术的不断追求。从韦斯塔比管的设计，到各种人工心脏辅助装置的应用，处处体现了他在医术精进上的不懈努力和执着追索。

"保持初心"是韦斯塔比在临床上常用的一种治疗策略，即对有慢性肥厚型心肌病而又不能接受心脏移植的患者，或有病毒性心肌炎的患者，给他们暂时置入不同的人工心脏辅助装置，来替代因病衰竭的心脏，使其自身心脏得以休息和恢复——"这比研究火箭还有趣，我们证明了增大的心肌细胞已经恢复到正常大小和结构，也证明了我们可以帮助患病的心脏复原"，那些病危的患者也因此存活下来。书中"多米诺心脏"一节讲述了把一个需要心肺联合移植患者的心脏，接力移植给一位终末期心肌病而垂死的患儿，使其获得新生的过程。这些过去人们只有从科幻片里才能看到的场景，却在这位心脏外科领域的先驱人物的妙手之下，一一呈现。那一个个疑难病例，在韦斯塔比勇于创新和不断探索的道路上，成为一个个令人赞叹的故事。

"初心"之三："狮心"的慈悲

医务界有一句非常有名的话，是形容外科医生的——"鹰眼、狮心、妇人手"。"鹰眼""妇人手"无须赘述，所谓"狮心"，是指外科医生要在病人及复杂的病变面前保持冷静和理智，不能用感情支配行动。

在《打开一颗心》里，韦斯塔比从第一章"乙醚厅"到最后的"后记"，一直在强调外科医生所应具有的"狮心"。他说："那天在乙醚厅里，贝丝给我上了相当重要的一课：不要纠结。要像她的主刀医生一样，手术完了立即走人，明天再救别的患者。这样说好像麻木了，甚至有点残忍，但在当时，纠结于病人的死亡是一个危险的错误，到今天依然如此。我们必须从失败中学习，争取下一次有所改进。如果沉迷于悲伤或者悔恨，只会带来无法承受的痛苦。"他说，在心脏手术中必须倚仗技术，不带感情。在后记中，他对一位崇拜他的医学生说："过去就是过去，扔到脑后就行。重要的是将来。"

然而当具体到面对每一位病人时，我却读到了他的慈悲——从那个贯穿本书始末、在乙醚厅遇见、并未经他手治疗、却让他记挂一辈子的贝丝；到他在南非救治的那个贫民窟的烧伤男孩奥斯林……韦斯塔比说："那一刻我明白了一件事，对我来说，心脏手术或许会成为我每天的工作，但对病人和家属来说，这是一生才有一次的事，是一场惊心动魄的历险，做医生一定要善待病人。"在沙特，他竭力救治右位心脏同时伴有左心室横纹肌瘤等复杂先天性心脏病的男孩，以及男孩那位在索马里受到非人摧残的哑巴母亲。当韦斯塔比见到他们，检查患儿时，他说："我心中不由得升起了对母子俩的一股怜悯。我的身份是外科医生，但此时的我却被吸入了绝望的旋涡，客观和冷静都消失了。"在为10岁的终末期心肌病患儿斯特凡接诊时，他说："我注视着这对悲痛的父母，感觉自己真他妈没用。要是换作我自己的孩子倒了这样的霉，事先毫无征兆地突然病倒，我会作何感想？"对于那位即将大学毕业却因为医院因为没有ECMO（体外膜肺氧合）而最终未能救治成功的爱丽丝，他说："到了这一刻，我还能说什么呢？我真的很伤心。"我以为，韦斯塔比的慈悲，不只在于他有共情能力，而且缘于他对医生这个职业深深的热爱和对每一个生命的珍重——他的"狮心"服从于自己灵魂深处的博爱。

"初心"之四：与生俱来的趣心

《打开一颗心》让读者跟随韦斯塔比医生一起对疾病明察秋毫，随他去抚慰痛苦的病人及伤心的家属，跟随他贲张的肾上腺素去体验那不知疲倦抢救垂死病人的巅峰感受；此外，读者也跟随他一起感受着当外科医生经历与死神的搏斗并获胜之后的喜悦、幽默和风趣，比如那双布罗克勋爵的靴子。那是韦斯塔比受聘为皇家布朗普顿医院的外科住院医生后，第一次上手术台，在手术室的储物柜里拿手术鞋时，他说："我本可以穿一双新的手术鞋，但还是满怀渴望地穿上了这双被丢弃的二手靴，为什么呢？因为靴子后面的带子上写着'布罗克'的字样。我要继承布罗克勋爵的靴子啦。""布罗克当时是皇家外科医师学会的主席，还兼任学校外科学系的主任。而今天我将名副其实地踏上他的足迹。"其实，这双靴子对韦斯塔比来说，不只象征着对著名外科大家的致敬和传承，更在之后的工作中帮他解决了一个难题——住院医师最担心的糗事，即在灌了一肚子啤酒后突然接到做手术的命令。为了不挨骂，他在最短的时间内给自己特制了导尿管，直通这双让他充满敬意的靴子。再比如，在为主动脉瓣严重畸形又怀孕的朱莉娅完成了可能危及两个生命的高难度手术后，他说："朱莉娅那颗更换了新瓣膜的心脏运行良好，她的两只脚暖暖的，导尿袋里也有不少尿液。把尿液当作好事来庆祝，就只有医学这一行了吧。"每每读到这样的段落，总会让人忍俊不禁。

读完《打开一颗心》后，我迫不及待地想把它推荐给那些在临床一线忙碌的医务人员——希望他们记录下自己工作中那些令人难忘的瞬间；想把它推荐给一些年轻的父母——假如他们想让孩子将来成为一名医生；想把它推荐给即将走入考场的高中生——假如他们还没有选好自己未来的职业……

田晓青，《中国医学论坛报》高级记者

以平凡之躯，比肩神明

——读《打开一颗心：一位心外科医生手术台前的生死故事》

文/王　笺

嗨！陌生或不那么陌生的人们，你们好！冒昧地占用你们一点时间……请暂时放下手中的事情，伸出你的右手，摊开手掌，掌心向上，放于左侧胸前——感受到了吗？有一颗心脏在跳动。"咚咚！咚咚！"这是生命的律动，如此直接、强烈又鲜活，但其实，它也很脆弱。

提及心脏，我的第一反应是：它是生命的源泉，没有它，我们没法活着，就像心脏外科医生斯蒂芬·韦斯塔比写下的："心脏每分钟搏动超过60次，也就是每小时搏动3600次，每天86400次，每年超过3100万次，80年里会搏动25亿次。"它的工作繁重而持久，它的每一次搏动，都在维系着我们的生命，我想它也很辛苦吧！我很庆幸，自己有一颗健康而有力的心脏。但在这个世界上，也有很多人在承受着一颗不健全心脏带给他（她）的痛苦与苦难。

"你真有信心把这孩子救活吗？"麻醉医生迈克向主刀医生韦斯塔比问道。

韦斯塔比没有回答，他明白，他将面临又一个巨大的挑战。

起初，韦斯塔比认为，只要想出新方案，他就有希望救活这个因

ALCAPA（左冠状动脉异常起源于肺动脉）而严重心力衰竭、生命危在旦夕的 6 个月大的女婴——柯丝蒂。然而，结果并不如意。尽管他和他的团队进行了极其精准、确切的手术，柯丝蒂的心脏也没有恢复跳动，并且发生了谁也不愿看到的室颤！医生们一次次地除颤、用药、再灌注，都没有任何效果。

死神已经盘踞在手术室的上空，他的镰刀即将挥下！

生的希望遥不可及，绝望却来得如此轻而易举！

儿童病房内，柯丝蒂的父母接到了"做好心理准备"的通知。也许，他们眼中原本就微弱的光已经不复存在，悲哀与绝望正充斥着他们的眼底……此刻，也许他们将永远失去她了！

但手术室内，韦斯塔比还在坚持着，他还没有放弃。

时间流逝，不带任何感情，不留任何情面，没有丝毫眷恋地、绝不回头地流逝着……

"没有好转，能把心肺机关了吗？"迈克再次问韦斯塔比。

"别关，我再来试一个法子。"韦斯塔比说道。

韦斯塔比操起一把闪光的新手术刀，从心尖划到心底。这一划，划破了无边黑暗，露出了黎明前的曙光！这一次，手术室里的人迎来了一颗"再生的心"！

一开始，所有人都认为韦斯塔比疯了，5 号手术室正在开展一台奇怪的手术的消息铺天盖地——韦斯塔比将柯丝蒂心室的周长缩短了三分之一，将小女孩的心脏改变成类似香蕉的形状。

"完成了，试试 20 焦耳……"这一次，时间给了勇敢的医生美好的反馈……柯丝蒂的心脏跳动了，它开始向主动脉射血了，她活下来了！这一刻，曙光照向了大地，温暖了这个 6 个月大的女婴，也温暖了满身疲惫的韦斯塔比。

柯丝蒂的心脏只是韦斯塔比从业 50 年间打开的 12000 颗心中的一颗，其他心脏的主人还有终身携带人工心脏、拥有两颗心的男人拉尔夫，内脏左右颠倒并且心脏内长了肿瘤的无名女子的孩子，靠电池维系生命的老人彼得，以及他顶着被伦理委员会审判的风险救下的没有脉搏的女孩朱莉和多米诺心脏男孩斯特凡……

合上这本书，我陷入了沉思。《打开一颗心》全书有 16 个章节——16 个故事，长达 326 页的记述，一个个超越影视情节、惊心动魄的真实故事，时而让人开怀，时而让人伤感，在我脑海中久久挥之不去。我被韦斯塔比高超的手术技巧，坚韧不屈的性格，绝不投降的决心，敢于尝试、敢于突破、敢于挑战的品质深深感染。与此同时，我更多地看到了他对病人的"仁""爱""责"——医者仁心，爱惜生命，尽职尽责。书中多次提到"共情"一词，但韦斯塔比并不提倡共情，他主张主刀医生要"去掉共情"，为的是不被卷入悲伤、焦虑的情感旋涡中，从而能够冷静、专注地投入到手术中去；为的是不被一个病人的离去所影响，而尽快抽身出来去救治更多的人。在我看来，他殚精竭虑，联合所有能联合的力量，即使自己右手因接手术器械而筋膜受损也不愿离开手术台，只为多救下一个生命，这何尝不是更高层次、更实际的"共情"呢！

以平凡之躯，载神明之灵；以渺小之力，创生命奇迹。

看见一颗心，他说要忘记那是爱与奉献的源泉。

打开一颗心，他会为它填进无尽的活力！

著名心血管专家、医学教育家胡大一教授说："在当今英国的医疗环境下，已很难甚至不可能培养出韦斯塔比这样优秀的医生了。这正是医学教育和医药卫生改革需要深思的问题。"

王笺，四川大学华西医院

ICU 的诱导
——《亲爱的 ICU 医生》序言

文/王一方

说实在话，时至今日，我还没有入住过 ICU，但不妨碍我跟 ICU 大夫交朋友、聊体验，而在我的 ICU 医生朋友中，殳儆算是"小字辈"，不过，她却改变了我对 ICU 的认知与理解。

众所周知，ICU 的关键词是"生命支持"，原理是愈加神奇的组织、器官替代技术，人工心、人工肺、人工肝、人工肾、肠外营养，不一而足，其"维生"效果甚至超过原装的组织、器官，因此，ICU 属于医疗体系中的"特种部队"，也是高新技术的"火炕"与"温床"。

ICU 大夫或多或少是"技术至上"的膜拜者、追随者，殳儆大夫却是一个例外，她是叙事医学中为数不多的 ICU 大夫，或者反过来说，她是 ICU 大夫中为数不多的叙事医学的拥趸和先行者。她以她的妙笔创造了重症医学叙事的新高度，动辄 10 万 + 的 "ICU 故事"令她成为互联网火爆的医生"网红"，形成特有的"殳儆现象"。人民卫生出版社的编辑敏锐地捕捉到这一条"大鱼"，精心谋划，努力将她的文字从快闪的网络中沉淀下来，成为叙事医学的经典案例。

在我看来，"殳儆现象"的底色是透过"ICU 叙事"将重症医学从高技术的神坛拉入人文关怀的窠臼，也让临床医学人文潜入 ICU 的服务体系之中，殳儆刷新了"生命支持"的内涵，也开启了生死危局境遇"生命书写"的新格局。

在殳儆的 ICU 叙事中，支持即关怀，关怀亦支持。因为，生命支持不限于器官、组织等生物学指征的维护，还应该包括心理支持、社会支持、财务支撑，甚至精神（灵性）支持，这恰恰体现了丽塔·卡伦的全人疗愈观。临床上，人文关怀并不虚韬，是饱含悲悯的关注与关切、感同身受的共情、言辞温馨的沟通、入眼入心的抚慰，更是苦难的见证、分担，是生命意志的激发，这些都在她的诊疗节目之中，而且与各种高技术操作水乳交融，丝丝入扣地混搭在一起，仿佛是一只技术人文的双头鹰。

"病志"本是一种平常不过的医疗文书，通篇充斥着即时的生命指标监控和医护间的处理指令、执行应答。是丽塔·卡伦倡导的"平行病历"，将"病志"演变为"疾苦志"，将单纯的医疗救助延展为身心拯救与全人救赎，成为记录生死徘徊、苦难折磨的灵魂书写。

作为"鬼门关"前的 ICU，上演的自然是生命危局中最惊险的一幕，犹如赵子龙立马横刀于长坂坡，殳儆操"两支笔"仁立于"奈何桥"头，一支笔精准地下达各种专业救助指令，另一支笔书写着生命丝弦的无常与超常，让 ICU 生活富有悬念、充满诗意，一忽儿奇峰突起，一忽儿峰回路转，一会儿危机重重，一会儿生机盎然，一阵子透出安全、安康的曙光，一阵子传来"生死两相安"的豁达。既有意思，也有意义，又有意蕴，还有意象。她不仅记录了自己遭逢的"生生死死"的历险故事，还娓娓讲述了同行、师友们与各种命运抗争的传奇经历。

在此，我只想当一位"文抄公"，复述书中的一些烁烁"金句"——

"人都怕死，死怕有准备的人。"

"医院是生命来的地方，也是走的地点，生命哭着来，却可以坦然地走。"

重症医生欣赏的患者家属是这样的："我理解所有风险，相信医院的抢救，可以接受任何状态的后果，唯一的要求就是尽力而为。"唯有这样，医生才会毫无顾虑地全力救治。

"创伤外科医生用'快'与'粗'的手法维持着生命。""每一次手术都不是在'稳定'的基础上四平八稳做的手术。"

"写医院的故事，最难打动的人是医生，一个具备超高技术壁垒的行业，同行的评价，是最可信的评判。"

"探索人性，探索生命的意义，或许是临床医生的工作中分外精彩的一部分。"

"有些问题，科学无能为力，科学能给出最优的方案，却永远无法教我们做一个最优的选择。"

"监护室的工作常态是：小团队集体协作，大团队相互补位，科主任既负责组团，也负责背锅。"

"临床医生：做多了，熟极而流……看多了，慢慢也就无感了。"

"医生的共情要掌握在某一个精准的平衡度上。"

"身为专科医生，过度安慰病人常常无益于病人接纳病情。"

"综合医院的实力由一个一个专科的相互支持、无缝协作才垒出高度来，垒出别家无法超越的实力来。"

"检验的窗口有一句名言：'垃圾进来，垃圾出去。'"

"ICU 里，什么样的衰竭医生都有办法对付，唯有'钱包衰竭'医生无力、无奈。'钱包衰竭'是患者多脏器衰竭中死亡率最高的。"

"如果把医生比作运动员，外科、骨科医生是跑百米的，重症医生则是在跑马拉松。"

不能再抄了，再抄就要吃版权官司了。我想，正是这些临床格言，以及这些格言、感悟后一寸寸的临床阅历积淀，才造就了殳儆这个有几分"神圣"、有几分"鬼怪精灵"的 ICU 女侠，成就了她的大医梦、文学梦。

在此，我也祝福她梦圆大医，梦圆文学。

王一方，北京大学医学人文学院

那些朝着希望奔跑的美好生命

——观《人间世》有感

文/顾秀竹

医院的墙比寺庙听过更多祷告。

从坦然面对生死到从容接受生死，这是所有人都必须学习的一个宏大课题。这是纪录片《人间世》教会我的道理，也是我们每个人必须经历的成长之课。

"人生就像在打扑克牌，如果不是足够幸运，总会抓到几张烂牌。有的烂牌，抓到手上时，就知道，已经输了。"短短两句话，带过了《人间世》甚至是无数人的人生——生离死别，有时只是一瞬间的事。

在纪录片《人间世》中，有《救命》《选择》《团圆》《告别》等十个直面生死的现场，每一集都围绕着几个主人公的故事展开，情节或许相似，结局却千差万别：有的圆满，有的走向生死相隔。每一个故事都让人痛彻心扉，无论是因为患癌症而时日不多的刚刚成为母亲的张丽君，还是当焦俞被宣告脑死亡后选择签下捐赠器官同意书的焦俞父母，又或者是躺在临终关怀病房里目送病友们一个个离世的王学文……

他们对待生死的坦然与平和，让我们感知对生命时光的尊重和热爱，也让我们看到了生与死的距离。

令我印象最深的故事是《烟花》与《手术台上的生死营救》。

《烟花》讲述的是一群得了骨癌的孩子与命运的斗争。"生命有时很重，它承载着几代人的希望和梦想。生命有时又很轻，像烟花一样腾空而起，只一刹那就消散在了世间。"这句话仿佛是孩子们命运的隐喻。他们被寄予厚望来到人世间，却因为疾病不得不离开，如同烟花一样不留踪迹……

我记得安崽面对双眼红肿的妈妈时温柔讲出的话："妈妈，我已经是极限了，顶不住了怎么办？"我记得王松茗面对手术时紧锁的眉头与虔诚的面容……

烟花易逝，但它炸开的那一瞬间，却能让我们忘记暗夜的寂静，痴痴欣赏这一瞬间的流光溢彩。就像那些孩子，离开前也曾灿烂绽放过。

《手术台上的生死营救》讲述的是手术不顺利时，应当如何看待医生的付出。

手术台，每天上演的都是生死时速，和死神抢跑的赛道中，没有一个人能懈怠。夜晚9点飞驰在京沪高速公路上的救护车，从125公里到短短2米的距离，神圣的心脏就这样平安无虞地被移植到王建辉的胸膛里；24岁的周磊，因为下消化道大出血导致凝血系统功能紊乱，手术时基本生命体征终于稳定，突然，他的上消化道出现急性溃疡，瞬间出血1000毫升，最终抢救无效死亡。一生一死的两个故事里，我们看到，医生是人不是神，不能因为手术的失败而否定医生的付出，医生其实更想让患者安然无恙。

萨瓦特尔曾说"认识死亡，才能更好地认识生命"，有时候，正因为置身足够黑暗的绝境中，才会追求生命的光辉。

《人间世》纪录片的情节安排，其实更像生命的倒计时，在那一帧帧的画面里，在那撕心裂肺的哭喊里，生命的陨落让人久久难以忘怀。但我们知道，一朵花终将掉落，一个温暖的人终将告别，但每一段转瞬即逝的生命都曾经热烈绽放过，难道这不是一种价值吗？

纪录片也在告慰留下来的人：世界不会因为自己的苦痛与哀伤而停止转动，或许，我们要学会习惯告别某位亲人的生活。能活在这个世界，能够自由呼吸，能够矫健行走，这是他们多么渴求的事情，所以，请代替他们好好地活下去。

在长辈的期待中到来，在亲友的环绕中离去。请正视生死，因为它们同样伟大！

顾秀竹，四川大学华西医院

折翼的天使

——观看纪录片《人间世》有感

文/储 琼

作为一名肿瘤医院骨科的护士，十几年来，我接触过许多骨肿瘤患者。对于无情的病魔，目前的医疗技术经常束手无策。面对那些渴望和无助的面孔，我能为他们做些什么？

《人间世》这部纪录片给我的感触很深。它跟踪拍摄了上海市第一人民医院骨肿瘤科的数名患者，在抗癌路上，他们无助、痛苦和互助的过程，让人潸然泪下。而医院的医护人员用行动不仅治疗着他们的身体，还编织着他们的梦。

这部纪录片由骨肿瘤患者杜可萌配音讲述，她用轻柔的声音娓娓道来，让我们认识了一群与骨肿瘤抗争的患者和家属。"我要呼吸，什么杀人医疗！"需要全麻植入静脉输液港的王松茗极力抵抗着麻醉师给他的面罩。静脉输液港，一条给化疗患者生命"加油"的通道。经过数个疗程的化疗，王松茗做了换肢手术。术后他歇斯底里地哭喊，此时最痛的应该是他父母的心吧！

镜头下的他们，有时把自己装扮成童话人物，渴望拥有神奇的魔法去打败病魔。"病房里的故事不像童话，有的结局很悲伤"，亲友们在一片黄灿灿的麦田里送走了被病魔打败的鹏飞。"有的故事结局很美好",保肢术后10年的小美在复查时告诉医生,她快结婚了。"但更多人的故事,都还没有结局",他们希望用坚持和梦去编织自己最好的结局。

烟花,点亮夜幕的美好,可刹那后就会消失。《人世间》这部纪录片带我们深入了解了每位患者及其家庭抗癌的历程。安仔是一名左上肢截肢术后的患者,他生病前最喜欢打篮球、玩滑板,截肢后再也不愿意出门了。化疗结束的他,迫不及待地去定制义肢,幻想着一切都可以回到生病前——上学、运动、旅行。可好运还是没能降临到他的生命里,他的肿瘤已转移到了肺部,没等装上美容手的他,就消失在热闹的春节。

甜甜,一个很文静的女孩,原本满怀希望保肢的她,为了更好的治疗做了截肢手术。术后闹情绪的她打破了平静,美好的梦似乎也破碎了。母亲小心翼翼地维护她的自尊,那轻声细语、蹑手蹑脚的样子像极了受惊的"孩子"。那一幕,我的心痛了。

纪录片里最让我动容的一幕,是医护人员穿上玩偶服装,和患者们一起参加元旦的迎新活动。那是整个纪录片里患者和家属最开心的时刻,他们的笑似乎隔绝了病魔的存在,空气里充满了辞旧迎新的美好。

第一次看这部纪录片,我眼底不自觉地湿润了:他们的故事不就发生在我的身边吗?

小帅,曾是合肥工业大学的学生,2015年确诊右胫骨骨肉瘤,经过化疗、截肢、化疗,还是离开了这个原本对他并不公平的世界。他来自贵州贫困山区,家境清贫的他,从小刻苦学习,考上了重点大学,却被命运重重地摔打。记得他第一次化疗结束出院时,他居然叫我把他的picc静脉置管拔掉,当时的我愣住了。原来天真的他,以为他的病像感冒一样只需要治疗一次就好了。我只好从疾病治疗过程的角度跟他解释picc置管的作用和日后治疗的作用。当我告诉他,治疗骨肉瘤是个漫长的过程时，我感受到了他的茫然。那时的我，除了给他讲解医学知识，对他心理建设的照顾，力不从心。那时的我，心是空的，也是痛的。可是我的同情心，给予不了他更多的力量。那时的我，开始暗自学习心理学知识。此后，我获得国家二级心理咨询师、绘画疗愈师、正念技术指导师资格证，我学会了共情能力，也懂得了自我抽离。小帅，要是你还在有多好！相信现在的我，能更好地读懂和指导你，给你短暂的生命画上更完美的句号。

小宇的妈妈，一位13岁右股骨骨肉瘤患者的妈妈，是我朋友圈里最坚韧的妈妈。小宇在我们科治疗时，黝黑的妈妈一直陪在她身边，无微不至地照顾她的生活。短发的妈妈看起来像位女汉子，却总能说出许多搞笑段子，引得我们哈哈大笑。有时我都忘记了她是一位骨肉瘤患者的妈妈，忘记了她正承担着怎样的压力。为了小宇接受更好的治疗，她选择去上海的医院。朋友圈里的她，经常拎着大包小包，背着行动不便的小宇赶火车。她用幽默的文字叙述一路的辛酸与狼狈，但我从她的文字里感受到母爱的伟大和不屈。我相信，有这样的妈妈，小宇的人世间会充满奇迹。

晓路叔叔，一位与骨肉瘤抗争30年的勇士。15岁的他因右股骨骨肉瘤做了截肢手术，原本抗癌成功的他以为生活回归了本色，戴着义肢的他和正常人一样，娶妻生子。可厄运在他45岁的时候再次降临，他的左上臂再次确诊骨肉瘤，不得已又失去了左上臂。他戴着眼镜躺在床上的样子，像极了《狂飙》里的高启强，嘴角淡淡的微笑太有"大哥"范儿。给他做心理指导时，我听他诉说着这些年的不幸与万幸。他说，自从15岁生病后，一直觉得每一天的时光都是赚的，异常地珍惜。他有兄弟姐妹七人，对他都极为照顾，他的生活因疾病失去许多，但感受到的爱更多了。他的意志并没有因疾病而消磨，反而无比坚定。他为人随和，悲喜都能坦然接受。

工作的特殊性给了我接触疾苦的机会，我们必须奉献于生命，才能获得生命。我将穷毕生之力，竭尽全力地学习心理及医学知识，紧握命运的魔法棒，愿能给予折翼的天使以心灵的慰藉。

储琼，中国科学技术大学附属第一医院骨科

当不得不说再见

——观看纪录片《生命缘》

文/黄宇昕

"我的一生很精彩,可能不是很长,但是真的很精彩,我一点遗憾也没有,尤其是经过今天之后。"35岁的王越举办生前告别会,众人都在哭,只有她在笑,她说:"也许你们会因为我的离去而悲伤,但不要太久,生命短暂,好好珍惜。"

1981年,王越出生,从小父母疼爱,聪明开朗,让父母骄傲的她在高考中以优异的成绩进入黑龙江大学金融系学习。在大学里,她遇见一生挚爱王亮。2008年,王越不顾父母反对,毅然决然地奔赴爱情。2008年的秋天,没车没房,两个相爱的人组成了一个家。婚后的生活甜蜜温暖又幸福,两人开始计划孕育一个爱情的结晶。2012年,当这对小夫妻正在享受生活的美好并憧憬未来,奔波劳碌且毫无防备的时候,备孕许久的王越的身体终于迎来了些许变化:逐渐隆起的小腹,推迟许久的例假,时不时的"害喜"……夫妻两人怀揣着对小生命的期盼来到医院做检查,却迎来了晴天霹雳的消息——胃癌晚期。这个消息当头棒喝般给了这对小夫妻沉重一击,让他们措手不及,打碎了他们对未来的憧憬和幻想,甚至来不及消化。医生郑重告知:"还有一年,好好享受生活。"王越说,这种感觉"就好比你点了一桌子的菜，菜都上齐了，你却被人叫走了"。

治疗初期，面对疾病的伤痛，王越也想过结束生命，减少痛苦，不拖累家人。但在丈夫的细心照顾和鼓励下，她重新燃起对生活的热情，积极配合治疗。王越接受医生的建议，切除了子宫、卵巢和部分胃，在生命最后的日子里，她说："我还有心愿，我想和大家好好道个别，我想在活着的时候举办一场生前告别会。"

年仅35岁的王越盛装出席了自己的告别会。她化着精致的妆容，穿着端庄的礼服，虽然坐在丈夫推的轮椅上，但大家仿佛见到了患病前那个阳光开朗、拥有无限未来的她。她说："你们每一个人都见证了我生命的点点滴滴，能证明我在这世间来过一趟……"当病魔无情地掐灭这根微弱的灯芯时，王越选择用乐观积极的态度度过人生最后的旅程。3个月后，35岁的王越在丈夫和家人的陪伴下走完了短暂而精彩的一生。

合上电脑，我内心久久不能平息，眼泪早已不自觉地糊满双眼。我心痛年轻生命的消逝，惋惜温馨小家庭的破碎，也被王越坚毅勇敢的生命态度震撼。死亡，是我们每一个人的必修课。当原以为漫长的人生忽然所剩无几时，我们是否有足够的勇气和我们爱的人道歉、道谢、道别？作为医务人员的我们，是否又可以帮助和引导患者完成生命中最后的告别？

台湾成功大学的赵可式教授曾提出"四道人生"的理论，她认为，生命末期患者的心灵需求比药物需求要大。走在生命长河的末端，人们总是期盼有人能理解和回应自己的情感：做错的事情希望得到原谅和宽恕，想对真心帮助过自己的人说一声"谢谢"，希望勇敢地对挚爱的亲朋好友说一句"我爱你"……同样，我们也需要有人来帮助自己实现未了的心愿，跟亲朋好友郑重告别。"四道人生"试图让即将分离的人不再生活在离开的恐惧和无助中，让亲友不再活在遗憾和痛苦中，让彼此的关系在爱和怀念中实现永恒的延续。

在从事临床工作的日子里，我以旁观者的角色经历了很多让人心碎的生离死别，其中一个家庭的故事让我印象深刻。住院的患者是一个将近80岁的爷爷，尿毒症晚期伴有消化道出血，他老来得女，有一个长相清秀、十分懂事的女儿，住院期间女儿也是忙前忙后。一天中午，患者在做床旁血液透析的过程中突然便血，经过医生的评估和谈话，治疗已经无济于事，持续下降的血色素让病榻上的患者大口喘着粗气，神情也开始逐渐迷离，女儿站在床尾全身颤抖，手足无措。凭借临床经验，我知道患者此时已经进入了生命倒计时。我拉着患者女儿的手走到了床旁，将两人的手紧紧相扣，用克制沉稳的语气安抚着她极度不安的情绪，提醒她："您的父亲现在已经进入生命倒计时，您对他的不舍和爱，这一辈子对他的亏欠和感谢，此时此刻是告诉他的最好的时机了。"女儿哇的一声泪如泉涌，跪倒在床旁，趴在患者耳边喃喃道："对不起爸爸，您会怪我吗？对不起爸爸，我不想您离开！我会照顾好妈妈，您要放心。爸爸，下辈子我还要照顾您！"此时，患者脸上出现了前所未有的平和与满足，在女儿悲切关爱的目光中离开了人世。安顿好父亲的后事后，女儿整理好情绪，给了我一个大大的拥抱。她并未多说什么，但在我们眼神碰撞的那一刻，我知道她还沉浸在亲人去世的巨大悲伤中，可是因为这及时的告别，她的眼神里多了一份释然和平静。

随着医学技术的进步，疾病的医治手段和技术不断向高精尖发展，但迎接死亡仍是我们每一个人的宿命，不同的是人们面对死亡的心境——有痛苦的，有不甘的，有妥协的，有坦然的，更多的则是惶恐不安的。在被这些复杂的情绪笼罩时，亲情、爱情、友情恐怕是临终患者生命中的最后一剂良药。对医务人员来说，当冰冷的仪器和机械化的治疗流程不再起作用时，我们是否能够提早识别，是否能够足够勇敢及早引导患者与家属完成生命中最后的告别？

黄宇昕，中南大学湘雅医院

一门之隔，隔的是伟大的母爱
——《生门》观后感

文/武丽娜　段丽珍

"人生无数关口，由此开端，而你了无记忆，让我们一起，直面生命之门。"这是纪录片《生门》的片头。《生门》记录着武汉大学中南医院妇产科的真实场景，用镜头直面生命之门。通过无数的孕妇生产，传递着新生命降临的喜悦，也展现了生死之间的凝望，这应该也是《生门》的片名来源。

"因为神不能无处不在，所以创造了妈妈。"《请回答1988》里面的这句台词，我却是在看完《生门》后才有了深刻体会。在中国人的传统意识里，生育是一个相当敏感的话题。被《生门》镜头记录下的，有迎接新生命的喜悦，但更多的是焦灼权衡、生与死的拉锯战，甚至是对观念与伦理的拷问。《生门》的导演陈为军说："任何矛盾都像一个立方体，由6个面组成。我们认为有些社会问题很尖锐，是因为并没有把矛盾的各个方面全部摆出来，当我们真实、客观、公正地将这些矛盾摆在明面，明晰它的前因后果时就会发现，对立最终可以达成和解。"医院是生命的起点，也是生命的终点，"其实把医院的故事拍好了，也就把咱们中国人拍好了"。在《生门》里，我们确实看到了"最大公约数"的中国人，他们极其普通，就像你在任何一班公交车、任何一家小饭馆，甚至任何一个医院取药小窗口遇见的人们一样，而他们的悲喜得失就在此刻，就在这片土地上演。的确，真实就是《生门》最大的魅力，真实的笑、真实的哭、真实的纠结、真实的命悬一线，具有任何演员都无法演绎的穿透力。

《生门》主要讲述了4位极端情况的产妇与她们的家属在医院生产过程中经历的种种考验。所谓极端情况，就是生活中不算常见的病例，比如"中央型前置胎盘"的孕妇，患有糖尿病，而且怀了双胞胎，随时都会大出血，需要5万元的手术费，但孕妇没有医保，手上只有5000元，诸多问题接踵而来。此外，还有患妊娠高血压、孕龄28周却没有胎动的孕妇，以及手术中血崩需切除子宫的孕妇等，手术室里的真实场景令人触目惊心。

然而，这并不是一部展现普通医疗过程的影片，手术只是个引子。中国传媒大学教授索亚斌表示，开篇的那场手术带来的震撼难以比喻，"把人的生死表现得淋漓尽致，后面才开始展现经济、社会、伦理等方面的问题"。而后面这些问题，都是直指人心的。现在，许多人对医务人员有非常大的误解，认为医务人员冰冷麻木。但是在《生门》的镜头下，我们看到了真正有血有肉、有情有义的医务人员为患者做出的种种努力，他们是医术高超的医务工作者，也是普通人。

"上苍给了我们生命，我们用奉献去拥抱她。"泰戈尔的这首诗，成了纪录片《生门》最贴切的"告白"。如今，生命的起点大多源于妇产科里的一声啼哭，妇产科集结了穷与富的对比、生与死的挣扎、舍与得的纠结、老与少的代沟。生孩子，可能是一个家庭一生中最喜悦的时刻，但也可能会将一大一小两个生命送到鬼门关前。

医疗题材的影视作品很多，而《生门》虽真实又残酷，却不乏轻松幽默。现实中被称为"中南一把刀"的中南医院产科主任李家福，是个充满魅力的人，有患者问："李主任，您哪天休息啊？"他幽默地答："我休息日是 32 号！"早早地赶到办公室，他也会拿起喷水壶，为那因为他过于忙碌而被忽视的枯萎绿植喷水，引来观众一阵善意的笑声。有记者后来采访李家福，问他是否看了《生门》，他说："看这需要两个小时，够我抢救一个小生命了。"没有救死扶伤的豪言，有的只是医者父母心。

夏锦菊的故事赚足了我的眼泪。33 岁的她，或许是基于还想生育的念头，或许是基于对衰老的恐惧，她一再要求开展"子宫保卫战"，把自己拖入濒死的境地。手术室门外的爸爸纵使再冷静、再理性，也忍不住崩溃大哭。夏锦菊若是没有抢救过来，对深爱她的父母和家人来说，将是永远的创伤。任何时候，都不要用生命去冒险，活着比什么都强。夏锦菊病情稳定后，李家福去看望她，说："以后你忘不了我，我也忘不了你。"为什么李主任要对夏锦菊说"我也忘不了你"呢？我想，作为医生，没能保住患者的子宫，他和患者一样难过！当生命安全与身体完整之间发生冲突时，医务人员的使命就是维护患者的生命。可是医务人员也是有感情的人，知道子宫对女性的重要性，所以他内心也十分痛苦与无奈。

生门亦死门。在这一扇门背后，你永远不知道迎接你的是怎样的劫难，你也永远无法感知母亲的伟大。是她们，不惧痛苦，不畏风险，顶着付出生命的代价才换来你的呱呱坠地；是她们，用自己的生命之痛，孕育出小小生命；是她们，用一辈子的时光，呵护你慢慢长大。一声"母子（女）平安"，是带给我们的一点欣慰。没有什么比生命更珍贵，没有什么比平安更温暖。是母爱的伟大与无私，是生命的不易与美好，震撼了我！

武丽娜、段丽珍，山西白求恩医院疼痛科

一个人的笑对，一群人的坚守
——观《急诊室故事》有感

文/姜佳琪

纪录片《急诊室故事》，记录了生死关头的人生百态，直观描述了常人无法触及的急诊室里发生的真实事件。其中，28岁的肖斌是让我记忆深刻、内心动容的主人公之一。

他是上海一家超市的理货员，生来就患有唐氏综合征，反应比别人慢，同时有基础疾病。他的母亲在他很小的时候由于生意失败一时想不开自杀了，爷爷奶奶前几年也相继离世，只剩下父子俩相依为命。但在上海这样一个高消费的地方，一个月仅有2000元工资的他，不仅要负担自己的生活费，还要照顾年老多病的父亲，很难想象他们平时过着多么窘迫的生活。

光是看到这里，我的眼泪就已经在眼眶中打转了。然而，麻绳专挑细处断，厄运专找苦命人，父亲突发心梗，让这个家庭雪上加霜。

来到医院的肖斌全身上下只有100多元钱，这是他接下来七八天的伙食费。为了给父亲治病，他只好到处借钱，七拼八凑借了1300元，然而单单治病过程中必不可少的各项检查，这1300元远远不够。他只能反复地对医生说着之前的检查结果，还拿出两袋未输注的盐水，可医院有规定，外院的盐水不能输注，肖斌苦笑道："那我的这两袋盐水也退不掉啊，送我老爸来的钱都是借的。"

听了肖斌的话，渐渐了解他的经历后，医护人员也实在于心不忍，他们商量后决定，在不耽误治疗的前提下，尽可能减去一些检查，以减轻肖斌的经济负担。但父亲的基础病太多，医院还是下了病危通知。对父亲病情的担心，以及口袋里所剩无几的钱，两件事足以压得肖斌喘不过气。为了保持原有的收入来源，他只能向老板请几天假，这可是他最后的保障。来来往往的人穿着精致保暖的外套，而他只有短袖短裤和一双破旧的拖鞋。但是，他丝毫没有埋怨命运的不公平，他很积极地鼓励自己道："笑着活下去，笑着活下去……"看到这里，我的内心是苦涩的：他的生活如此苦，却还愿相信生活会给予糖，这是多么难得！

无数的检查和交不完的费用，让肖斌在医院熬过了一整天，他内心充满无力感，只能将一切希望寄托于那些"医护战士"。好在父亲从抢救室转到观察室，他终于可以松一口气。当听说后续治疗还需要大量费用时，肖斌决定回家借钱，顺便拿两件衣服，他说这里太冷了。谁想这一离开，就成了永别。肖斌离开病房后不久，父亲就出现呕吐，随之呼吸心跳停止，虽然医护人员极力抢救，还是无力回天。

电话里的肖斌不敢相信这一切，相依为命的父子俩连最后一面也没见到。他赶到医院抱着父亲痛哭，反复和医生确认："没有假死的可能吗？"看到这里，我不由得流下了泪水。多希望这是电视剧啊，可令人难以接受的是，这就是现实。也许，这是他的父亲不想让巨额医药费再拖累儿子，最后帮了他一次。可是对于肖斌而言，这是唯一至亲的离去，以后就只有自己一个人了。看着散落的一堆医药发票，这曾是他每个月工资的归宿，此后，不会再有这样温暖的负担了。

"医院的墙壁，比教堂听过更多虔诚的祈祷"，医院的病床，也听过太多疼呻吟和留恋。医院里永远灯火通明，医护人员不停地忙碌，院内外来往的车辆络绎不绝，在这里，你会看到人生百态。而我，因为有幸充当病人的救命稻草而感到骄傲。我们都是普通人，但当我们穿上白衣，就肩负起治病救人的使命：不论种族，不论性别，不论贫富，不论好坏，你都要去救，尽自己所能。

我是一个非常感性的人，看不了生离死别，看不了感人场面，家属哭的时候我会跟着流泪，抢救病人的时候我也会在心里默默祈祷："请一定要挺过来！"看到病人苏醒，我会眼含泪花，至少现在他是有望痊愈的。平日里我们在意的金钱、地位、权势，在重病面前都成了虚无缥缈的东西，亲人的陪伴与健康就是幸福的唯一来源。

钟南山院士曾经说过："选择学医可能是偶然的，但你一旦选择了，就必须用一生的忠诚和热情去对待它。"我们医院也有这样一条院训："格物穷理，救死扶伤"，要求医护工作者用初心与热忱守护每一位病人。我们在医院看到的人生，多数是艰难的，生命如此脆弱，却又如此顽强。肖斌遭遇不幸，但他依然乐观，而多数人的生活还是比他要好很多。因此，我们每一个人要善于发现生活中的小美好、小幸福，同时也需要储存面对困难的坚强与勇气。

姜佳琪，山西白求恩医院

每位父母都能找到自己的身影
——观《闪闪的儿科医生》有感

文/严冬琳

作为 2023 年夏天最火的医疗纪录片，《闪闪的儿科医生》由《守护解放西》原班团队制作，全方位、多维度地展现了儿童医院里的百态人生。

一直以来，像《人世间》《生门》等这类优秀的医疗纪录片，我是不敢涉猎的：一方面觉得人生太过艰苦，即使是他人的苦难，也会投射到自己的生活上，令自己反思生活，从而不断内耗；另一方面，这类纪录片大多沉重，探讨人生、人性、人情。《闪闪的儿科医生》虽然也是纪录片，但拍摄手法、剪辑方式相对综艺化，以较为轻松的方式，全面真实地展现了深圳市儿童医院各个科室的医生和医护人员的日常工作。

展现人间百态：每个生命都弥足珍贵

恩希 1 岁 3 个月了，从出生后就没有出过医院，父母倾尽家财，终于来到深圳儿童医院这最后一站。恩希的情况很严重：心脏房室完全型间隔缺损伴肺部严重感染。心外科大佬陈欣欣联合慢肺专家梁穗欣，为了这个家庭竭尽全力，恩希终于获得第二次新生。纪录片中有一幕特别令人动容——妈妈抱着好转的恩希问："宝宝击掌，还会不会了？"小恩希努力地抬起了小手。这一刻，就像恩希的名字一样，我们看到的是感恩和希望。

15岁的花季少女因为感情问题而减肥，结果患上神经性厌食症，身高165厘米，体重只有不到50斤。女孩的爸爸说，他们发现情况不对就强制带女儿去医院了，可是女儿一直不能配合治疗，最后他们眼睁睁地看着女儿昏迷，器官衰竭直至脑死亡。看到这里，我异常唏嘘：畸形的白幼瘦审美已经影响了年轻一代，青少年心智不成熟，很容易误入歧途或钻入死胡同。近几年，孩子因为各种压力自杀的案例屡发，所以，对青少年进行心理卫生知识普及显得越发重要。如果早点发现问题，早点进行心理干预，也许能挽救一个少女，乃至一个家庭的命运。

还有一个令我印象深刻的案例是，一个婴儿深夜突然呛奶，最后没有抢救成功而离世。逝世的婴儿是双胞胎之一，奶奶一直贴身照顾，但那天夜里实在太累了，睡了会儿，结果小孩就呛奶没了。奶奶陷入了深深的自责，一直说"我如果不睡觉就好了"；妈妈则一直呆呆地抱着自己逝去的孩子，这是一位母亲悲伤到极致的表现，悲伤的尽头是一片空白。此时我已经绷不住了，眼泪止不住地流，做了母亲后完全看不得这些。再后来，我了解到她家里还有一位脑瘫的丈夫，家庭的负担还是很重。最后，看到这位妈妈和奶奶相互搀扶着离开医院，我觉得，人间至少还有亲人为伴，或许生活也还有希望。

科普育儿知识：千奇百怪的儿童疾病及各类突发状况

5岁男孩从沙发上跌落，撞到头部后精神状态不佳，出现呕吐等情形，送医后发现脑疝，立刻开颅才捡回一条命。爸爸哭成泪人，一直握着医生的手感谢，不敢相信这么快就已经做好开颅了。救人刻不容缓，医生时刻与死神赛跑。这个案例让我特别惊讶，因为没想到从沙发上跌落竟然会造成这么严重的后果。相信每个有小孩的家庭都经历过小孩摔倒、脑袋磕碰的事情吧？所以，正确的急救方式尤为重要：不要触碰小朋友摔倒的部位，保持观察，如果小朋友出现呕吐或抽搐、神志不清的状况，立刻送到医院。

妈妈带着10岁的女儿来看泌尿科，说孩子尿尿很痛，每次尿尿时间很长，后经医生查体，发现阴道闭锁，当天安排住院。经手术治疗，引流出420毫升的积液，原来是由于积液压迫膀胱，导致排尿困难。但这还不是最严重的，如果诱发感染，更会危及生命。我感叹现代医学进步的同时，也发现了此前没有注意的知识点：第一，现在女孩的第二性征发育都较早，片中的女孩9岁左右就开始发育了；第二，女孩的胸部发育和月经来潮时间间隔不会太久，如果孩子胸部发育后迟迟没来月经，家长就应该要注意了。

片中还有一个我不知道的常识：如果小朋友上小学后还尿床，可能跟脊髓神经发育有关，可以去医院治疗，现在已经有非常成熟的治疗方案。

洞察复杂人心：每个人都有小算盘

孩子严重烫伤9天后才送医院，需要手术植皮，妈妈陪护小孩，爸爸全程未出现，妈妈给爸爸打电话，告知治疗方案，爸爸说"别听医生的，没有必要"。第二天医生查房，发现小孩竟然就这样被家长带走了。作为观众，我看着真的心痛：家长完全没有意识到烫伤的严重性，以及未来治疗的难度，只觉得是小事情。

女子怀孕检查出小孩可能患有先天性心脏病，陈欣欣作为先心专家，一再强调治愈率非常高，但家长还是担心。在这种情况下，医生已经看出问题所在，直言道："你们是不是还没决定要不要这个孩子？"夫妻俩沉默不语。虽然听来有些直接粗暴，但这确实是一种沟通的策略。很多时候，患者出于某种原因，不愿意表达自己真实的想法，那么就需要医生来点破这层纸，道出"症结"所在，沟通才能顺利进行。

还有一个印象深刻的案例是，有位父亲踢到了小孩的头，立马送孩子到医院。一开始我以为这位父亲是家暴，正准备在弹幕义愤填膺时，发现原来别有隐情。小孩的父亲白天上班，下班还要跑外卖，每天赚 200 多元钱，但小孩可能不理解为什么爸爸不给他零花钱用，于是偷钱去用，被爸爸问起来又害怕，结果爸爸脾气上来就踢到了他的头。令我特别泪目的是最后父子俩在门外交流的那一段：小孩感到头晕，爸爸蹲下来背他，和他解释"不是不给你用""但你不能偷啊""你做错什么事就往外面跑"……这位父亲努力地生活，肩负养育子女及家庭的重担，已经非常令人敬佩。

片中呈现着生老病死，也满载着爱与新生，看得人感动满满，收获颇多。每位父母都能从片中找到自己的身影，所以非常推荐给每位父母观看。

严冬琳，南京医科大学附属口腔医院

探索医学与人性的旅程
——《豪斯医生》观后感

文/付丁凯

当提到《豪斯医生》这部电视剧时，我无法抗拒对其表达我深深的喜爱之情。作为一部充满智慧和戏剧性的医学剧集，它引人入胜的故事情节和生动的角色塑造让我沉迷其中。这部剧在展现医学奇迹的同时，探讨了医疗伦理、人性与道德等重要议题。它用独特的方式挑战了我们对医疗行业的固有认知，引发了我对医学、团队合作以及人性的深刻思考。现在，让我带你进入《豪斯医生》的独特世界，一同展开探索医学与人性的精彩旅程。

《豪斯医生》是一部以医学为背景的剧集，故事主要围绕着豪斯这位天才又颇具争议的医生展开。他领导着一个由医学精英组成的团队，一起解决看似无法解答的医学难题。豪斯和他的团队将迎接一个个复杂的病例，每个病例都充满悬念和挑战，我们能近距离见证医学诊断过程的曲折与辗转。剧中的病例种类丰富多样，有些涉及罕见疾病，有些则涉及医学伦理和道德问题。这些病例挑战了医学界的现有认知，并引发了团队成员之间关于正确治疗方法和道德抉择的激烈争论。每一集都以令人惊叹的解决方案和剧情反转引发我们的思考和共鸣。

与此同时，剧集也展示了主角的个人生活，揭示了豪斯医生过去的秘密和内心的挣扎。他的孤独、顽固和深藏不露的温情元素，令这一形象的塑造更加立体和有趣。

医学与人性的交织

《豪斯医生》以对医学与人性的深入探索为核心，令人深感震撼。主角豪斯展现了非凡的医学才华和对人性的独到洞察力，他冷静、理性的思维方式，以及对疾病诊断与治疗的精准判断，使他成为医疗团队的核心人物。与此同时，他的反叛、自卑和自毁性格，也为剧情注入了不可忽视的人性元素。豪斯的态度冷漠无情，常常与同事和患者产生摩擦。然而，正是这种独特的性格，使他能够以不同于传统医生的方式看待问题，从而解决医学难题。剧中的其他角色也展现了医学与人性的复杂关系。每个患者都有自己的故事和心理挣扎，而医生不仅仅有着治愈疾病的责任，还要面对患者生死的抉择，他们是医生，更是有着独特感受和情感的个体。

通过故事情节和角色之间的互动，我们可以深入了解医学与人性之间错综复杂的关系。剧中深刻揭示了病人面对病痛和死亡时的恐惧、绝望和希望，而医生必须在临床实践中面对这些。正是这些人性化的刻画，使我们能够更加贴近角色，感受到医学和人性两个层面的情感冲突与复杂性，剧中的情节和人物形象也因此更具吸引力和共鸣力。观众不仅能欣赏到医学案例的智慧性解决方式，更能由此看到医生面对巨大的心理和道德考验时所展现的勇气与坚守。

《豪斯医生》以其独到的观点，深入探索医学与人性，引起了我们广泛的共鸣。这部剧的成功在于揭示了医学不仅仅是一门科学，它还涉及生命、人性和情感的复杂过程，我们被引导着思考现实生活中的对应困境，并重新审视自身与世界的关系。

伦理问题与道德困境

《豪斯医生》还深入探讨了医学伦理和道德困境，引发我们对这些问题的思考。医生常常需要在病人生死攸关时做出艰难的决定，这不仅涉及医疗技术层面，更牵涉伦理道德的考量。剧中的角色经常面临这样的伦理和道德困境，例如与患者签订"不幸福契约"，即告知患者一个错误的诊断以保护患者的心理健康，或者在无法治愈的情况下决定终止治疗。这些抉择并非简单的黑与白，而是常常处于灰色地带，让医生面临严峻的抉择。剧中主人公面对伦理问题和道德困境，展示了不同的观点和选择，他们不仅要考虑患者的福祉和尊严，还需要权衡医疗资源的分配和社会责任。他们的抉择不仅对患者的生死有重大影响，对医生自身也可能产生深远的影响。

由此，作为观众的我们也被迫去思考医生所面临的压力和挑战，以及他们所承担的道德与伦理责任。与此同时，我们也开始反思自己在类似情境下可能做出的选择，从而深化对人性和道德的理解。这样的思考和探索使我们在医学实践中更具敏感性，也增强了我们对医疗行业和医生责任的理解和尊重。

《豪斯医生》通过真实而深刻的场景刻画，唤起了我们对医学与人性关系的共鸣和思考，也让人们意识到医学的复杂性和挑战，同时强调了医疗工作者所背负的伦理、道德和社会责任。我们从中汲取启示，纵览医学伦理、人性情感和现实医疗问题之间的联系，进一步思考如何在医疗领域中实现更公正的尊重生命的理念。

付丁凯，山西白求恩医院

种星星的人
——《入殓师》观后感

文/胡靖斯

一辆小车，歪歪斜斜地，自一片白茫茫的雪雾中缓缓出现。

影片的主人公小林大悟说：我的每一天都在忐忑中度过。他正在驾驶着的这辆小车，一如他现在的生活轨迹，在混沌的大雪纷飞里看不清前路指向何处。两个月前，他还是乐团的一名大提琴演奏者，正向着成为大提琴家的梦想前进。而现在，因为乐团突然解散，他回到故乡，阴差阳错间成了一名入殓师，成为离死亡最近的人。

最初，没有人理解他，包括他自己。

没有人可以平静地面对死亡。哪怕只是和死亡靠近都不行。无论周围的人多么善解人意，在得知大悟的工作是帮助死者入殓时，无论是妻子还是朋友，都因为害怕死亡而强烈反对。

正如弗洛伊德所言，回避死亡的本质是出于恐惧，是生命的本能反应。解决恐惧最有效的办法，就是忽视它。这种态度似乎很符合常理。过去的医疗界一直有一种传统：真实的病情通常会对几乎无生还希望的患者保密。医生偷偷将家属叫到门外，将噩耗悄声传达；家属之间交流着如何控制表情，向患者营造一切向好的氛围。有时，就算患者发现了真相，也配合着不去戳破这层纸。这场怪诞的博弈，这样的互相隐瞒，似乎很适合含蓄的东方，让不知道如何面对死亡和告别的彼此，能在伪装的祥和中继续相处下去。

可是，死亡代表分离，却无法代表结束，假装无事发生只会滋生更多遗憾。大悟的妈妈离去时，大悟在国外没能回来，这份没能和母亲好好告别的缺憾，成为他坚守入殓师这份工作的理由。

影片将逝去的人称为"往生者"，就好像小时候大人们常说的：那些离去的人并不会真的离开，只是化为天上的星星遥望着我们。无论死亡的真相如何，都无法抹去生者的期待和不舍。

但死亡终究意味着，我们不会再见到这个人的笑容，他只能在回忆里被我们记挂。在最后一程，对于生者和死者而言，体面和尊严是我们要认真告别的理由。

死亡的告别是什么样的？我想起我人生中经历的为数不多的几次分别：给了我童年风筝自由的爷爷，给我讲了无数遍"熊家婆"故事的奶奶。他们弥留之际，我赶回家里，父母和亲友正忙碌着。死亡，仿佛是不宣之于口的沉默。一直到深夜，当周遭逐渐安静，我才隐隐听到一声啜泣。原来，大人们只是在忍耐，只是故作坚强来掩盖离别的痛苦。

生死融于四季，敬死仿佛敬生。电影中，我们洞见入殓师这份职业的意义："让逝去的人重新焕发生机，赋予永恒的美丽，这个过程，平静而祥和，细致而温暖，而且要怀着温柔的情感在分别的时候送走故人，那份静谧，让人觉得每一个动作都是那么美丽。"入殓师就像种星星的人，把逝者的美丽留给亲人，让他们永远像星星一样在回忆的一隅闪耀。

医院是见证人生最后一段旅程的最多的地点。几年前，来自台湾的医疗团队第一次把安宁疗护和死亡教育带到我们面前，让医护团队和患者及家属一起，开启了关于人生终点的陪伴。在这里，我们发现，尽管是同样的终点，对每个人的意义却大不相同。不管患者有什么样的诉求，医生要做的，是帮助他们在心灵和身体上都能更好地走过这一段时间。当我们做这些事情的时候，就好像小林大悟一样，在家人肃穆庄重的等待中，为即将告别的人尽量保持舒适而体面的状态。在这些年里，我们逐渐收到了一些感谢，感谢我们在这段时间为患者、为家属所达成的一切。这些本就是身为医者应该做的，不值一提。倒是家属们讲述故事的过程中安静又明亮的眼神，是对我们的工作最真实的褒奖——那里有已经离开但永远闪耀着的星星。

死亡是一道门，逝去并不是终结，而是穿过它，走向下一程。死亡曾经是一种禁忌，告别则是死亡中最艰难的部分，而现在，我们将要一直探索告别生命的不同方式——以不同的方式种下每一颗不一样的星星。

胡靖斯，内江市第二人民医院

生命之重
——《入殓师》观后感

文/周婷婷

《入殓师》整部电影都笼罩在一种淡淡的忧伤氛围里，没有浓重的色彩，没有浮华的演技，它静静叙述，缓缓推进，娓娓道来。影片中处处充满了人与人之间那份最珍贵的感情，看了一部电影，就像是经历了一次心灵的旅程。影片表达了对死亡的态度和尊重，表述了对生命的追求和热爱，展示了对亲情的理解，以及对背叛的宽恕，还展现了爱的永恒。

影片里，男主人公大悟因为偶然的机会，开始从事入殓师的工作，他的人生就此被彻底改写。从第一次看到尸体时的呕吐不止，到后来可以心存敬畏地为死者化妆——尸体腐烂不堪的老人、美丽的双性人、留下年幼女儿而离去的母亲、穿长筒袜离去的老奶奶……大悟用细腻缓慢的动作诠释了对死者的尊重。他经历了工作上的不被认可、朋友的指指点点，以及妻子的离他而去，他很难过，可是他依旧坚持。最终，影片的结局是美好的，大悟的妻子终于接受了丈夫的工作，大悟也放下了对父亲的恨意。他用自己的经历、自己的心，升华了自己的生命……

如果说我们的工作和男主人公有什么相同的地方，我想大概有两点：一是经常面对死亡，二是没办法彻底阻止死亡。这部电影也勾起了我记忆里的一个个片段。

记得在学校学习遗体护理时，老师就告诉我们，这是"最后的护理"，是对家属的安慰，也是对死者的尊重。对于病人的离开，我们要表示遗憾，要尊重病人的信仰，拉上床帘，保护隐私。我们要先把抢救用物都撤除，拔除所有管道，必要时还需缝合伤口；将床摇平，将死者仰卧，头下放置枕头；接着，协助洗脸、梳头，清洁口腔，闭合眼口，有假牙的装上假牙，再用棉花填塞于口、鼻、耳道、肛门等孔道；再擦净身体，为死者穿上衣裤、袜、鞋，在胸前贴一张遗体识别单，保留死者腕带；把体位摆正，用尸单包裹，用绷带在死者的胸部、腰部、踝部固定，贴上第二张遗体识别单。每一步操作，都要轻柔且细致。

影片里仪式场景的一幕幕，又一次让我深刻地理解了：每一个生命都值得尊重，让他干净、美丽、整洁、有尊严地走向另一个世界，是对死者的怀念和尊重，也是对生命的热爱和珍惜。

我们这个时代，还有很多疾病不能被治愈，只有站在医学发展史的高度，才可以真正理解和领会那句名言——"有时，去治愈；常常，去帮助；总是，去安慰"。面对疾病时，面对死亡时，我们很可能束手无策；但是，这并不意味着我们可以无所事事，我们依然可以做很多事情——去帮助，去安慰，这甚至是在我们护理工作中应该占据重要比例的一部分。

我曾经护理过一位高位截瘫的患者，他刚住院时，我常常夜里看见他彻夜难眠，一双无神的眼睛死死地盯在一处，可是只要我一走近他，他便闭起眼睛假装睡着了。后来我们了解到，他是因为发生车祸而高位截瘫的，未婚妻也离开了他……我默默地想：一定要让他重拾生活的勇气。我特别注意和他的接触，常常陪他聊天，讲解一些康复知识和功能锻炼的方法。为了一个手臂抬起的动作，我们经历了无数次的练习，汗水常常浸湿了他的衣服，也渗出了我的额头。渐渐地，笑容重新出现在他的脸上，每次跟他打招呼时，他都会对我露出一丝热情的微笑，用微微活动的右臂，努力向我挥动。后来，他可以自己练习进食了，只见他用右手带动左手，双手配合着艰难地抱着一个苹果或者馒头，然后低下头去啃食。每看到这样的一幕，我总是不停地给予他鼓励和赞扬，也感叹：帮助和安慰患者，在护理工作中是非常重要的。

记得我刚到监护室工作的时候，曾参与抢救一名年仅17岁多器官功能衰竭的患者，历经3个多小时的积极抢救，最终一条年轻的生命还是离开了深爱他的父母。

抢救之后，我忙于处理各种事宜，查对医嘱，核查药品，写抢救记录……忙得不可开交，匆忙中却瞥见他的母亲蹲在床边，久久没有站起，头深深地埋在胸口，一双手举过头顶，紧紧地抓住孩子从床边垂落的左手，她的身体一阵一阵地抽搐着，却没有发出任何声音。

我知道，她此刻一定极其悲痛；我也知道，她在竭力克制着心中的悲痛；我想去安慰她，却不知道该说些什么。正当我犹豫不决的时候，护士长快步走了过来，她同样蹲在了床边，紧紧地挨着那位母亲。护士长伸出双手，一只手轻轻地拍着那位母亲的肩，另一只手握住了她的手，双眼注视着她，说"不要太难过了"，然后温柔地将母亲的手从孩子手上移开，让她依偎在自己的身前。直到那位母亲渐渐停止了抽搐，护士长才扶着她站起来，那位母亲侧过脸，朝护士长微微点了点头，直到这时，她们才松开了握紧的手。而那位母亲，也默默地站在了床边，坚强地向她的孩子做最后的告别。

我曾经无数次看见护士长和患者的手紧紧地握在了一起！昔日感人的场面一幕幕浮现在眼前：查房时，面对那些刚刚入院、感到紧张无助的患者时，护士长会握着他们的手，耐心交流；面对那些即将要做有创操作、感到害怕恐惧的患者，护士长会握着他们的手，微笑鼓励；面对排痰困难需要吸痰、被疾病痛苦折磨的患者，护士长会握着他们的手，轻语安慰。今天，当面对一位离世者家属的时候，护士长又再次上前，伸出一双温柔而有力的手，给生者安慰。

我时常问自己：护理这份工作这么辛苦，是什么使我一直坚持到了现在？答案就是患者一个理解的微笑、一个感激的握手、一声真诚的问候……而影片中，大悟的妻子目睹了大悟为死者入殓的全过程，目睹了失去母亲那一家人的悲伤，目睹了火化那一刻好友撕心裂肺的痛楚后，终于明白大悟这份工作的意义。当美香说出"我丈夫是入殓师"的时候，她完全接纳了他的新工作，接受了丈夫的选择。

影片深刻表达了对生、死、爱、怨的诠释，作为一名医务工作者，我从中领悟到，要尊重每一个生命，在面对患者和疾病的时候冷静而不冷漠，温柔而不悲伤，恪尽职守，不忘坚守生命的初心。让我们做到"尊重、帮助、安慰"，从心灵深处真正体会到生命之重。

周婷婷，江苏省人民医院呼吸与危重症医学科

大爱无疆
——读《无国界医生手记》有感

文/张以豪

"007幽灵党邦德座驾被拍卖，为资助无国界医生组织"，2016年曾看到这样一条新闻，当时还未上大学的我并不太了解这是一个怎样的组织。直到很久以后我才认识到：无国界医生组织出现在最需要、最痛苦、最无希望的地方，他们帮助了那些最绝望的人——无论他们是什么种族，无论他们在哪里，无论他们遭遇的是自然还是人为灾害，无国界医生都努力帮助人们重新有尊严地活着。

起初，我是带着崇敬之情开始阅读这本书的。在阅读的过程中，透过文字，我深感震撼，几度落泪，才发现充斥内心更多的是压抑和悲悯；深感在天灾人祸面前，人的生命是如此渺小与无力。正如手记中所说：在一个战乱国家，人命不是什么高价货，每一分每一秒都有人丧失生命。对那里的老百姓来说，他们每一天都在和死神赛跑，生存是唯一的"事业"。

《无国界医生手记》主要是无国界医生团队赴东非、中东、南亚等地区开展医疗救援任务的实录。虽然医疗救援是他们的职业，但他们在极端贫困、战乱，甚至恐怖袭击等环境中长时间坚守，并做出很多惊天动地的事情。他们的经历告诉我们：爱可以跨越国界、民族和文化的差异，可以帮助我们克服困难，可以给予我们关怀和支持。

在阅读过程中，我也更加深刻地认识到，人类应该相互帮助，相互关心。特别是遇到自然灾害、战争等特殊重大事件的时候，我们更应该发挥人类共同体的力量，相互合作，解决问题。"前线人员不愿撤退的原因很简单，但必须到达前线才能明白。""只希望当手中有伞时，能尽绵薄之力而已。"这种大无畏的精神令我印象深刻。无国界医生团队用自己的实际行动践行着这一理念，值得我们每个人钦佩和学习。

在塞拉利昂，缺乏基本的医疗妇幼保健，许多妇女从生死攸关的生产中幸存后，却留下阴道瘘的后遗症。更有甚者，病人已经死了，干瘪的尸体却散发出异味，张开的嘴巴里爬满了苍蝇。尸体两旁的病床相隔只有30厘米，依然有病人安静地躺着，护士却全然不觉……这种事情常常发生，而类似的场景在很多乡村诊所里都属于"正常"。从这些描写中我了解到，很多发展中国家缺乏医师资源和医疗设施，因此人们面临医疗服务严重不足的问题。这也提醒我们，医疗资源配置不均等全球性的社会问题需要重视，该书为人类医疗卫生事业的发展提出了很多有价值的建议和思考。我相信，未来很多新技术、新跨界合作会不断涌现，会带来更多可持续的改变，从而共同推动全球医疗事业的繁荣发展。

书中写道："人道救援并不是让我去当英雄，也不是让我们在世人面前变得伟大，也不是一个自我实现的过程，虽然或许在经历过后，我们的自我会变得更完整。我所认识的人道救援工作，是困境上的体会与认同而不是抽离的怜悯，是一份生活上的合作而不是无尽的施舍，是一份没有地域、宗教、种族界限的人道关怀，而不是为政治或权力而服务的棋子。"可以说，这本书有着极深远的意义，为一些志愿者机构和社会组织提供了灵感和指导，帮助他们更有效地开展工作；同时也展示了一种新型人道主义观念，即为了帮助他人而做出自己的力所能及的贡献，能使人意识到生命的价值不只是从个人的成就中得来，更重要的是为了社会的发展和人类的共同目标而奋斗。

《无国界医生手记》里的一个个故事、一幕幕场景，透过文字向我们诉说着其中的喜悦、冲击、挫败、困惑或惊惧，然而更让我感到震撼的是，这些并非故事，并非虚构。无国界医生们明知前方危险，却仍逆行踏入原与自己无关的天灾人祸，这大概就是爱和希望的力量。最后，希望大家都能立足现实，怀抱希望，做蜉蝣，撼大树。

张以豪，中南大学湘雅医院

每一个故事都值得被记录
——读《白色记事簿》有感

文/王靖文

医院，是距离生死最近的地方，我们在这里迎接生命，也送走生命。

纪实作品《白色记事簿》是众多书籍中对我职业生涯影响最大的一本，书中的15个真实故事由9名医护人员执笔，来自非虚构写作项目"天才捕手计划"。9名奋战在一线的医护工作者以真诚的笔触记录了他们在职业生涯中遇到的15位患者的真实故事，呈现了最真实的医院日常，让读者了解普通人无法接触的"生死场"。

从小喜欢看港片的我，依然记得在香港TVB一部经典电视剧《妙手仁心》中的一句话："或许医生不能治愈所有的疾病，但是他们可以给病人带来希望。"也正是因为这句话，我立志以后要在医院工作。

《白色记事簿》中有一位特别的作者，名叫付嘻嘻，她是一名康复科护士，一个人执笔了6篇文章。在她笔下的故事里，有死亡的威胁、命运的悲伤、人性的弱点，也有超越死亡的乐观与至爱。

护理工作直接关系到医疗质量，关系到患者的生命安危。护士的工作不只是打针发药、生活护理等简单的重复劳动，而是有思考、有温度的。我们要24小时陪伴患者，定期巡视病房，关注病情变化，我们也是患者病情变化时最早的发现者，是第一线的哨兵。我们要及时关注病情的每一步进展与转归，为医生的下一步治疗方案提供最准确、及时的信息。

近些年，人们对护理服务的要求日益提高，倡导"精细的服务艺术"，如此才能被大众、患者所接受。作为护士群体的一员，我深刻地体会到，单有娴熟的操作技能对现在的护理服务而言是远远不够的。一个好的护理工作者必须具有丰富的知识面，一双敏锐的善于观察的眼睛，以及与患者沟通交流的技巧。这一切不是与生俱来的，需要我们不断地学习，不断地探索，不断地实践。积累知识可以让我们有更多思考，如怎样给患者做精细化护理，如何给患者提供最合理的饮食计划，如何锻炼自己的观察能力，等等，这些都与我们掌握的知识息息相关。可以说，掌握知识的程度直接影响着我们的判断能力。

不断探索是很重要的，护理工作中没有可以照搬照套的东西，因为护理工作是灵动的、时刻变化的。读完《白色记事簿》，我泪流满面，心情久久不能平静。作为一名在临床上刚刚工作三年的手术室护士，我一直谨记，要竭尽全力为患者服务。在我的脑海里，每一位患者来到手术室的时候，他们就赢得了更多生的希望。可有时，面对恶性疾病的患者，我甚至不敢去询问离开手术室后的他们是否重获新生，或者能否继续享受子孙满堂的阖家欢……我虽为一线医护人员，却一直不愿相信疾病背后的残忍，而《白色记事簿》一书中所记录的恐惧与折磨，宛如我亲眼见证一般。每一位患者都是废墟里盛开的永生花，《白色记事簿》从医疗工作者的角度出发，以第一视角记录了患者应对重病与生死的经历。通过阅读，我们也能感受到脆弱的生命在经历千难万险重获新生后的庆幸与喜悦，也能体会到眼睁睁地看着无法治愈的生命走向终点时的无奈。其实，我一直都很庆幸自己能够凭借毕生所学去解患者的生命困惑。此外，我更呼吁每一名医疗工作者都成为故事的记录人——这些故事就是我们工作的日常，多年后当我们回顾从菜鸟到精英的心路历程、同行的经历与困惑时，那些夹杂着感动与喜乐、无奈与泪水并存的故事，都将成为我们有限的人生中独一无二的闪光点！所以，诚实地记录生活吧，你的每一天都值得被收藏！

王靖文，山西白求恩医院中心手术部

医学与解题，敌人与战友
——读《生命的反转》

文/谢珉宁

> 医患是同一战壕里的战友，我们共同的敌人是疾病。面对敌人，彼此信任才是制胜的法宝。
>
> ——李文丰

我们每个人都是从做题解题过来的，从小到大，不知道做了多少试卷，解过多少题目。作业、卷子上的题目有的简单，一看或者简单思考一下就能做出来；有的题目则很难，抓耳挠腮、想破脑袋也不得其解；有些题目甚至连老师都做不出来，非要很多聪明人一起钻研。我们的生活与之也挺像。我们总会在生活中遇到各种各样的问题，有些好处理，有些不好处理；对于那些不好处理的问题，我们或者放弃，或者绕行，大多数时候没必要去死磕。但是，医学似乎不太一样。

看病的过程其实与解题很相似：大部分病例相对普通，依据基本的医学知识与经验，很容易便可对其进行确切的诊断与治疗；也有少部分病例犹如高考试卷的压轴题一样，令人迷惑头疼，一头雾水。我做了快 20 年的医生，深知其中的相似点。我平时对年轻医生说：诊断的过程与解题的过程一样，需要基本常识、诊断思路、经验积累，偶尔也需要灵光一现。只是，我不属于那种特别聪明的医生，在行医过程中遇到那些疑难杂症时，总不免有些惶恐与惭愧，就怕因为自己业务不精、技术不过关而误诊，进而延误救治，对患者造成不可逆的损害。当然，这只能怪自己以前读书一般，脑子也不够好，最后却阴差阳错地当了好些年的中医。所以，在面对急诊、心内、神外、儿科、外科等科室的专业医生时，我总是特别钦佩他们，因为能力出众，专业技术雄厚，能力挽狂澜，而且能解决诸多棘手病例。

《生命的反转》一书的作者李文丰医生，从事的是重症医学专科。这个专业相比于其他专业而言，需要掌握大量医学基础与前沿知识，包括危重病、疑难病的诊断、鉴别诊断、急救等许多技能。李文丰接触和处理的患者也千奇百怪、五花八门，这造就了他与众不同的人生经历——那些复杂的、奇怪的、无奈的、有趣的病患，既是训练他的材料，也是他需要攻克处理的难题。也正是在处理这些棘手病例的过程中，他得到了经历和经验，也获得了成长。这本《生命的反转》从某个角度来说，便是他这些年来行医经验的总结。

我觉得这本书的写作很有特点，它的文字并不像我们日常写的医案、病例讨论或者病程记录，而更像一本恰到好处的小说。它以一个个病例故事为契机，以一种文学的笔触来描写医院里的那些复杂情境，其中有情节设计，有叙述铺垫，有触目惊心的抢救，也有闲庭信步式的对症处理。对于一些需要解释的专业术语，作者也做了深入浅出的讲解。这让不懂医学术语的广大读者也能跟随作者的思路，经历一个又一个疑难杂症。他们跟随故事情节，感到迷惑、紧张、害怕、担忧；也会跟着作者一起，释然、自悟与理解。书中的每一个故事都可以让读者收获一定的医学常识，了解一些基本的医学背景；同时，我们还能读到医护之间、医患之间、患者与家属之间的微妙情感。另外，书中介绍的医学常识，即使让最苛刻的医学专家来看，也是比较严谨的，不会给读者带来一些错误的观点与认知，这也是很不容易的。

书中有几个故事令人印象深刻。第一个是胸痛患者，先后排除了心梗、主动脉夹层、肺栓塞、脾破裂之后，最后的诊断居然是肝癌破裂。患者前后出现了好多种不同的临床症状，不时变化的检查结果也给医生们布下了不少迷局。最后，虽然医生找到了胸痛的病因，解开了谜题，但诊疗的过程无疑是曲折反转、历经艰险的。家属的误解、病情转归的不良等，无一不在提示："急诊室里，果真没有风平浪静的日子。"另一个因为"呼吸困难、发热"就诊的患者，被诊断为经历肺炎、心梗和狂犬病后导致的重症肌无力，读者与所有参与抢救的医生一起，心情跌宕起伏，从泰然自若到迷惑不解，从绝望悲哀到峰回路转，几千字的故事便让人经历了春夏秋冬。还有一位呼吸困难、咳嗽的患者，经历了肺炎、肺癌、肺栓塞，从气管插管、溶栓、抗凝治疗到肋骨骨折，最终被诊断为多发性骨髓瘤。书中的故事还有很多，无一不惊心动魄，回环曲折。这些故事一看就很真实，即使里面出现的病人、医生可能是虚构的，但病例本身就好像是刚刚发生在眼前一样。它们那么鲜活，那么真实，与我们日常的医疗工作是那么吻合。

我也算一位作者，平时也会写一些小说或者故事，我喜欢把我遇到的患者、病例写在文字里。但与李文丰医生的这本书相比，我自觉还是不如的。毕竟，他所面对的患者、病例要比我面对的更复杂、更困难。从他的书里，我学习到了一些专业知识，见识到了一些奇怪病例，开阔了视野，增长了经验。读书时，我也时常回想起一些我遇到的患者和病例，他们有很多相似之处，也有很大的不同。有机会，我也要用这种叙述的方式把我所经历的那些事情写出来，我相信，这对社会、对医疗工作会很有益处。科普的形式有很多种，不同民众所能接受的方式也不尽相同，真实的病例更能让读者感同身受，产生共鸣。也只有在懂了、理解了的状态下，人们才会接受那些新鲜的事物。相信其他读完这本书的医生，也会有类似的想法。

医学永远在发展，对疾病的认知也永远在路上，我们专业医生的学习一刻也不能停止。每一个病例都是给我们医务工作者出的题目，每一位患者也都是我们的战友。我们要一起努力，同仇敌忾，无论简单还是复杂，无论顺利还是曲折，无论迷茫还是自信，在医学的道路上，只有不断地学习，才能不断地进步，只有不断地协作，才能解开一道道医学的谜题，才能更好地维护患者的身心健康，才能不负行医的初心与誓言。

救死扶伤，大医精诚。让我们把医疗这个行业变得更加透明，更加科学有趣，也更加人性化。

谢珉宁，复旦大学附属金山医院

用柳叶刀治愈心脏，用文字疗愈心灵
——读《治愈一颗心：剑桥心脏外科大师的内心独白》有感

文/丁 一

"有时，甚至字典也会出错。"这是《治愈一颗心》前言的第一句话，当它映入我的眼帘时，直觉告诉我，这是一本真诚而不失幽默的人文医学著作，从这本书中我会找到一些直击内心、情感丰富的医学人文故事。

读《治愈一颗心》，是因为我所在的江南大学附属医院的心脏大血管外科主任，也是该书主译团队成员之一的杨岷教授的推荐。它的英文原著作者萨梅尔·纳西夫，是英国剑桥皇家帕普沃思医院的心脏外科主任医师，他不仅是世界顶尖的心脏外科手术专家，更是心脏外科手术风险和质控领域的标准制定者，由他创立的欧洲心血管手术危险因素评分系统（EuroScore：The European System for Cardiac Operative Risk Evaluation）现已成为全球公认的心脏手术风险评估标准，他的相关文章引用率达到2300。想来，这本书一定倾注了作者和译者的某种共鸣，他们一定迫不及待地想和读者分享一些观点和建议。

2019年，杨岷主任机缘巧合去了剑桥皇家帕普沃思医院参观学习，在那里他结识了纳西夫医生。在帕普沃思医院同事们的口中，纳西夫医生被称作"一个殿堂级的传奇"。通过和纳西夫医生的交流，杨岷既折服于其平和睿智的人格魅力，又有感于其所著《治愈一颗心》对英国心脏外科诊疗技术及英国国家医疗服务体系（NHS）的诠释和剖析，遂起了把该书翻译成中文，以充实国内目前欠丰的人文医学类书架的念头。

与其说《治愈一颗心》是在讲救治心脏病人的故事，不如说是作者通过一个个故事在剖析自己的内心。在这本难得的纪实性叙事医学著作中，年近七旬的纳西夫医生用理性、简练又不失风趣的语言记述了从业生涯中令人难忘的病例故事。它们有的刀光剑影，有的趣味盎然，有的颇有"技术含量"；有的惊心动魄，有的一波三折，有的则令人遗憾惋惜。通过文字的感同身受，我们得以重新认识心脏外科手术室里的真实生活，重新审视医患之间的关系，并对教育、伦理、生死观展开反思。从那样朴素真挚的语言里，我们分外能感受到医学人文的治愈力，也许更有共鸣的年轻外科医生会从中获得心灵重塑。

从医之路，随心而定

书中，纳西夫医生讲述了自己如何成为一名心脏外科医生的经历，这位在黎巴嫩贝鲁特长大的巴勒斯坦男孩最终成为剑桥心脏外科医生，竟然是因为一系列偶然的意外后随心的决定。

少年时的纳西夫因患上了一种罕见的肺炎住进了贝鲁特的美国大学医院，当年的他理工科成绩优秀，正打算去一所学院学习应用数学。结果在住院期间，因为遇到了一位漂亮的护士姐姐、一群外表酷酷的医学生、一张可以躺着欣赏海景的电动病床和病房里带遥控器的超大彩电，他随心地改变了自己的志向——成为一名医生。

出院后的纳西夫经过一番波折考取了贝鲁特美国大学，原本想当一名内科医生的他在大学第三年的实习期间，因忍受不了内科医疗团队需要为外科手术患者出具"絮絮叨叨"的医疗建议而又一次随心地改变志向：当一名外科医生。在经过了 5 年的心胸外科培训后，他又随心地选择了心脏外科。

纳西夫的职业之路并不传奇，他并没有与生俱来从医的使命感，甚至在多次关键性的决定中并不明智地率性而为。不过，后来纳西夫的父母分别因主治医生过于害怕与保守而没有进行手术，以及在实施了相对简单的手术后引起并发症，而双双死于心脏病，这或多或少激发了纳西夫的进取心，最终成为一名技术精湛的心脏外科专家和世界顶级质量控制专家。

创造很多第一，仍不忘本心

在纳西夫医生近 50 年的职业生涯中，他所在的皇家帕普沃思医院创造了很多"第一"：肺动脉血栓内膜剥脱术手术量全球第一，全球应用 Beating Heart 技术进行心脏移植和肺脏移植的发源地（比美国早 10 年），全球第一个规模化开展冠心病杂交手术，英国第一例成功的心脏移植，欧洲第一例成功的心肺联合移植，英国第一例微创冠状动脉搭桥手术，等等。

为开展心脏移植，在"供体获取"的工作中，一颗供体心脏遭遇了救护车爆胎，转而"搭上"重型卡车后又路遇车祸被堵车，最后"坐上"一辆正准备处理交通事故的警车才风驰电掣地到达手术室。故事扣人心弦，纳西夫却在思考这种要求一个生命必须付出死亡的代价才能让另一位患者生存下去的治疗方法：如果不远的将来能成熟地用人工心脏置入进行解决，他会兴高采烈地为此让路。

1996 年，为追求手术伤口的微小，纳西夫大胆地把"锁孔"技术用在了一位需要做冠状动脉搭桥的患者身上，无须让心脏停止跳动，仅 12 分钟就完成动脉吻合，患者 3 天后便健康地回家了。如此精彩的英国第一例微创冠状动脉搭桥术,却让纳西夫后怕不已:如今很多医生单纯地追求微创,而把谨慎抛诸脑后。很多病人一听需要手术,脱口而出的第一句话经常是:"能不能做微创手术?"其实,微创手术有时比传统手术给患者带来的伤害更大。纳西夫建议患者:"如果你准备接受一次微创心脏手术,一定要告诉主刀医生:你的生命比切口的大小更重要。"

如此"高技术含量"的故事在书中还有很多,讲故事的同时,纳西夫医生也在提醒所有人:"我们工作的重点是帮助患者提高生活质量,延长患者的生命。"

拿着手术刀,永记初心

心脏外科并非大多数人想象的那样"高高在上",只要手不是太笨都可游刃有余,医疗决策能力才是关键。

面对怀有双胞胎却患有急性主动脉夹层的孕妇,"保大"还是"保小"?明明是"小菜一碟"的冠状动脉旁路移植术,却屡屡出现意外,一边羞愧恐慌,一边又如何合理推断,最终发现问题所在并降低治疗风险?因医疗资源配置问题导致医疗服务延后,患者在等待手术的过程中去世,如何能让类似悲剧不再发生?……

纳西夫的职业生涯在规避失败的同时,一直为取得成功而不懈努力。在他看来,成功、名声、财富不过是努力工作所带来的附属品。对患者近乎苛刻的责任感,以及从做一份好的工作和把工作做好中获得的巨大满足感,促使他至今"永远"拿着手术刀。

这就是擅长以心脏外科医生视角撰笔成书的纳西夫医生,《治愈一颗心》是他的第二本著作。执着于"让我们了解别人,也让别人了解我们"的杨岷主任,"漂洋过海"把它带到了中国。

已累计完成 2300 余例心血管外科手术的杨岷曾经和我交流并诉苦道：心脏外科医生在其他行业看来，是个光鲜耀眼的职业，可只有医院同行才知道，心脏外科其实又苦又累，现在想要招收一名合格的医学毕业生都有一定难度。一名合格的心脏外科医生，不能仅仅把心脏外科当作一份养家糊口的职业，而是必须把它当作一个终生追求的事业，必须从心里热爱它，才可以安于寂寞，镇静从容地面对这份"苦差使"。正像纳西夫医生所言："心脏外科的真正出色的地方，在于医学上很少有哪个专业能比它做得更好：我们绝大多数患者手术后自我感觉好多了，我们的病人不像癌症患者手术后几年就消失了。为更多的人做很多好事所带来的满足感是很难被替代的，这的确是个巨大的快乐源泉。所有这一切意味着，心脏外科是一份回报丰厚的工作，尽管这不是金钱上的富足，但在很多其他方面都是富有和丰饶的。有什么理由不喜欢这个专业呢？"外科医生的使命感是其他职业无法比拟的，心脏外科医生更是如此，但他们的工作非常艰辛，每次高难度手术都背负着巨大的压力。杨岷主任作为医院重磅引进的心脏外科专家，总是乐于接受各类挑战，在艰辛面前他有着与纳西夫医生同样的幽默与乐观。在短短一年时间里，杨岷主任带领江南大学附属医院心脏大血管外科团队，不断攻坚克难：为 80 周岁的高龄老太顺利完成心脏瓣膜手术；随时可能发生晕厥、猝死的肥厚梗阻性心肌病患者，手术后生龙活虎；濒临死亡的急性心梗病人、A 型主动脉夹层病人得到及时救治，转危为安；2 岁的先心病患儿在食道超声的精准导航下，通过针眼大的微创穿刺得以治愈……手术成功的喜悦与失败带来的痛苦相互交织，让杨岷带领团队继续不断地去完成那些难度极高的标志性手术，名副其实地摘下"皇冠上的明珠"。

如果您是一位忙碌在临床一线的心脏外科医生，通过这本书，您可以重新审视自己的工作，并精进诊疗技能；如果您是一位学生或者是家有学子的家长，您可以了解成为一名心脏外科医生的必经之路；如果您恰巧是位心脏病患者或是高危人群，您可以学习到科学的治疗、急救及保健方法。

  我想把这本书推荐给每一个人，诚如纳西夫医生所述：你或你爱的人，都需要治愈一颗心。

丁一，江南大学附属医院

医者的长征

——读《让我护佑你的心："心佑工程"纪实》有感

文/戴 瑛

资深报告文学作家张茂龙所著的长篇报告文学《让我护佑你的心："心佑工程"纪实》一书所写的就是发生在我身边的事情，全书近40万字，写的全是一个个我所认识却又不完全熟悉的同事。

作者说，自己是"因为一个偶然的机会认识了这个团队，走进了心佑工程"。但他并没有满足这样的偶然，而是投身于实践，参与了调查，奔赴高原，把第一手的资料展现给大家。他不光把这一伟大的事件描述得清晰完整，把一个个鲜活的医护形象、病患形象生动地展现在我们面前；而且，对先天性心脏病涉及的专业词汇，也能够深入浅出地做科普，让非医学人士读来也没有难度。这样的报告文学是可贵的。作为一名医务工作者，作为"心佑工程"团队同事身边的我，了解得甚至不如作者翔实丰富，真是非常汗颜。今天，我想从我知道的"心佑工程"来谈谈自己的感悟。

先天性心脏病，被称为新生儿头号杀手，在我国所有新生儿出生缺陷中排名第一，发病率高，普遍发现晚，治疗更晚。尤其在贫困地区，很多幼小的生命因此倒在了起跑线上，同时，先心病也成了许多家庭因病致贫、因病返贫的重要原因。在我还是孩童的时候，就知道它的危害。那是我至亲的妹妹，出生后不久便发现动脉导管未闭。动脉导管未闭在先心病中不算是严重的病变，但在我印象里，妹妹自小体弱，一剧烈活动嘴唇就变紫，隔三岔五就有一次感冒，抵抗力差得惊人。妹妹是那么活泼好动的性格，像个男孩子，却被大人处处约束，一旦生病就好可怜，我无助地看着父母在床边照顾她。小的时候我不理解，还暗暗想过她怎么这么爱生病。好在家里是有医生的，父母也是有学识和远见的，在妹妹刚上小学时就带她去上海胸科医院做了手术，从此恢复了健康。因为喜好运动，尤其擅长铅球和铁饼，妹妹中学和大学期间不止一次破了校纪录。现在的妹妹也一直是我的骄傲，她在自己的岗位上发光发热，做着自己喜欢的事情，为社会辐射着自己的光和热。父母每每提及这件事，都对当年给予帮助的上海的亲人以及手术的医生怀有深深的感激。

那是 20 世纪 80 年代初的事情了，当初医生特意把手术切口放在肩胛骨后面，这对女孩子来说是非常有爱的选择。随着医学水平的发展，当年的手术如今已经可以微创解决。现在，我们"心佑工程"团队的手术切口更隐蔽、更人性化。如果是今天手术的孩子，长大后就不用顾忌伤疤，可以穿露背的泳衣了。

科技的进步让人类更美好，但是，还有很多的孩子在等待救治。从医 20 多年来，我看过太多的无可奈何，本以为先心病也是一个无可奈何，但李庆国副院长发起了一场穿越中国的佑心行动，谱写了医者不忘初心、牢记使命、健康扶贫的生命赞歌。这本书创作完成时是"心佑工程"的第 7 年，现在已经是第 10 年了。医者一直在路上，这是一场属于医者的长征。

10 年来，在各方力量的支持下，"心佑工程"团队先后赴新疆、青海、西藏、贵州、四川、陕西、甘肃、苏北等贫困地区和边远地区，广泛开展先心病筛查和救助工作，开展义诊和科普讲座，培训当地医务人员，募集公益爱心资金，救助了 1200 多名先心病患儿。这一长达 10 年的长征，还将继续在路上。长征路上的医者永远那么忙碌，医者的责任和情怀在他们身上真正得以体现——不到万不得已，绝不轻言放弃！竭尽所能去挽救每一个生命。

医者仁心，大医精诚。"心佑工程"是一个由医护人员发起的健康帮扶行动。书里的主人公都是我身边的人，我与其他朋友谈起这本书时，不禁有些小骄傲，我告诉朋友：他们都是我的同事，我们经常低头匆匆擦肩而过。从他们的朋友圈中，我知道他们又奔波在筛查的路上了，知道他们刚刚结束一台大手术，知道他们救助过的孩子有了新的进步……书中那一个个被救助的鲜活生命，我有幸跟他们中的几个有过交集；我也为那个胃癌晚期的父亲捐过款，流过泪；看到康复后的孩子，我也跟随团队的医护人员一起欢呼、欣慰；我听过有关他们的非议和对他们的不解；我还跟远方的同学、朋友介绍过这项伟大的创举。

我有一个中学同学，当年因为主动脉夹层破裂送来南京急救，一家城中有名的大医院直接婉拒了，是李院长的团队给了我同学新生。我同学每每讲起，就说是南医大二附院救了他的命。有一次碰到李院长，我向他转达同学的致谢，他却一脸茫然，已经想不起是哪一位了。的确，他太忙了，他一直在路上，踏踏实实地做着自己。他说得对，但行好事，莫问前程。"公益不是一件华丽的外衣，咱们做心佑工程，踏踏实实地做，一点一滴地做，不求鲜花与掌声，只为一份踏实与心安。"患者有这样的医生，何其有幸；我身边有这样的医生，当视其为楷模。

我们生在一个伟大的时代，我们的梦想有很多得以实现。我生活在经济相对发达的地区，所谓偏远、贫穷以前对我来说只是地理意义上的概念。我也好多次参与捐款，也曾坐火车千里迢迢地去大山里扶贫，但那都是短暂的不连贯的行为。伟人曾经说，人一辈子做一件好事不难，难的是一辈子做好事。是啊，我们的"心佑工程"团队已经将这样的好事做了10年！而这10年，也只是医者长征路的一个阶段。这条路，他们还要坚定地、更好地走下去，不仅如此，他们还影响着一批又一批志同道合的人，不断吸引着新人加入。今年暑假，侄女在暑期社会实践中，就提出要去"心佑工程"的病房看望先心病的孩子们。从医院回来，她不解地问：为什么那个先心病的孩子脾气那么大？我心想：那些贫困的生病的孩子啊，医生的第一步只是修复他们生理有缺陷的心脏，可他们受伤的内心需要更长时间的修复啊！这也是"心佑工程"长征路上不容忽视的一环。如今，越来越多类似"心佑工程"的项目正在展开，越来越多的志愿者正在加入。个人、社会团体、媒体乃至社会各界的慈善救助，正如雨后春笋般涌现。在中国特色社会主义的康庄大道上，不能让任何一个人掉队，这不仅仅是医者的长征，也是无数为"健康中国"事业立志奋斗终生的同盟者的长征。只有坚守牢不可破的理想信念，立足实际，紧紧地依靠人民，把握正确的方向，才能赢得最后的胜利。

  我一直坚信自己当初学医的选择是正确的，一直牢记自己做医学生宣誓时的誓言。人类社会的发展，离不开医务工作者对健康的维护。有志青年，不为良相，便为良医。在这本关于"心佑工程"的报告文学里，作者凭借丰富的写作经验，用心用情向社会展现了一个公益项目团队一步步发展的艰辛历程，有笑有泪；也向我们展现了众多仍然存在的社会问题，并提出了解决问题的初步设想。我在阅读的时候，数次停下来沉思，想想自己从医 20 余年的历程，再想想自己未来要走的路。而在我沉思的时间里，我知道，"心佑工程"团队依然继续前行在去筛查的路上、去手术室的路上、去心超室或慈善公益组织的路上。已经过去的 10 年，他们造福了一部分贫困家庭；未来还有无数个 10 年，需要他们付出更多的努力，也需要我们更多的志同道合者的加入。医者的长征路啊，那么辛苦，又那么欣慰。

戴瑛，南京医科大学第二附属医院

"尤里卡！"
——读《仁心词话》

文/陈 罡

会讲故事的医生有很多，会写诗的医生却是凤毛麟角。李乃适医生既说得好故事，又写得一手好诗，而这独特的组合，便成就了这本难以复制的好书——《仁心词话》。

我刚进入协和医院当住院医生的时候，就听说内分泌科有一位师兄，文学功底了得，每次内分泌科大查房的时候，常常会以一首美妙的诗词总结病例特点和诊治经过。医学的深邃和诗词的美妙，刹那间交融在一起，往往将查房的气氛一下子推到高潮。

这位师兄就是李乃适医生。

拿到李乃适医生这本赠书的时候，我如获至宝，彻夜读完，翌日，又从头阅读一遍。

书很好读。20个临床案例，李医生娓娓道来，一如茶余饭后的聊天，即便没有医学背景的人，也可以沉浸在一则则故事里。这里面，有些是疑难杂症，需要医生的灵光乍现；有些是存在矛盾的临床决策，需要医生的决断和患者的参与。但无一例外的是，这一件件鲜活的临床案例，书写了叙事医学的共情，绽放了医学人文的光辉，也满蕴中国古诗词的墨香。

读罢，书中最让我印象深刻的一则故事是《天仙子·浩浩汤汤胰岛素》。正如李医生所说，这是他管病房期间遇到的最疑难，却也解决得最成功的案例。在阅读的过程中，我能体会到李医生在解决一个极不寻常的案例时，从"为伊消得人憔悴"的困惑到"拨开乌云见日出"的欣喜。这个过程，每一个医生都能共鸣于其中的喜悦，每一个患者也都会感叹一句"实乃良医"。

故事中的患者自身免疫性血糖异常，注射了大量的胰岛素却犹如"入海泥牛"。李医生打破常规，在静脉输注胰岛素的过程中，给患者检查对侧手臂的血清胰岛素浓度，意外地发现其结果居然是零。经过缜密的逻辑推导，李医生提出假说，猜测患者体内存在结合胰岛素的自身抗体。紧接着，他又试验性地给患者注射了超大剂量的胰岛素，摸索出血糖降低的胰岛素用量临界点，又间接证实了患者自身抗体的存在。更加难能可贵的是，协和团队最终通过实验室手段，直接证实了患者存在自身抗体，于是顺理成章地开展了针对抗体的免疫抑制治疗，有效解决了困扰患者多年的难题。

给糖尿病患者应用免疫抑制治疗，看似离经叛道，恰是医者的用心良苦。

阿基米德在浴缸里发现浮力定律的时候，激动地走到大街上喊了一句："尤里卡！"（原是古希腊语，意思是："好啊！有办法啦！"）而光是阅读这一则仅四五页的故事时，我脑海中便冒出了一连串的"尤里卡"。这是一套没有既定招式的解法，没有指南和循证可以依靠，每一个环节都充满了艰辛，而每一个环节的解谜过程也一定给李医生带去了一个又一个"尤里卡"的体验。李医生把这一串串的"尤里卡"写入自己的诗词中："……凌波步，君莫舞，明日流霞满江树。"

在书中，每一个故事的开始，都是一段完整的诗词。每读完一个故事，我又会回头再读一遍诗词，往往会产生新的感悟。这是同为医者的心意相通，也是对协和前辈的欣赏和敬仰。诗词需要天赋，我在诗词方面再怎么努力，怕也是难以达到李乃适医生的境界；但作为一名医生，李乃适医生的这本书给了我榜样的力量，驱使我向着良医的境界不断靠近。

陈罡，美国哈佛医学院麻省总医院博士后

被爱珠串的文字
——《所有的爱都值得》序言

文/土 牛

南京市第一医院刘好医生的散文集《所有的爱都值得》出版前，委托文友季川找我作序。打开文集，看了《当患者欠费逃跑之后》《专业医闹来看病》《留颗心跳动在人世间》后，我一下子被文中卑微生命的不同遭遇吸引，被一个医者职业之外的仁心感染，甚至忽然觉得眼前的文字充盈着温暖的爱，并珠串成动人的华章。

治病救人对医生来说是天经地义的事，但在刘医生的笔下，患者们面对的是一个复杂的多维度的社会。在疾病之外，患者的家境、成长、教育、生活、遭遇等，将他们磨砺成各式各样的性格，形成五花八门的心理，与其说刘医生是在治疗人的身体，不如说她是在治疗人的灵魂，也在治疗社会的疾症。这本书让我们从凡人琐事中看到人性的弱点，也看到人性的关爱、高尚与光芒。

一口气读完全集，并非写序需要，而是出于一个读者对富有温情的文字的阅读欲望，出于一个旁观者对医疗行业的好奇。《所有的爱都值得》分成"生命无常　人间有爱""繁华落尽　不忘初心""为他千千万万遍"三部分，收录 39 篇散文，共 11 多万字。在阅读时，我甚至情不自禁地把一些黑色的文字在电脑上变成红色，感觉这些血色跳动的文字，更能体现一位白衣天使对生命的敬畏与博爱。

《当患者欠费逃跑之后》讲述的是一个糖尿病患者逃费的故事。故事一波三折，涉及不幸的人生、家庭的变故，以及爱心的温暖、道义的美好，也充满峰回路转的张力。在南京打工的23岁贵州小伙子，因糖尿病酮症酸中毒被同事送来住院，脱离危险病情稳定后，却欠费2000多元人间蒸发。作为主治医生，刘医生没有责怪，更多的是同情："而他，为什么放弃治疗，甚至有可能主动选择死亡，他肯定有自己的难言之隐。我一定要找到他，如果三天后他再不出现，会选择在电台登寻人启事，发动整个南京城的人去找他。"她甚至坚定地替患者辩解："对于欠费逃跑，很多时候会上升到人品和道德问题，关于人品，我不去评价，但他是一个鲜活的生命，我凭着自己的感觉，觉得他至少不是坏人，他一定有自己的苦衷，我始终这么认为。"接着，戏剧性的一幕发生了："事情总是那么凑巧，第三天晚上，我在逛超市的时候，一眼认出了他，我走上前去，喊他的名字，他很尴尬，脸臊得通红……"

读刘好医生的散文，总让我不由自主地有读小说的感觉，真实的故事有着意想不到的走向。在医患纠纷十分复杂的当下，她用爱的光芒，照亮了一个温情的世界。她说服患者回到医院继续治疗，并向读者解开了患者不幸的身世之谜："他出生在贵州一个偏僻的小山村，6岁那年，母亲不幸身患重病离开人间，留下他和父亲相依为命。父亲是一名建筑工人，在工地干活是早出晚归，几乎没有时间来管他，那时他就学会了自己照顾自己……10岁的时候，厄运再次来袭。父亲在工地上干活时不小心，从脚手架上摔了下来，送到医院，已无生命体征。工地负责人以操作不规范为由，赔偿几万块钱敷衍了事。他彻底成了孤儿，整天过着无依无靠的生活，整天忍受着继母的虐待，过着寄人篱下的日子。他读完初中就不再求学了，带着梦想开始了打工生涯。虽然在繁华都市工作很辛苦，但是至少自己挣钱能自食其力。没想到，自己又得了这种治不好的病，真是生无可恋……"为了让处在失业状态的患者继续治疗，刘好医生解囊相助："其实当时，我经济上也不是很宽裕，因为买房不久，还要养孩子。但是，我还是比他富有，如果3000块钱能救一条命，我觉得这是多么有意义的事情。想到这些，我就毫不犹豫地拉他到自动取款机旁边，掏出自己的银行卡，取了3000块钱给他。"

当然，结果是完美的。这名患者因及时治疗，病情好转，也能正常工作与生活，带给读者的更是满满的正能量："就这样，他又继续找我看了5年的病。有一天，他来看病，顺便辞行，说长期在外面打工也不是永久之计，他打算回家承包村里的那片荒山，准备种柑橘……去年的冬天，我收到了他寄来的一箱橘子，并附有一封信，信中说：刘医生，我知道你不是最富有的人，但是你一定是精神上最富有的人，我种了300亩的柑橘，今年是第一年收获，我把第一箱最好的柑橘寄给你——我的救命恩人。"

此外，《生命无常人间有爱》《生死抉择》《拉钩上吊》《暮年恋》《最好的老师》《上帝的使者》《爆米花香》等，每篇散文都是一个故事，每个事件都有一份思考，每份思考就是一次灵魂的对话。正如列夫·托尔斯泰《安娜·卡列尼娜》中的哲理名言："幸福的家庭都是相似的，不幸的家庭各有各的不幸。"在刘好的散文中，我们看到医学问题、科学问题、社会问题、人性问题、道德问题、生命问题、情感问题，她带给我们的是对患者的悲悯、对生死的发问，更是厚实的人文思考。

如《遗落在风中的小辫》："我看见太平间的管理人员把小辫推走了，进入黑夜中，进入寒风中，我仿佛看到了两条小辫在寒风中随风飘动。有时候觉得人生很短暂，仅在呼吸之间，有时候又觉人生是那么的漫长，就像那个晚上，分分秒秒如度年，那是我此生最难熬的黑夜。那天早上，我站在急诊室门口，看见了朝阳，却看不见希望。"

如《上帝的使者》："生命在上帝面前显得那么渺小，而他显得如此的无助。他急得眼泪都掉下来了。因为这是一台增加中国心外科医生搭桥信心的手术，这是一台改变中国冠心病患者命运的手术。同时他认为对患者来说是如此的不公平，如果不给患者进行手术，也许患者会半年内或者三个月内死掉，但绝对不是现在。他觉得自己就是一个罪人，是拿着手术刀的掘墓人。"

如《女儿的爸爸》："火盆里的纸钱，在轰轰烈烈的燃烧之后只留下一堆堆灰烬，爸爸随着一缕青烟却洒脱地变成了一个魂灵，可以时刻关注着我们，而无论我们怎么样去找寻期待，他却永远成了我们触摸不到的伤口。灵堂前的蜡烛一点又一点地燃烧着，就像人的生命在不知不觉中就尽了灭了……"

如《来自一份饺子的感动》："这位平凡的母亲是多么的不平凡，虽然冰霜夺走了她的春天，但是她依然用神圣的母爱，庇护着儿子幼小的生命一路前行，无论再困难、精打细算，也会向儿子兑现承诺……"

刘好是一位富有仁爱之心的女性，是一位情感细腻的作家，她在治愈病人身体上的痛苦，也在治愈人们灵魂上的创疾。就像她在后记中写的一样："我非常感谢南京市第一医院，这个看遍人间百态的地方，是我写作灵感的源泉。作为一名医生，首先要有强大的责任感……求回报的爱是一种私欲，是短暂的，只有不求回报的爱才是伟大的，是永恒的。这世间的每一个人都值得我们为其付出，因为所有的爱都值得。"

有人说医务工作者是高风险职业，医患纠纷愈演愈烈，白衣天使越来越不好做。可从刘好医生的散文里，我却看到了一个不一样的医护职业。刘好医生处处替病人着想，把他们当成自己的亲人，这也是我们这个时代所需要的。正如爱因斯坦所说：人只有献身于社会，才能找出那短暂而有风险的生命的意义。

这，或许就是本书的价值与意义所在。

土牛，中国作家协会会员、诗人、小说家

向光而行，自造人生
——读《自造》

文/杨博雅

小时候，每每看奥特曼打怪兽或者漫威英雄拯救世界时，心里总会冷不丁地冒出一句："你，相信光吗？"这或许是一个看似荒诞的问题，但只要我们向前多走一步，也许就会有不同的见解。2020年，北京朝阳医院发生了一起恶性伤医事件，让我关注到中国著名眼科专家陶勇医生。被伤后的陶医生再也拿不动手术刀，但他并没有因此一蹶不振。在最近的一年里，他写书、做公益，用另一种形式救死扶伤，这成了他人生中的一缕光。而《自造》便是他在这时期所写的。

《自造》就像是陶医生的"碎碎念"，记录了他平日里工作生活的趣事。书里有一条可以化解烦恼的"神奇走廊"：在别人眼里可能只是一条连通病房和门诊的通道，但在陶医生眼里充满了魔法。在那里，他看到面色发黑的老人、外伤的患者，他看开了许多，并从中获得治愈自己的良药。在日常生活中，或是受他人情绪影响，或是因工作琐事堆积，自己总会变得焦躁。这条"神奇走廊"可能存在于我们身边任何一个地方，所以，坦然接受坏情绪，给自己找一条释放情绪的通道，学会情绪自救，生活才能向光而行。

书中还写道："20 岁不用担心 30 岁会发生的事，30 岁不用担心 40 岁会面临的事，真正的努力，就是及时完成该做的事情。"陶勇医生就自身的实际经历，讲述了自己年轻时的困惑。这不由得让我想起去年刚踏上工作岗位的自己。进入临床，意味着我要肩负起管床护士的责任，独当一面，焦虑在所难免。况且大学里我所学的专业是助产，对于康复方面的护理我了解甚少，所以刚开始独立顶班时，我非常忐忑，甚至是害怕。烦琐的工作程序、复杂的康复原理，都让我感到力不从心。但我发现，越是带着这样消极的情绪去面对，越难以顺利地完成工作。于是我开始调整自己的状态，积极地暗示并在心里默默地告诉自己：每天比前一天进步一点点，我们埋头努力过的日子，时间都会记得。除了改变工作状态，我还利用空余时间了解科内常见的康复护理内容，提升自己的专业能力。一个个脑梗偏瘫患者从全身携带多种管路入院，到在医、护、康三方团队的用心护理和治疗下，逐渐拔管、康复，甚至重新站立行走，恢复生活自理的能力，其中就有一份属于我的小小贡献。我还记得在一次日常护理工作中，我经常护理的一位偏瘫失语患者对我竖起了大拇指。那一刻，工作中的成就感油然而生。时常有病人打趣道："小姑娘，你怎么每天上班这么开心啊？捡到钱了吗？"我也开玩笑道："对的，我每天都捡到钱！"在实际的临床工作中，压力数不胜数，长时间地在医院奔波，难免会有心力交瘁的时刻，但是读完《自造》，陶医生的分享给了我莫大的鼓励——保持乐观的态度，自造幸福的人生。

与其说《自造》是陶医生的"碎碎念"，不如说这是一本解答生活困惑的答案书。漫漫人生路，注定充满雨雪风霜，会遇到诸多不如意。我不禁想起前两周在福建平潭岛将军山参加党建活动时看到的一处景观：两块巨石的裂缝中，一束明媚的阳光照射进来。因此，我们应该始终相信：万物皆有裂痕，那是光照进来的地方。懂得自造幸福的人更容易收获幸福，我们需要积极调整生活的态度。工作中也是如此，在恩泽这个大家庭里，机遇与挑战并存，每位恩泽青年都应向光而行，为恩泽的医疗事业添砖加瓦，自造属于恩泽的灿烂"医"路！

杨博雅，台州恩泽医疗中心（集团）

向死而生
直面人生

在疾病和死亡面前，医者和患者是由生命串联到一起的朋友。患者把自己的生命托付给医者，而医者则把减除病人痛苦、挽救病人生命当作自己的天职，这是何等神圣而亲密的关系啊！
　　——《面临死亡之时，最能见人心人性——读〈死亡如此多情〉》

在日常忙碌的工作与生活中，我们总是忘了最想做的事，总是将想做的事列成一个长长的愿望清单，想着等忙完就好了，等毕业就好了，等升职就好了……很多想做的事情被搁浅，很多未完的心愿留下遗憾。实际上，及时去做想做的事情，及时对爱的人表达爱意……这与工作同样重要。
　　——《肿瘤科医生的思考：直面生命的无常——读〈当呼吸化为空气〉》

死亡为人们提供了一种必要的"结束"方式。正如日落需要夜晚一样，生命的终结也是不可避免的，死亡则为我们提供了一种结束生命的"仪式"。我们会哀悼和思考已故的人所留下的事物，回顾他们的成就和贡献，这种方式帮助我们告别，并释放我们的痛苦和苦闷，从而向生命的新阶段迈进。
　　——《向死而生——〈遗愿清单〉观后感》

面临死亡之时，最能见人心见人性
——读《死亡如此多情》

文/韩启德

读完《死亡如此多情》书稿，想了很多，包括平时不太想的问题。

这个世界上最无法否定的规律，大概就是"人都是要死的"。人从出生那一刻开始，就在向死亡走去，死是每个人的必然归宿。遗憾的是，多数人没有认真想过死，因为害怕而不敢正视死，或者虽然想过但没有想明白。及至生了重病，真切感受到死亡临近，才惊慌失措，仓皇应对，怨天尤人，痛苦万分。

孔子说过："未知生，焉知死。"从当时对话的场景看，他的意思是，连"生"都没有弄明白，还想什么死呢？但我认为，还应该说"不知死，何知生"，因为如果没有把死看透，对生就难以深刻理解。当然，一个人如果对生的价值和意义有了正确的认识，对死也就了然了。总之，无论对生还是对死，我们的态度都取决于对生命和人生价值的理解。

我们总有一天要面临死亡，把死想透想明白了，活着的时候就多了一份自由和洒脱，而当死亡来临时，也能坦然、从容和淡定。"生如夏花之绚烂，死如秋叶之静美"，这该多好！

本书中的病人在面临死亡时表现各异。有人恐慌，有人平静；有人只想到自己，有人更多地想到别人；有人怨天尤人，有人充满感恩；有人为多活一天可以放弃一切，有人选择有尊严地离开。至于病人家属的表现，更是各式各样：悲痛欲绝的有，无奈放弃的有，气急败坏的有，失去理智的有，宽恕感恩的有，平静接受的有……总之，面临死亡之时，最能见人心见人性，最能反映人的修养、品格和思想境界。

这本书中垂危的病人对世界和人生深深的眷恋，与家人和朋友之间浓浓的爱和情，都令我感动，但更使我感动的是医患之间的那份情感。在疾病和死亡面前，医者和患者是由生命串联到一起的朋友。患者把自己的生命托付给医者，而医者则把减除病人痛苦、挽救病人生命当作自己的天职，这是何等神圣而亲密的关系啊！现代医学发展日新月异，但在很多疾病面前，人们还是束手无策。我们的医者应该牢记"有时去治愈，常常去帮助，总是去安慰"，视病人为亲人；而我们的患者则要信任和体谅医者。我注意到，在这本书的众多案例中，凡是患者信任医者的，都唤起了医者对患者更深的情意和责任——将心比心，这不是很自然的吗？当前社会医患关系紧张，当然有制度方面的原因，但医患双方修养的缺失也是重要因素。读完这本书，相信大家会对此有所体会。

当前"技术至上"流行，我们的医者常常忘记自己面对的不仅仅是疾病，更是有思想、有情感的人，加强医学人文教育和实践已经成为当务之急。这本书里每篇文章都是医护人员的亲身经历，点点滴滴，娓娓道来，其事亦真，其情亦确，特别能触动人的心灵。由此，我想到国外近年来兴起的"叙事医学"，由医者或患者把从医过程中正规病历以外的细枝末节、心理过程乃至家属的感受记载下来，使临床医学更加富有人性，更加充满温情。这将大大有助于患者的诊疗，有助于有效减轻患者的痛苦。如果这样的工作与文学结合，则能产生触及人们灵魂的好作品。人是最鲜活的生命，生命最深处是灵魂，当生命受到威胁的时候，灵魂必受触动，而文学是写人的，把这些写出来能不感人吗？它们也必然让我们对生命有更加深刻的认知和体悟。

这是一本描述生、死、情的好书。希望我们的医务工作者都来读一读，更好地懂得病人，对医学是"人的医学"有更深的理解。希望我们的病人都来读一读，更好地懂得疾病，理解医者。希望大家都来读一读这本书，更好地懂得生和死，更加珍惜生命，热爱生活，过好每一天。

韩启德，北京大学前沿交叉学科研究院院长

注：本文原为《死亡如此多情》（中信出版社 2019 年版）一书的序言。

离别，请尽情哀伤
——读《死亡如此多情》有感

文/雷文静

《死亡如此多情》是一首娓娓道来，医、护、患共同面对死亡的悲歌。百余位医生口述纪实，讲的是医生面对临终病人时的所见所感，也勾勒了患者及其家属面对死亡的人生百态，其中有悲伤，有绝望，有坦然，也有仓皇无措。初读之时，只觉得悲凉。人生不论是丰富精彩，还是寂寂无名，总是要面对"死"这个终点。医生作为死亡的见证者和人生的送别者，往往被要求克制和冷静，似乎只有这样才是专业，才值得慌乱的家属信赖。被要求得久了，医生在外人看总显得麻木。困在这样的人设中，医生也会自我欺骗："对，我就是那个无情的人。"

父亲查出肝癌，管床医生说没多长时间了，只能对症处理。我又找了很多其他医院的肿瘤科医生，给出的结论相差无几，父亲这个春节可能挺不过去了。我告诉父亲，他得了很严重的肝硬化，要好好治疗，那一天特别阴冷。我觉得父亲相信了，至少表现出来的是他相信了，挂在嘴边的口头禅变成"等我好了，出院了，一定好好锻炼身体"。接下来的时间，我和妈妈轮替着看护。父亲精神好的时候，会和我讲他小时候受了很多委屈，奶奶偏心小的，他这个做老大的要干最多的活，挨最多的骂。年轻的时候，他在部队多么开心，多么辛苦。中年的时候，奶奶还是偏心，但他觉得自己的女儿比其他人的孩子都要优秀。

虽然还是苦闷，但他的心态好多了。我很隐晦地问他，有没有什么想做的？他说，想开着车，带着爷爷、我和妈妈，回一趟甘肃老家，花一两个月，一路走走看看。

一次消化道出血加速了这场匆忙的单方面离别。父亲的话变得越来越少，我几乎可以看到生命的气息从父亲的身体里向空气中一点点消散，他变得越来越晦暗。作为医生，我看过太多临终抢救的折磨。我没有告诉母亲，自己签下了拒绝转ICU、拒绝气管插管、拒绝胸外心脏按压、拒绝电复律的文书。理智告诉我这样做是对的，但我也认为是自己把父亲直直推向了死亡。父亲弥留之际并不安详，以至于到现在，我还能听见父亲喉头的喘息，看见他瞳孔的扩散，触摸到手心的冰冷。我只能在父亲耳边不断地讲："爸，放心，我会坚强，我会照顾好妈妈，我会带着你回老家。"

父母是挡在死亡和你之间的一道墙，父母过世了，你才会真正面对死亡。然而，我并没有因为父亲的离世而变得坚强，我变得更加敏感了。我会沉溺在父亲死亡时痛苦的窒息感中，想象父亲是不是那样的绝望和无助。即使看到电视剧里有人受伤，我也会感到疼痛和焦虑，想象父亲是不是也经受了那样的切肤之痛。我会在午夜梦回之时，一遍遍责问自己：是不是应该告诉父亲实情？这样他就有时间好好跟这个世界告别。我会在无数个生活碎片里拷问自己：如果我没有在外省工作，而是待在父亲身边，就能早点发现他被肿瘤侵害的身体，或许父亲还有生的机会。我会在电话响铃时愤怒，即使那是来自朋友、亲戚的安慰，因为每次安慰都会让母亲一遍遍揭开血淋淋的伤疤给他们看。我没办法冷静，因为冷静会告诉我，父亲的疾病已经进入终末期，死亡是必然，这份冷静会扩大我的愧疚，愧疚自己怎么可以对父亲这样"无情"。我很痛苦，但我需要这样折磨自己，仿佛这样才能让愧疚少一点点。父亲离世，对于世界来说不过是多了一座小小的坟墓，但对于我就像是埋葬了我的生气。

我一直认为，人死了便是死了，没有那么多凄美和缱绻。然而父亲走了之后，我更愿意相信，人会轮回转世，会变成天上的一点星光，会变成停留在墓前的一只小小的斑衣蜡蝉，会变成某个清晨站在家里梧桐树上不肯离去的喜鹊，会变成暴雨骤来之时屋檐溯在我手心的一颗雨滴。

我上了很多年学，读了很多书，学会了治疗疾病，却没有学会面对亲人的死亡。我知道死亡是每个人的终点，我明白这只是躯体消亡的形式，我了解逝者已逝、生者还要向前看的道理，可是我只愿意感受痛苦、绝望、恐慌和自责。我沦陷在自责——不够坚强——更加自责的恶性循环中。如果父亲在世，大概会因为我的懦弱而感到失望；如果父亲九泉有知，大概会因为我没有做到坚强而失落。

再读《死亡如此多情》，我已成为"曲中人"。"父亲的死亡让我刻骨铭心"这个章节仿佛是我在漆黑雨夜里见到的一盏昏黄的灯火。作者从医近30年，挽救过很多病人，面对过无数次生死离别，却远不及面对自己父亲去世那样刻骨铭心。我从作者的经历中找到了慰藉。原来见惯生死的医生也会沉沦在亲人的离别中，原来这种自我的痛苦折磨不是自己才有，原来不能面对至亲的离世不是自己的特例，原来懂得死亡的过程仍不能接受的不只是自己，原来不需要维持体面和克制。

即使是医生，即便懂得疾病的机制，即便明白治疗的方案，也希望亲人的臂膀给予安慰。即使是医生，即使面对过多次生死，即使接受了遇事要冷静沉着的训练，在面对至亲的离别时也会痛断肝肠。

父亲离世，我应该尽情哀伤，用这份哀伤见证父亲努力地活过；我应该尽情哀伤，用这份哀伤送父亲最后一程；我应该尽情哀伤，用我的哀伤告诉父亲，我还有很多话没有讲。哀伤不是不坚强，回避才是懦弱。

父亲在离别时还是在照顾我，让我以他为例，学着如何直面死亡。下一个清晨会如约到来，只是父亲留在了昨天。

雷文静，中国科学技术大学附属第一医院（安徽省立医院）肾脏内科

死亡亦需要尊重
——《死亡如此多情》读后感

文/赵青青

书中说，人从出生那一刻开始，就在向着死亡走去，死是每个人的必然归宿。遗憾的是，多数人没有认真思考过死，因为害怕而不敢正视死，或者虽然想过但没有想明白，以致生了重病，真切感受到死亡临近时，才惊惶失措，仓皇应对，怨天尤人，痛苦万分。面临死亡之时最能见人心，最能体现一个人的修养、品格和思想境界。

说到这，思绪把我拉回 2014 年 5 月 11 日晚。这一天似乎过去了好久，久到我几乎记不得爷爷的名字，可当时的画面仍然历历在目。那晚，39 床的爷爷沉默地躺在床上，他在竭力地呼吸，但仍感力不从心。心电监护仪上不断闪烁的红灯与报警，也在提醒大家，爷爷将不久于人世。可他的家人没有我们司空见惯的那般哭喊，而是静静陪在他身边，陪伴老人家度过人生最后一段旅程。当死亡如约而至，心电图呈现直线的那一瞬，子女不约而同下跪的那一刹，奶奶慈祥地抚摸着爷爷的脸，亲吻着爷爷的额头，泪水从眼角轻轻滑落，然后连成一条线，我的眼泪再也忍不住了……爷爷走了，走得很安详，应该没有留下什么遗憾吧，因为爷爷是幸福的。"生如夏花之绚烂，逝若秋叶之静美"，应该说的就是爷爷吧，愿爷爷在天堂没有痛苦……

书中，19岁的宇死于骨肉瘤。他12岁时第一次看病，一次次的肿瘤复发对本就不富裕的家庭来说无疑是雪上加霜，可父母从未放弃。几年治疗下来，宇的病情每况愈下，医生劝父母考虑一下，量力而行，可父母的回答是：咬牙治到底。宇也说过不想治了，宇的母亲恸哭："你是妈的精神支柱，山穷水尽妈也陪你走到底！"懂事的宇再不提放弃，多难熬的治疗都咬牙扛下来。然而，天不遂人愿，宇的病情骤然恶化，本想放弃有创抢救的母亲在真正到了生离死别的时刻，却突然发疯似的号啕痛哭，可母亲拼尽全力也未能挽留住……作为医护人员，我们在医院见过太多的束手无策和人财两空，也许这时，我们又会对家属说：考虑一下，量力而行。可换位思考，如果事情发生在我们自己身上，我们面对的是自己的孩子，又怎么能做到放弃？眼睁睁看着孩子受罪却无能为力，我们又怎能看得下去？但从理性角度出发，适时放弃也不失为一种正确的选择。然而，究竟何为理性，又何为正确？插满各种管子，戴着呼吸机，躺在冰冷的ICU？还是拔掉最后一根生命的稻草，安详地离去？我想，每个人心中应该有不同的答案……"有时是治愈，常常是帮助，总是去安慰。"也许这就是我们医护人员应该做的吧！

《死亡如此多情》这本书一共有四篇，其中第三篇"医患关系"中讲到，作为生命最后的陪伴者，我们唯一能做的就是心怀悲悯，与患者同在。医学不是万能的，无论古今。人类对自身疾病的了解远远不够，且永无止境。医和患的相辅相成、理解配合，才是人类与疾病斗争的关键。

是的，入职10余年，我深有体会。记得那个夏天，来了一位奶奶，腹腔肿瘤晚期，且没有手术的可能，姑息治疗。看到奶奶的第一眼，我就为她感到惋惜，为什么这么和蔼可亲的老人不能长命百岁呢？我每次去病房望着奶奶瘦弱的身躯躺在病床上，都会抚摸着她的身体，轻轻地唤几声

"奶奶"，怕打扰到她也不敢说太多。而当我休息一天再回来上班的时候，奶奶却说："你昨儿没来上班我都想你了，想听你喊奶奶了。"奶奶不是不想说话，是没有力气说话，似乎我心里想什么奶奶都知道。然后家属说："你抱抱奶奶吧，奶奶想你了。"抱着奶奶，我的眼泪就忍不住地往下流。奶奶说："不哭不哭，以后你一定要好好工作，听从组织安排，照顾好孩子和家庭，我今天就回家了，好在你今天上班，还能见你最后一面，我活不了3个月了，我们以后就见不到了……"听到这里，我哭到哽咽……本是萍水相逢，但茫茫人海中我们能够遇到，在生命的最后一程多一个我来送她，这便是缘分！每每想起，我总是泪眼模糊：奶奶，您在天堂还好吗？

虽然我们见过太多的生老病死，但每一次经历都是感慨万千！书中讲到35岁的小范用微笑迎接死亡，接触过她的医护人员和病友都很喜欢她，因为她很阳光，她用自己的微笑和真诚感染着身边的每一位患者。但死神的脚步没有停止，小范的病情稳定半年左右又出现了恶化，她忍受着巨大的痛苦，依然用最后的力气努力微笑着。她说，不想看到老公孩子哭，不想看到父母哭，她想永远记住他们的笑容，让他们的笑容陪伴着自己去天堂。直到离开的那一刻，她的微笑依然挂在嘴角，她的笑容成为她留给家人最大的财富。

生命是一种偶然的机遇，而死亡是一个必然的过程。"向死而生"，选择坦然、从容面对死亡是一种积极的生命态度。每一个生命都是一个传奇，在历史的长河中都留下了自己的痕迹。而去向彼岸，则是生命中最宁静、庄严、璀璨的时刻，它昭示着：热爱生命，热爱亲人，勇敢面对死亡，临终前保留自己的尊严。是的，死亡虽是生命的终结，但亦需要尊重，那是为生者在未来的岁月里勾勒的一幅美丽的生命愿景！

赵青青，济宁医学院附属医院

敬畏生命，尊重死亡
——读阿图·葛文德《最好的告别》

文/李 昂

在过去多年的从医生涯中，作为一名临床一线医生，我见了太多死亡与告别，有声嘶力竭的，有声泪俱下的，也有无声哭泣的。如果衰老和死亡是所有人生命的终点，那么在生命的最后一程，我们应当如何说再见？读了《最好的告别》这本书，让我对人的衰老与死亡有了新的见解与思考。

《最好的告别》一书的作者是阿图·葛文德，哈佛医学院教授，他是畅销书作家，更是医疗界出色的医生。也正是他的医生职业，让他在人类生死的问题上有了颇多感悟。作者阿图一辈子都在做外科手术，他救了很多病人，也目睹过很多病人离去。他发现，这些年来随着医学技术水平的不断提高，老年人的离世与过去完全不同，过去的老人通常是自然地在家里离去，而现在的老人几乎都是在医院离世，被治疗搅得神志不清的老人们根本没有机会跟最爱的人好好告别，留给家属的只是医生的一句"人走了"。无法挽回的抢救其实是种伤害，大家或许会有这样的感受：当身边的老人身患重病时，我们的第一反应可能是无论花多少钱都要治，殊不知患者和家属这样的执念，让几乎所有的老人都没有做好告别世界的准备。

难道这本书是要告诉我们，一旦亲人罹患重病就要放弃治疗吗？当然不是。我们要辩证地去看这个问题，就拿阿图和他父亲的故事来说，阿图的父亲在 70 岁出头的时候被检查出脊柱肿瘤，阿图立即找了两位很有经验的神经外科医生咨询，两位外科医生的建议却各不相同。一位医生提议尽快开刀，把脊柱切开拿出肿瘤，并且告诉他们手术的代价是几周之内可能瘫痪，但别无他选；另一位医生的建议则是，等到阿图的父亲自己觉得情况不能忍受，想要考虑治疗时，才做手术。阿图在和父亲商量后，决定听从第二位医生的建议，父亲觉得自己虽然查出了脊柱肿瘤，但目前依然可以自由地打网球，做自己想做的事情。这种尚可维持的状况保持了整整四年，直到有一天阿图的父亲感到不适并决定去做手术。这四年的时光对于他们来说无疑是幸福的。

作者在书中提出，在现代医学普及之后，我们的健康曲线发生了两个重要变化：一个是健康曲线开始走下坡路的节点向后延长了很多，也就是说一个人能够越来越长久地健康地生活，现在七八十岁体格硬朗的老年人有很多，这在过去很难想象，这主要归功于我们对一些传染性疾病、慢性疾病的有效控制和治疗；另一个重要变化是，当人们身患重病或者非常衰老，健康曲线开始明显向下走的时候，医学干预也能把这个陡峭的山坡拉长，变成一个缓坡，健康程度下降的速度开始变慢。但当我们仔细去看这条曲线最后一段的时候，会发现哪怕病人即将触及死亡，这个曲线仍然还有一段距离才终止，这就是我们通过各种抢救措施，在重症监护病房把一些身处重病末期的人、濒死的人一次又一次地拉回来。

在传统观念里，其实我们总是隐隐地拒绝承认生命周期的限定性，不愿意承认衰老和死亡是不可抗拒的，在日常生活中人们对此尽量避而不谈。而在医疗过程中，即使在面对终末期病人时，哪怕医生已经理性地告知家属，死亡已经不远，但我们还是会宽慰病人说："没事的，你会好起来的。"对于临终老人和处于生命末期的患者，我们往往一门心思想着延长他的生命，一味地致力于把健康状态下降的曲线拉长再拉长。最后，人们只能在医院的监护室里度过生命最后的时光，这或许是我们这个时代特有的悲剧。那么，当生命的时钟进入倒计时，我们到底应该如何好好地和这个世界告别呢？

"偶尔治愈，时常缓解，总是安慰"，我想我们都应当好好思考这句话的意义了。前面我们已经了解，现代医学是如何彻底改变了人们面对死亡的进程，那么摆在当今医生面前的问题就是：在这一条长长的不可逆转的生命下坡路上，我们的患者最需要的是什么？书中提到一个例子：如果你去过养老院，你会发现在里面生活的老人，虽然人还是原来的样子，但眼中的光芒不见了。美国一家养老院为了对抗老人常有的厌倦感、孤独感和无助感，曾经做过这样一个尝试：他们引入了很多植物和动物，一段时间之后的效果非常令人欣慰——这个养老院的药品使用量下降了六成，死亡率降低了15%。我们中国人有时候会把老人形容为"老小孩儿"，是说人上了年纪之后脾气秉性反而越来越像小孩子了，其实这也是老人们在以独有的方式呼唤更多的关爱。这些都是在解释我们所面对的那个问题：人在生命最后阶段真正需要的是什么？

敬畏生命，但尊重死亡，尽力抢救，但也可以给患者最好的告别。

我想这并不矛盾。我们终将迈进这样一个时代：在这个时代，越来越多的医生认识到，他们的工作不是以安全的名义限制患者的选择，而是扩大患者选择的范围。我希望在未来的从医路上，我能在用尽全力延长患者生命长度的同时，也给予患者更多的关怀与照顾，进行更深入的沟通交流，给予患者更多的理解，让他们的生命更有质量地延长。愿我们余生都能为此全力以赴。

李昂，新疆医科大学第一附属医院昌吉分院

我们都有最好的告别

——《最好的告别》读后感

文/郭羿辰

多年前，母亲体检查出胆结石，但一直没有发作过。10多岁时，我离家求学，身在异地，陪伴母亲的时间很少。毕业后，我留在成都工作，母亲每年都要来成都，我带她到医院体检，劝她把手术做了，但她以不痛、酒精过敏为由，坚持不做，我遵从了她的选择。2014年5月，母亲查出胆囊癌，我深深地后悔和自责。安排好了一切，父亲带母亲到成都治疗。2个月后，母亲仿佛预感到了什么，坚持要回家乡。周末，我在成都和家乡之间往返，但陪伴她的时间依然不多。几个月后，母亲离开了我们。第一次直面至亲的离世，茫然、空虚、懊悔，昏昏然过了好些天。

2015年，一位朋友与我分享了《最好的告别》。第一次阅读，相见恨晚。如果早些年能读到，陪伴母亲的时光，我应该能做得更好。

在母亲临终的那段日子，她跟大多数的中国老人一样，把人生最后的选择权交到家人的手中，无法做主。对她的治疗，一直都是医生把我和父亲喊到办公室，交代病情，我们商量、选择，以我们认为正确、对她好的方式继续治疗。《最好的告别》里有一段话："拉克罗斯的医疗界领导引领了一场本系统内部的运动，让医务人员和病人讨论临终愿望。他们同富有这类谈话经验的人坐下来，完成一项浓缩成 4 个关键问题的多项选择表。在生命的这个时刻，他们要回答以下 4 个问题：如果你的心脏停搏，你希望心肺复苏吗？你愿意采取如插管和机械通气这样的积极治疗吗？你愿意使用抗生素吗？如果不能自行进食，你愿意采取鼻饲或者静脉营养吗？在清醒时能自主选择的情况下提前与家人及医护人员沟通，明确本人的意愿，请家人及医护人员尊重。"如果当时我能了解到这些，在母亲清醒的时候与她好好谈谈，听听她的想法，让她自主选择，该有多好。

作者阿图也谈到与自己患病的父亲最后进行的艰难而坦诚的谈话，他尊重父亲的选择，直至死亡告别。作者的最大感受是：父亲已经明确交代过，他希望如何书写故事的结尾，结尾不仅仅对死者重要，对留下来的人也许更重要。

想想当时，我虚弱的母亲有没有什么要交代的呢？我们对于死亡都不愿意多谈，即使知道结局，家人们依然违心地安慰："没事的，好好配合医生的治疗，会好起来的，你今天看起来好一些了……"每天，我们都在说这些无意义的话，却遗憾地错过了与母亲最后艰难而坦诚的谈话。现在想来，我们都没有正式地告别，就这样匆匆地永别了，留下永远无法弥补的遗憾和伤痛。后来，我把这本书分享给了身边的朋友。

2020 年，部门开展"共读一本书"活动，我与同事们分享了这本书。在工作中我们发现，很多老人都不能坦然面对衰老，不愿意谈论死亡，甚至逃避。死亡教育是我们很多人都缺失的一课。这些年告别了几十位老同志，他们无一例外，都是在医院去世，最终把选择权交到家人的手中，对于自己最后的人生无法做主。我们对疾病的认知——什么时候努力医治，什么时候放弃治疗，最后的日子怎么过，很多时候都没有概念。他们离开时，对死亡的恐惧和疾病的痛苦可曾减少？与家人交代好了吗，有什么遗憾吗？

书中谈到美国的善终服务，很多人都是在家里、在家人身边过完人生最后一段日子的，患者在爱的氛围中渐渐离开。目前，国内有些医院也设置了安宁病房，社区医院也开设了临终疗护病区，但这类床位和临终关怀的服务还远远不够。前两年，有一位60多岁身患癌症的老同志在我们的建议下入住华西医院的临终关怀安宁病房，几天后去世。我们去看望她的家人，女儿谈到母亲的离世，用了"安详、平静、没有遗憾"等字眼。最终陪伴的日子，减轻了亲人的痛苦，也疗愈了活着的人。

2022年，再次阅读《最好的告别》，我意识到，它给我的启发是：如何看待和接受变老这件事？为老做哪些准备？如何摒弃一些陈旧的观念，将自己的老年生活管理好？书中87岁的菲利克斯谈到老年生活目标是在医学知识和身体允许的范围内，过尽可能体面的生活，所以他存钱，没有早早退休，没有财务困难。他保持社会联系，避免孤独；他监测自己骨骼、牙齿和体重的变化；他确保自己有一位具有老年病医疗技术的医生好友，能够帮助他维持独立的生活。菲利克斯的做法值得我们的老同志学习借鉴。老年生活最主要的是独立生活的能力，这也是老年人非常看重的，从我父亲身上我就看到了这一点。父亲已经81岁，曾经是一名工程师，他工作到近70岁才完全退休。他现在生活完全自理，每天坚持外出散步锻炼，做家务，看新闻，到公园找人聊天；身体健康出现状况，会到医院听取专业医生的建议，及早治疗。在生活中，对于不会的事情，他希望你能教他，而不是直接代劳。他希望通过学习能自己解决问题，独立生活。我们身为子女，就是要尽可能地帮助他独立生活，延长他独立生活的时间，这点在书中也有提到——老人觉得生活中最好的事情就是能自己上厕所。

从阅读《最好的告别》那天起，每隔两年我都要重温一遍。每一次阅读，都能抚慰我的心灵，让我有新的感悟，让生活重新出发。作家梁实秋曾说："读书的目的，不是要取得多大的成就，而是，当你被生活打回原形，陷入泥潭时，给你一种内在的力量。"把一本好书分享给身边的人，就是给予他们前进的勇气和力量。

郭羿辰，成都中医药大学附属医院

母亲的告别，逝若秋叶
——读《最好的告别》

文/刘　畅

　　栀子花香的时候，也就到了江南的雨季，潮湿的季节潮湿着人心。端午假期，人们在梅雨中尽享赛龙舟、挂艾草、佩香囊、品粽子等传统民俗文化活动，体味中华文明的博大精深。而我则利用难得的假期，选择宅家拜读美国外科医生阿图·葛文德所著关于衰老和死亡的书《最好的告别》。

　　先来说说作者。作者阿图出生在纽约的一个医生世家，作为印度新移民的后代，他成长在西方文化和教育环境下，先后就读于斯坦福大学、牛津大学和哈佛医学院，是白宫最年轻的健康政策顾问，也是影响两届美国民主党政府医改政策的关键人物，是《时代周刊》2010年全球"100位最具影响力人物"榜单中唯一的医生。他的专栏文章在美国公众中反响巨大，同时斩获了众多文学奖项，被认为是医生中最会写作的人。

　　我是一名有着30多年工龄的普外科医生，而作者阿图碰巧也是一名普外科医生，相同的职业似乎拉近了我和他的距离，亲切感油然而生。我被书中的内容所吸引，几乎是一口气读完，接着又读了第二遍。

　　下面该说说我的母亲了。母亲出生于1933年，原本子女们商量着给她过九十大寿，可她没能等到这一天，于2023年底因脑出血而移步天堂。

也许是职业的原因，当母亲进入衰老以后，我开始观察她的一切，包括身心的变化。我将母亲从衰老、生病到告别这个世界的所有选择，与阿图在这本书里面叙述的他的父亲从患脊髓肿瘤到离世的一切选择相对照，近乎完美契合。谢天谢地！

回想起来，80岁以前，母亲的身体几乎没有任何大毛病。老人家一辈子勤劳持家，为人友善，心胸豁达。可是，无人可以逃脱生命的悲剧，那就是从出生的那一天开始，每个人都在不断老去，我的母亲也不例外。80岁以后，她的健康状况每况愈下，牙齿松动脱落，血压升高，睡眠质量下降，容易摔跤，出现听力障碍，等等。与此同时，她开始念旧，逢年过节子女回到身边的时候，她唠叨最多的除了往事还是往事。

在她生命的最后几年里，她目睹身边越来越多的人，尤其是比她年龄还小的人离世，感慨万千。她用朴实的道理告诉我：老和死谁也逃不掉。她说，她已经接受自己老了这一事实；她说，她不怕死，尽管她也眷念眼前这个世界；她告诉我，不做毫无意义的抢救，她不希望死在医院，她要在家里断气，她想走得干脆，不希望连累子女，死的时候她希望子女都在身边。很明显，她希望能够平静地抵达自己生命的终点，她需要保持尊严，她想走得体面。

由于是在半夜发病，被家人发现的时候，她已经错过了脑出血救治的时间窗，脑部CT明确了右脑基底节区有超过30毫升以上的出血量，她的意识几近丧失，肢体瘫痪，生命体征极不稳定。如果这个时候选择手术治疗，先不说手术疗效，对于一个90岁高龄的老人来说，单是全麻这一关可能就过不去。

作为家中唯一学医的我，这个时候必须由我来最终决断。我内心的波澜难以言表，我得遵从她生前的愿望，决定放弃抢救带她回家，让她回到她生活了一辈子的温暖而熟悉的家。这个决定无疑是我最痛苦，但同时也最幸运的人生阅历。

事实上，没过几天她老人家就安宁地走了。走的时候，她极力睁眼环顾四周，子女们都围在身边，最终，她逝若秋叶般悄然而从容地闭上眼睛。走的时候，她的血管里没有药物残留，皮肤完整，没有缝线和褥疮，身上没有插满管子。这是不折不扣的寿终正寝。我无法想象，如果选择不遗余力地抢救，选择开刀、ICU、插管，该是一个什么样的境况？生的愉悦与死的坦然都将成为生命圆满的标志，我的母亲做到了。

那么，问题来了：面对衰老和死亡，什么是最理智的医学选择呢？生命的最后一课必定是衰老和死亡，现代医学再怎么发达也无法摆脱一个确定的结局，那就是永远无法战胜死神。在医学院读书期间，我们从人体解剖学开始就学了很多东西，但是不包括死亡，对于衰老和濒死我们仍旧一无所知。现代医学界为"生"做好了准备，但没为"死"做准备，或者说把"老、弱、死"过度医学化了。

什么时候努力医治？什么时候放弃治疗？是的，选择放手可能更加困难。事实上，当人的大限来临，尽全力抢救也许并不是最正确的做法，有些时候少做一点反而是某种意义上的救赎。如此，我们才有可能创造机会，为生命的终结迎启那最好的告别。

作者在这本书中，用鲜活的实例主要讨论了三大话题：临终医疗、护理和养老。其中对医患沟通方式的臧否，对缓解当下国内紧张的医患关系来说，应该有所启迪。作者批评了传统的"家长型"模式——医生拥有全部的权威，医生做治疗决定，病人则是医生决定的被动接受者。他也反对"资讯型"模式——一种零售式的关系，医生负责提供信息，病人负责做决定，但病人常常很茫然，很难做出正确的决定。他推崇"解释型"医患关系——医生和病人共同做出治疗决定，为此，医生要充分了解病人的治疗目标、生命愿望，然后努力帮助病人实现。

死生有度，生命无常。恋生恶死是人之常态，在衰老和死亡面前人人平等，国王大亨也好，车夫乞丐也好，地位和金钱都无法改变个体生命衰老和必死的事实。至于如何优雅地跨越生命的终点，大多数人缺乏清晰的判断。我想这个答案就是：老得更舒服，死得更坦然，就像我脑出血的母亲、作者患脊髓肿瘤的父亲一样。要让人人都有最好的告别，恐怕需要社会政策的配套，以及长时间的心理准备过程。

医学科学赋予我们的能量是极其有限的。我很庆幸，没有多少文化的母亲把这一点看得如此通透，她自己选择的告别愿望，我能够最终帮她实现，对此我充满感激。母亲的告别堪比逝若秋叶之静美，母亲的告别恰似生如夏花之灿烂。

刘畅，复旦大学附属金山医院

肿瘤科医生的思考：直面生命的无常

——读《当呼吸化为空气》

文/吴海军

《当呼吸化为空气》，这本书的作者是保罗·卡拉尼什，美国著名神经外科医生、作家。保罗医生在事业巅峰期确诊晚期肺癌，本书主要是保罗医生患癌后的抗癌自诉，以及抗癌过程中他对人生、对亲情、对生命的思考。

保罗生在一个开放的中产家庭，从小对世界充满求知欲与探险欲，想了解人类大脑是怎样进行思维活动的。于是，他不断地在文学与哲学中寻找答案，寻找未果后，开始学习医学，专注于神经外科，曾因其出色的研究成果获得美国神经外科医生协会最高奖。

2013年，即将成为神经外科教授，并拥有自己的实验室，抵达事业巅峰的保罗，忽然被诊断出晚期肺癌，就像一辆加满动力的列车经过崎岖路程快要到达顶峰的时候突然出现故障，保罗正在走向辉煌的人生戛然而止，他无法继续从事自己所热爱的事业，而开始面对更加崎岖且看不到未来的抗癌路程。2015年3月，走过这条崎岖抗癌之路的37岁的保罗，告别妻子和女儿，离开了人世。

确诊晚期肺癌后，保罗的社会角色发生了转变——从医生到患者，开始以医生与患者的双重身份审视疾病与自己的人生。一般患者在听到噩耗时会经历这样的过程"否认—愤怒—讨价还价—消沉—接受",保罗恰恰相反。作为一个医生,他从一开始就接受了死亡的来临,用一种医生特有的理性、通达的态度去面对它,用已经掌握的医学知识去了解它,经历了消沉与绝望后,他最终选择了面对。经过和不离不弃的女友商议,他们决定结婚,决定共同孕育一个新生命,决定直面痛苦,并且完整记录自己的抗癌经历。

这本书是保罗确诊肺癌后记录的治疗经历与心路历程,它不是抗癌的心灵鸡汤,却更加客观真实,富含精神营养。

一、生命的无常

阅读此书,首先感受到的是遗憾与无奈。35岁之前的保罗是一个孜孜不倦的求知者,是一个充满斗志的神经外科医生,每天接受高强度的训练,每天与死神打交道。他努力、务实,即将成为斯坦福大学神经外科教授,更多的患者可以接受他专业的治疗,他的生活充满朝气与希望,神经外科领域等待着他大展身手。

确诊晚期肺癌之后,经历了短暂的沮丧与绝望,他开始接受现实,开始和妻子一起查阅资料,咨询相关专家,确定最适合的治疗方案。在治疗的过程中,曾经病灶好转,希望曙光初现,也曾经肿瘤进一步发展,重新陷入绝望……反反复复后,保罗选择了姑息治疗,面对身体的痛苦和病情的无可逆转,保罗开始为死亡做准备……

在生命的最后一刻,所有家人都守护在他身边,保罗安静地告诉自己"我准备好了",意味着他准备好撤除呼吸辅助设备,准备好注射吗啡,准备好离开,准备好最后一次对妻子和女儿说"我爱你",保罗选择了"安乐死"。因为有了这两年与疾病抗争的历程,家人已经做好了心理准备,能够更加平静、更加洒脱地与保罗告别。

二、及时处理"愿望清单"

35岁之前，保罗的生活是忙碌的，没有时间去做工作和学习以外的事情，没有时间与爱的人好好沟通，没有时间与相恋多年的女友商量未来的路。他总以为取得职位才是最重要的事情，总觉得未来还有很长的时间。

确诊肺癌之后，保罗认识到："重大疾病不是要改变人生，而是要将你的人生打得粉碎。感觉仿佛神迹降临，强烈的光突然刺进眼睛，照射出真正重要的事情。"保罗的生活变慢了，以前没有琢磨清楚的事情反而在工作停下来后慢慢明白，癌痛颠覆了保罗的认知，加深了他对病痛的认识，也增加了他对时间的珍视和对生命的留恋。

在日常忙碌的工作与生活里，我们总是忘了最想做的事，总是将想做的事列成一个长长的愿望清单，想着等忙完就好了，等毕业就好了，等升职就好了……很多想做的事情被搁浅，很多未完的心愿留下遗憾。实际上，及时去做想做的事情，及时对爱的人表达爱意……这些与工作同样重要。

三、直面现实

阅读此书，我还感到深深的震撼。保罗从医生的角度审视自己的病情与治疗："要是我确切地知道自己到底还剩多少个月或者多少年，前路也许会清晰很多。你要是告诉我，还剩3个月，那我就全部用来陪家人；还剩一年，我可能会写一本书；还有10年，我就回去救死扶伤。'活在当下'这种真理对我根本没有帮助，我这当下到底该怎么活啊？"

死神随时可能光临，在生命的最后时光诚实地记录自己的心路历程，是一个丈夫的担当，也是他留给女儿最好的财富，不是故作坚强，而是将自己内心的动荡完整表达，其中有正面的力量，也有负面的情绪，这才是一个完整的情绪表达，就像生活，有好也有坏。

因为是医生，保罗更清楚自己的身体状况，却也比常人更加煎熬、痛苦，他似乎可以想象肿瘤是怎样一点点吞噬他的身体，他却无法阻挡死神的脚步；也恰恰因为是医生，他可以更从容地选择自己离去的方式，知道已不会再出现奇迹；也因为一直在为死亡做准备，接受的过程有了足够的缓冲，于是他放弃了最后的抢救，用一场普通的家庭聚会安静地与家人告别，告诉所有人自己爱他们，然后安静而有尊严地离去。

这里有无可奈何，也有长久地面对死亡后超乎寻常的勇气。在我目前的肿瘤医生生涯中，我也需要面对很多这样的时刻，有要求积极抢救的患者、家属，也有提早放弃的患者、家属——涉及现实与伦理，没有对错，无权评论，但尊重每一种选择，毕竟他们才是自己生命的主体。

四、作为肿瘤科医生的思考

最后，是作为一个肿瘤科医生的思考。肿瘤科医生面对的都是恶性肿瘤患者，绝大部分是中晚期患者，有时家人和朋友会问我："每天面对这么多癌症患者会不会很压抑？"

很多时候不知道如何回答这个问题。一方面，医生专业知识更丰富，对患者的预后有一定的判断，因为见过形形色色的家属与患者，有更多关于社会现实人情冷暖的见解，免不了叹息感慨一番，偶尔也会心情低沉。另一方面，因为要对自己的所有患者负责，我们不允许自己受到太多情绪上的影响，并且也来不及感慨那么多，毕竟这是一个职业常态。

每个患者都会问医生：某种疾病好不好治，自己还能活多久？我们告诉患者，3年生存率是多少，5年生存率是多少，但这毕竟是一个群体的统计学结果，具体到每一个患者身上，再高明的医生也无法预知未来。在与患者及家属沟通生存率的同时，我们也耐心倾听他们对于生活、对于未来的想法，做一个合格的倾听者；也在肿瘤无法治愈时，及时指导患者如何与肿瘤共存，如何减轻身体和心理的痛苦……这些人文关怀，同样重要。

书中保罗的一句话让我印象很深："医者的职责，不仅是延缓死亡或让病人重回过去的生活，而是在病人和家属的生活分崩离析时，给他们庇护与看顾，直到他们可以重新站起来，面对挑战，并想清楚今后何去何从。"

"To cure sometimes, to relieve often, to comfort always."努力学习做一个肿瘤科医生，除去扎实的专业知识，还需培养最温柔的心与最沉稳的心态，这也是对每一个患者最好的负责与安慰。

吴海军，佛山市第一人民医院

有意义的生活包括接受苦难
——读《当呼吸化为空气》

文/王佳慧

我们往往不谈死，只说生，但死亡是无法避免的，每个人的最终大结局就是死亡。从小无论在家还是学校，都没有人教我思考死亡，以及如何面对死亡，所以当我步入社会进入医院工作，亲眼看到疾病与死亡时，内心感到深深的震惊，并且对死亡和疾病有了深深的恐惧。在医院轮转完ICU后，我觉得世界上只有两种死法：一种是在ICU身上插满管子去世，一种是不在ICU去世。这些医院工作的经历让我觉得，对待死亡就像对待生命的另一面一样重要，因此我开始阅读有关死亡的书籍，于是我遇到了《当呼吸化为空气》这本书。

《当呼吸化为空气》的作者保罗是一位年轻的医生，他平静淡然地讲述了自己在确诊肺癌后对生命的思考，讲述了自己的生活。事实上，他的人生简历优秀得让人咋舌——本科毕业于斯坦福大学，后去耶鲁医学院深造，却在36岁罹患罕见癌症，37岁去世。书中让我印象最深刻的一段是他确诊后住进病房，护士通知他医生马上就到。他也是一位医生，以前在病房里，总是他向患者解释病情，总是他主持治疗或宣布死亡，而现在他躺在病床上，成了病人。

我无法想象他的心情，可能因为知道生命正在走向死亡，便会回忆起身体健康的岁月，本书的第一部分也由此展开：他与大自然丰富接触的童年，努力学习博览群书的青少年，成功进入名校学习生物学和文学；同时他也开始迷茫——人生的意义到底是什么？什么让人生有意义？然后，他学习了哲学，再从哲学回到医学。渐渐地，从理论到实践，从抽象的概念到现实中具体的一个个患者……他全心全意投入医学领域，成为医生，做"拿着钳子的掘墓人"，并且选择了难度巨大的神经外科。

他找到了生与死中间的那个舞台，凭借医学知识和技术来拯救生命，超脱世俗，追求生命的真谛与意义。可就在他开始走向人生巅峰的时候，肺癌降临在他身上，而且是一种罕见的肺癌，这促使他开始从患者和医生两个不同的视角去看待死亡。也是因为他的双重视角，与一般患者在确诊绝症后往往会经历 5 个心理时期相反，他一开始平静接受，但当他和家人一起慢慢面对死亡焦虑时，他也刻不容缓地决定通过冻存的精子孕育一个孩子，从而帮助妻子能更好地面对他离世后的世界，更坚强地回到医生的岗位。

最终，癌症还是复发了。面对这一次汹涌的病情，化疗带来的疼痛和恶心像潮水一样涌来，身体的痛苦带来心理的绝望，生存变成一种疲态，他引用格雷厄姆格林的话："人真正的生命是在头 20 年，剩下的不过是对过去日子的放射。"现在时态已经结束，进入过去完成时，将来时态似乎一片空白。对生命界限的探究，作者就到此为止了。书的后面是由家人叙述他生命中最后一段平静的时光。书的最后是保罗和妻子、女儿的合照，三人的幸福透过照片传达出来。虽然他的生命逝去，但他的精神通过这本书，通过他的女儿，留存在了这个世界上。

后续，我看到他的妻子的 TED 演讲《有意义的生活包括接受苦难》，其中有一段我也印象深刻："面对无法治愈的疾病却要做出选择的时候，人会无助、恐惧、焦虑，但过后更重要也更应该的是知道自己想要的并且做出选择。当医生的方案不符合自身的意志时，也可以有权利说不。而在这个过程中，医生就像一个领路人，把人们带到他们想要到达的地方。选择几乎伴随人的一生，小到生活点滴，大到生与死。生死和吃饭睡觉一样，都是生命的一部分。"她的演讲也让我想起一句话："我们总是陷在自恋与自卑中，在失败和灾难面前屈服，并把它们视为生活的实质，甚至视为必须。我们总说，生活会继续的。"

这本书让我知道了人类面对疾病和死亡时的无力与无助，即使作者如此优秀，还是要学会接受苦难，去面对死亡和疾病，去学习人生的坦然。更重要的是，经历疾病、经历痛苦的过程和体验，也是人生的意义之一。

在现代生活中，大家已经对新技术创造的便捷、轻松、平和等环境习以为常，以为一切都是唾手可得的。但真正的生活永远无常，甚至充满了苦难和死亡。读完《当呼吸化为空气》这本书，我们很可能像保罗说的那样，自己已经过完了现在时，成为过去完成时，我们早就活成重复的模样。在阅读过程中，我开始认识真正的生活，开始学习死亡的哲学，重新面对之前的回忆和经历。原来，所有的体验都是那么美好和珍贵，以前生命的种种就是我的宝贵财富。而且，我还拥有现在，这是我必须珍重的。我的眼睛从未如此看过世界，或许当我知道了生活就是死亡的一部分，苦难也是，就没有什么是无法面对的，也让我更珍惜和感恩现在拥有的一切。

人生的意义，连如此聪明、如此优秀、兼习文学和哲学的保罗都没有确切的答案，甚至到生命结束也没有一个唯一的答案。或许，人生的意义只能靠自己去感受、去体会。但是，保罗在书中向我们传达了最重要的事情，那就是在任何生命条件下，我们的人生都有意义，即使患病，即使处于最恶劣极端的境况，我们也可以勇敢地承受痛苦，因为生命在每个人的每一天、每一刻都是不同的。保罗的疾病，仿佛是对他所提出的问题的回应，而这本《当呼吸化为空气》则书写了他的生命的答案，也对我们这些读者产生了影响，让我们开始理解自己的生命，解答自己的人生。

王佳慧，上海交通大学医学院附属仁济医院

告别
——读《当呼吸化为空气》

文/杨双双

有人说，告别是世上第二浪漫的事，而第一浪漫的事是久别重逢。但如若注定无法重逢，告别或许就是世上第一浪漫的事了。可悲的是，这般世上第一浪漫的事，曾经的我总是敬而远之，甚至畏惧不堪，避而不谈，这或许是因为我曾固执地以为，告别是"失去"或"死亡"的代名词。

当我无意间翻阅美国神经外科医生保罗·卡拉尼什的自传《当呼吸化为空气》时，我才对"告别"两个字有了另一番感触。保罗·卡拉尼什出生于一个印裔美国家庭，35 岁前是一名优秀的神经外科住院医生，风华正茂的他已经拥有神经外科领域的各种高光时刻。然而，在他 35 岁即将结束住院医培训时，他成了一名肺癌晚期患者。对医者来说，"有时去治愈，常常去帮助，总是去安慰"是职责所在，但当自己亲身经历从医者到患者的身份转换，以及死神界定归期的双重问题时，他没有讳疾忌医般逃避，没有向死而生的悲悯，更没有"我命由我不由天"的抗争，他更多地开始思考生命的意义：当生命注定在不久后的某个时刻结束时，去做你认为重要的事情，而不是因为即将告别，就放弃或者选择做什么事情。正因如此，在生命最后的两年时光里，保罗在治疗肺癌的同时，也在自己热爱的手术台和书桌上，完成了对生命意义的诠释，并将此书作为给年幼女儿的告别礼物。

朋友曾评价道，此书是保罗作为一名医生特有的且独具浪漫的告别方式，他死而无憾；而我思考的是，作为医者的我们在面对医学科学的有限性（医学技术的瓶颈）和无限性（医学技术的进步）时，如何更好地自我和解。我们总是对疾病的发生率、治愈率、死亡率如数家珍，诚然，这是我们救死扶伤必备的专业素养，但当我们的至亲不幸被概率之神选中时，这些数字似乎瞬间变得苍白无力，此时的我们又应以何种方式、何种姿态去告别呢？

看着胃癌晚期的父亲躺在冰冷的病床上，身体插着各种器械管道时，我莫名地脊背发凉。这些"生命通道"犹如一个又一个通往"生门"的列车，曾屡试不爽地从死神手中夺回不计其数的患者，以至于我一度坚信这样做就是最佳选择。毕竟作为医生，我已紧紧抓住了救命的稻草，哪怕孤注一掷，也要拼死一搏。然而，我似乎忘记了自己的另一个角色——一个预知父亲时日不多，忧虑着"子欲养而亲不待"的女儿。职业信仰告诉我，要不惜一切代价去挽救父亲的生命；而父女亲情却安慰我，让父亲安详、体面、完整地离开才是他最好的归宿。我在两种选择之间徘徊，一度陷入死亡焦虑的泥淖，于是，我试图再一次从书中寻找答案。

读美国外科医生阿图·葛文德《最好的告别》一书时，见他写道"挽救不回来的抢救其实是一种伤害"，顿时大彻大悟。关于生命救治的选择，需要被尊重。尊重患者的自主选择，尊重患者的临终遗嘱，尊重患者家属的就医决定，才是真正意义上的人文施治。一味地强调挽救生命，忽视临终关怀，可能会带来伤害。阿图医生在书中描述了自己患脊髓肿瘤的父亲、被诊断为前列腺癌伴转移的朋友，以及被诊断出乳腺癌的年轻女孩患者，描述了他们在治疗疾病的过程中从艰难抉择、坦然面对到走向人生终点的历程。书中娓娓道来的"叙医"方式，时刻提醒着我：作为医者，我可能更容易感知死亡的到来，但这并不能让作为女儿的我坦然接受注定告别的结局。于是，我不再自责徘徊，而是思索在双重角色下，我应该找到重心，回归本位，倾听父亲的意愿，完成父亲的遗愿，陪伴父亲走向终点。

这时的我也清楚地意识到，父亲在做第一次淋巴结清扫手术的时候就明确拒绝了造瘘术式，他希望自己本已瘦弱干枯的身体至少是完整的。因此，在与母亲、奶奶和大伯彻夜沟通后，我们一起做了放弃治疗的决定。当那根气管插管最后从沉睡的父亲身上取出时，我潸然泪下，却无比轻松，仿佛挣脱了那束缚许久的缰绳，重获自由。是的，我选择了用放弃抢救的方式，与父亲告别。母亲说，父亲的灵魂去了天堂。是的，父亲终于挣脱了这些"五花大绑"，像鸟一样飞往了他的山。

英国作家毛姆曾说："To acquire the habit of reading is to construct for yourself a refuge from almost all the miseries of life." 而医路走来，读书之于我，不仅仅是如影随形的"避难所"，更是披荆斩棘的"轩辕剑"。在我不知如何去告别，如何与父亲说再见时，这把利剑为我劈开了眼前这座近乎不可逾越的死神山，让我不再畏惧告别，不再踟蹰不前，放下专业执念，尊重彼此的选择，坦然接纳人生百态。也正是从告别父亲那一刻起，"告别"二字之于我便有了新的寓意——它意味着"重生"和"伊始"。

回忆至此，我试着挥手告别过去，却恍然发现，我已走出这座"避难所"，来时沉重的脚步竟变得轻盈了许多。从医十余载，这座"避难所"成为我在嘈杂、善变、不安的境遇里，唯一可以停下来歇歇脚的地方。它让我在面对善恶、苦难、悲喜、沉浮时保持乐观淡然；它会在我怠慢、涣散、潦倒时敲响暮鼓晨钟，鼓舞我握紧阿斯克勒庇俄斯手杖，与苍生共续华章！

杨双双，重庆医科大学附属第一医院医学检验科

给人生一场尽欢的拥抱
——观《遗愿清单》

文/郭燕晶　武丽华

人生的意义究竟是什么？这是爱德华离世后他的助理所感悟的一句话，也揭示了全剧的中心思想。对此，我到现在仍无法下定论，但我至少能说："我知道，他在离世的时候合上了双眼，却敞开了心灵。"当我看到《遗愿清单》这个电影名的时候，第一反应其实是一个人离世后留下的遗愿，由后人去帮助他完成。我甚至想，这部电影应该是围绕一个人的一生来拍摄的吧？但是，电影另辟蹊径，围绕"生命倒计时"，从"向死而生"的角度，演绎了两个晚期肿瘤患者用自己剩余不多的时间燃烧整个生命的故事。他们告诉我们：他们活过，用力活过，真正活过！

影片中，素不相识的两个人因为肿瘤而住进同一间病房，一个是亿万富翁，一个是普通工人，两个来自不同世界的人在此时的经历是相同的：他们一起做化疗，都因反胃而恶心呕吐，在床上冒冷汗，靠着吗啡止痛，换得片刻的安宁。同病相怜下，他们成为挚友，一起打牌，一起看电视，一起分享各自的过往。

当被医生告知生命差不多只剩一年时，他们沉默了，眼神空洞，五味杂陈。在生命的倒计时阶段，他们却共同开启了一段"别具一格"的人生旅程。

他们列出了一份"遗愿清单",列出了他们想做却一直没有做的事情,在有限的时间里,他们决定一步步实现着这些愿望……让我们看看这张"遗愿清单"上写了什么:

1. Help a complete stranger for the good(出于善意帮助陌生人)
2. Laugh until I cry(笑到流眼泪)
3. Witness something majestic(见证宏伟景象)
4. Drive a Mustang Shelby(开一次跑车)
5. Sky diving(跳伞)
6. Kiss the most beautiful girl in the world(亲吻世界上最美的女孩)
7. Get a tattoo(文身)
8. Make a grab(开一次枪)
9. Hunt the big cat(杀一次狮子)

单子里的愿望只有9条,内容却丰富新奇,一些很温暖,一些很浪漫,一些很酷,你能想象两个70多岁的老男孩去文身的场面吗?

影片虽然呈现的只是两个人的故事,我却觉得,他们正是现实中的我们。

10年的护士生涯里,我目睹了太多的悲欢离合、生死离别。在我们的传统观念里,生病就要去医院治疗,不管治疗效果怎么样,只要有能力就应该一直治疗。在求医的过程中,家属往往只注重疾病本身,而忽略了患者真正的感受。更多的时候,家属和患者只想努力延长生命的长度,却没有重视生命的宽度。我们无法评判对错,但是影片中所呈现的,何尝不是一种"向死而生"的态度呢?让生命末期的患者自行支配他有限的时间,会不会也是一种不错的选择呢?如果说人生是通往死亡的一次旅行,那影片中两个主人公这趟旅程的结尾便如夏花那样绚烂。他们用剩余不多的时间，燃烧了整个生命。没有人能预料生命的长度，但是我们可以把握生命的走向，让有限的生命绽放炫彩的光芒。

当然，这只是对患者的一种解读。那么，作为生命健康体的我们呢？难道也要等到生病以后，才去实现自己的"遗愿清单"吗？不，这太残酷了。然而，现实生活中的我们，兜兜转转，为了生活得更好，努力拼搏，起早贪黑，加班赶点，往往忽视了自己的健康，忽视了本有的幸福。我们总是把太多的关注放在未来，非要等到一个"完美时刻"的到来，殊不知一个意外就可以打得我们措手不及。肿瘤科10年，我护理了几千名患者，有老师，有警察，有白领，有医务人员，有农民，有工人……虽然他们来自不同的职业，但是通过群体观察可以发现，他们都有一个相同的特点：没有好好爱自己——没有好好休息，没有好好照顾身体，没有好好放空心灵。当身体发出反抗的信号时，他们都以忙碌为借口而拖延，等发现不对便已经是肿瘤，甚至已然转移；然后，他们又从本就没有好好享受的生活，转而投身漫漫求医路。

不知道大家有没有发现，我们在一生当中总会用一大堆借口阻止自己去做想做的事，久而久之，它们就变成了我们的"遗愿清单"。努力过后，我们应该活在当下，而不是等到生命垂危再后悔为什么没有享受生活。人生苦短，给人生一场尽欢的拥抱吧——好好把握我们生活的每一个瞬间，与自己和解，改变生活方式，也许我们就不需要什么"遗愿清单"了，因为这些愿望在生命结束以前就一步步实现了。

人生的意义是什么？每个人都有不同的答案，也许根本就没有答案，我们更无须在意他人口中的答案。

探寻生命意义唯一的通道是：活出你自己。

郭燕晶、武丽华，山西白求恩医院

向死而生
——《遗愿清单》观后感

文/李 野

> 爱德华·科尔于5月离世，那是一个星期天的下午，晴空万里。人生的意义何在？答案众说纷纭，有人说要看他留下了什么，有人相信可以通过信仰来衡量，有人认为用爱来批判。也有人说人生本来就毫无意义，我相信可以借你相关的人来衡量自己，而那些人同样靠你来衡量他们自己，我能确信的是无论以何种方式衡量，爱德华·科尔在世的最后时光比多数人的毕生光阴更充实，我知道他在离世的那一刻，他的眼睛闭上了，心灵却敞开了。
>
> ——电影《遗愿清单》

作为一名医务人员，生死之事每天都在我身边发生。作为一名电影爱好者，我也常常在电影中寻找关于生死的理解和启示。《遗愿清单》这部电影中两位主角的故事，深刻地触动了我，让我对生死有了更深层次的认识——奔向死亡，似乎不是一件悲伤的事情。

上一秒亿万身家的富豪科尔还在法庭上意气风发地炫耀着自己昂贵的咖啡，下一秒就当庭吐血被推进了医院；卡特只是一个普通的汽车修理工，在一个普通的早上得知自己患了绝症。虽然整个医院都是科尔的，但当得知自己命不久矣时，他的主治医师也无能为力。无论是科尔还是卡特，在被告知生命只剩下几个月的时间时，表现出来的不是对死亡的恐惧，更多的是手足无措。

"曾经有过一项调查，1000个人被问到他们是否愿意提前知道自己的死亡日期，96%的人说不愿意，我一直觉得我是剩下4%中的，我以为知道自己还有多少日子，就是一种解脱，结果发现事实并非如此。"卡特说。

有人看完《遗愿清单》最大的感受是人生不要留有遗憾，然而，并没有不留遗憾的人生。我们更应该探讨的是生命的意义，以及对待死亡的态度。

生命的意义是一个哲学问题，赋予生命意义同样是一个重要的哲学问题，也是人们都需要思考的问题。每个人的生命都有自己的价值和意义，因为任何人都是独一无二的，但是生命的意义需要经过探索和发掘，才能更好地理解和体现。

医生这一职业群体，长时间面对病患与死亡，对于死亡的话题有自己的独特态度和看法，当然也存在着差异性和多样性。许多医生现在更多地选择坦然面对自己的生命循环，不抵触死亡。他们意识到，生命是有限的，且生老病死是生命必经的过程。因此，他们学会在工作之余放松身心和享受生活，并以积极的心态接受自然的循环和不可避免的死亡。一些医生察觉到自己垂危时，大多持有乐观的态度，从医使他们更加深刻地了解生命是宝贵的，每时每刻都应该珍惜。但同时，面对康复无望和濒临死亡的境况，一些医生也会表现出各种不同的恐惧和焦虑。

死亡看似毫无意义，因为生命的终结过程大多只会给我们带来绝望和痛苦。然而，当我们更深入地思考这个问题，我们就会发现，死亡实际上有着重大而深远的意义。

首先，死亡为生命注入了深刻的含义。死亡不可避免，正因它不可避免，所以生命才显得更为珍贵。死亡不仅提醒我们不要浪费时间，还激励我们去追求自我实现和发挥潜力。死亡预示着我们的有限性，它与生命的丰富性相互映衬，使我们珍惜和感激现在所拥有的生命。

《遗愿清单》观影过程中，我被两位主角的勇气和决心深深打动。面临死亡，他们没有放弃，反而更加珍惜剩下的时光，努力让自己的生命充满意义。他们拟订了一份"遗愿清单"，这些愿望尽可能现实，确保能在最后的这段时光里完成。他们去高空跳伞，开野马赛车，爬埃及金字塔，看泰姬陵，到非洲大草原打猎，在长城上骑摩托……清单上的内容他们几乎都做到了，只是没能一同登顶喜马拉雅山，欣赏世界上最壮丽的景色。

这让我思考自己平时的医疗工作，我们常常为了挽救生命而拼尽全力，有时却忽略了患者内心的真实需求。或许，我们应该更多地关注患者的心愿和感受，帮助他们在病痛中找到生活的乐趣和意义。

其次，死亡是个人发展和成长的催化剂。死亡让我们更加关注自己和我们所关心的人，为我们的行为和努力注入了更多的驱动力。当我们时常思考死亡的存在时，我们就能更清楚地认识到自己的目标、价值观和优先考虑的事物。在这个意义上，死亡并不是尽头，而是一种意义的催化剂，使我们更好地实现自我价值。

如果科尔和卡特没有这纸"死亡通知书"，或许科尔依旧沉浸在他的生意场中，卡特依旧被绑定在汽修车间，他们内心的愿望可能永远都不会实现。科尔也许永远不会和他的女儿和解，那样，他也就不能亲吻到世界上最漂亮的女孩——他的外孙女。

最后，死亡为人们提供了一种必要的"结束"方式。正如日落需要夜晚一样，生命的终结也是不可避免的，死亡则为我们提供了一种结束生命的"仪式"。我们会哀悼和思考已故的人所留下的事物，回顾他们的成就和贡献，这种仪式感帮助我们告别，并释放我们的痛苦和苦闷，从而向生命的新阶段迈进。

卡特最后还是回归了家庭，在家人的陪伴中走完剩下的人生。在卡特的葬礼上，科尔说："我很想念他。令我感到深深骄傲的是，这个人在他生命的最后时光觉得认识我是值得的。可以说我们给彼此的人生带来了欢乐。如果有一天当我也到达我的安息之地时，如果我醒来发现自己站在天堂的门口时，我希望卡特也在那儿，指引我通往天堂的路。"

德国哲学家马丁·海德格尔在其存在论名著《存在与时间》中提出，"死"和"亡"是两种不同的存在概念。死，可以指一个过程，好比人从一出生就在走向死的边缘，我们过的每一年、每一天、每一小时，甚至每一分钟，都是走向死的过程，在这个意义上，人的存在就是向死的过程；而亡，指的是亡故，是结果，是一个人生理意义上真正的消亡，是一个人走向死的过程的结束。人只要还没有亡故，就是向死的方向活着，这就是"向死而生"。

"向死而生"听起来有些矛盾，但实际上它意味着在人生的旅途中，我们需要拥有一种勇气和决心，去面对生命带来的挑战和不确定性。

生命是短暂的，然而我们经常让自己深陷于忙碌和琐事，对死亡的存在视而不见，对自己的人生目标和价值感到迷茫。只有面对死亡时，我们才开始感受生命的价值感和脆弱性，因为我们被生命的终极目标唤醒了，那就是必须活在这个瞬间，快乐地追求着我们想要的一切。

面对死亡，我们不应该感到害怕或无助；相反，我们应该好好地思考如何在有限的时间内完成想做的事情，思考我们的生命目标是什么。我们应该努力成为最好的自己，不断追求进步和发展。

"向死而生"意味着我们不会停止探索，不会停止学习，不会停止挑战。我们必须坚定自己的道路，"向死而生"地去实现自己的梦想和目标，努力成为人生中更好的自己。

人生短暂，但我们可以用我们活在这个世界上的时间去实现我们的价值和使命。尽管路程漫长而艰辛，我们也要"向死而生"，追求更加美好而充实的人生。

影片最后，科尔的助理独自一人翻越雪山，在山顶的石匣子里，他把装有科尔的铁盒子放在了卡特身边，科尔和卡特长眠于此，欣赏着世上最壮丽的景色。当助理将遗愿清单上的最后一项划掉时，影片中湛蓝的天空以及白茫茫的雪山，衬托的并不是悲伤，而是人们心中的安详和希望。

李野，大庆油田总医院

奉献爱心，关怀他人
——观《遗愿清单》有感

文/尚　玥

《遗愿清单》无疑是我最喜欢的电影之一。每当我遇到压力或者情绪低落的时候，总会独自一人重温这部经典影片。它让我重新思考人生的意义，点燃对生活的希望，恢复对生命的热诚。

电影讲述了一个普通老人卡特的故事，他在即将离世之际制定了一份遗愿清单，并与富豪爱德华一起展开了一段意想不到的冒险旅程。在观影过程中，我最受触动的是卡特关爱生命的态度。

作为一名护理工作者，我深知生命的宝贵和脆弱。电影中，卡特在面临死亡和身体状况恶化的时候，仍然保持着对生活的热爱和渴望。他制定了一个个目标，在有限的时间里去完成自己未曾实现的梦想。这种积极向上、勇于追求的精神深深地触动了我。

回想自己的护理工作经历，我想起一位病人，我唤他李爷爷。李爷爷患有严重的心脏病，需要长期治疗。有一天，我发现李爷爷情绪低落，于是走过去与他交谈。他告诉我，他一直梦想能够回到家乡看一看，但由于子女都在外地工作和自己身体的原因，一直无法实现。听到这里，我的内心产生了共鸣和同情。

为了帮助李爷爷实现心愿，他出院时我主动与他的子女沟通，并告知他们李爷爷的愿望。同时，在给予李爷爷基本护理指导的同时，我也不断地鼓励和支持他精神上的需求。后来通过电话回访得知，李爷爷回到家乡后非常开心和满足，这次旅行成了他多年来最幸福的时刻。而且，在家乡的日子里，李爷爷明显情绪好转，对生活充满了希望。

这个经历让我更加坚定了自己在护理工作中的使命感。每天，我都用心倾听病人的需求和愿望，并尽力帮助他们实现。因为我深知，对于病人来说，我们不仅是提供医疗护理的人，更是他们心灵上的支持者和陪伴者。

电影里说："人生不是等待风暴过去，而是学会在雨中跳舞。"这让我想起自己的一个护理案例。一位年轻女士因为心脏病住院，手术后身体状况并没有明显好转，她陷入了绝望之中。看着她失去信心和希望，我决定陪伴她度过那段艰难的时光。每天，我都会去探望她，进入她的病房时，我总能感受到她内心的痛苦和无助。她躺在床上，脸色苍白，眼神黯淡，仿佛失去了生活的动力。我走近她，轻轻地握住她的手，试图传递一丝温暖和安慰。她转过头，眼中闪现几丝疑惑和不解。我轻声说道："你要相信医院，我们会一直陪在你身边。"她的眼神中逐渐浮现一丝希望，但还是有些犹豫和怀疑。

我们开始聊天，我试图从她的语言和表情中体会她的真实感受。她逐渐敞开心扉，讲述自己对生活的渴望和失望。从她的话语中，我能感受到她对病痛的恐惧和对未来的担忧。我安静地聆听，时不时地给予鼓励和安慰。在病房里，我们一起度过了许多艰难的时刻。有时她会陷入沉默，脸上挂着泪水，我能感受到她内心的痛苦，我伸出手，擦去她脸上的泪水，轻声安慰道："相信我，一切都会好起来的。"她微微点头，似乎对我的话有些信任和依赖。

在治疗的过程中，她的身体状况渐渐有了一些好转，她开始重拾信心，笑容也重新回到了她的脸上。每次我去看望她时，她都会拉着我的手，感激地说："谢谢你一直陪在我身边，是你给了我力量和希望。"

随着时间的推移，她的身体逐渐康复，病房里绝望的氛围也逐渐散去。出院的那一天，她紧紧地拥抱我，泪水在她的眼眶中打转。她用颤抖的声音说道："谢谢你，是你让我重新相信了生活。"我也激动地回应道："你是勇敢的，你会过上幸福的生活。"

通过这些亲身经历，我深刻体会到护理工作的重要性和意义。我们不仅需要关注病人的身体健康，更要关注他们的心理状态和情感需求。只有在综合关怀下，病人才能真正得到全面的治疗和康复。因此，我会继续努力，用心去倾听病人的需求和愿望，并尽我所能去帮助他们实现。

电影中，卡特通过完成遗愿清单重新找回了生活的意义，并且与爱德华建立了深厚的友谊。这也让我想起自己在护理工作中经历的那些点点滴滴：陪伴病人度过艰难时刻，帮助他们实现心愿，给予他们温暖和关怀……每一个瞬间都在加深我作为护理工作者的责任感和使命感。

《遗愿清单》以温暖人心的故事和深刻的人生启示触动了我内心最柔软的地方，它提醒我：要珍惜每一个与患者相处的时刻，给了他们更多关怀和爱，因为我们可能是他们生命中唯一的支持和依靠。同时，我们也要勇于追求自己的梦想，不论年龄或身体条件如何，都能保持对生活的热爱和积极向上的态度。

总之，《遗愿清单》这部电影让我更加坚定了在护理工作中奉献爱心、关怀他人的决心，并且提醒我要将这种积极向上、勇于追求梦想的精神融入自己的生活中。

尚玥，中国科学技术大学附属第一医院（安徽省立医院）

医学是与生命共情的产物

——读《死亡的脸》有感

文/许一凡

《死亡的脸》是耶鲁大学备受欢迎的医学教授、外科医生舍温·努兰的经典作品,可以称得上是医学散文领域探讨人与死亡关系的经典著作。

在这本书中,努兰医生回顾了自己数十年行医生涯中所见证的病患的死亡,整理出其中最常见的几种死亡原因,分享了各种疾病从致病机理到治疗手段再到临终场景的各种情状,赤裸裸地描绘了生命走向衰亡的过程中不堪的、痛苦的、触目惊心的情形,把"死亡在生物学和临床学上的真实面貌呈现出来"。

书中,努兰医生提到一个很有意思的观点,他说:从在学校学习开始,医学生受到的教育很大程度上就像是解谜的训练,他们需要通过临床症状、检验手段,整合所有能够观察到的线索,从这些线索中找出真正致病的原因,并为病人选择最合理的治疗策略。虽然说这种训练是很有必要的,但往往很多医生会习惯性地把病人当成谜题,把诊疗的过程当作解谜的挑战,而一旦陷在这种解谜的情境里,医生会忽略掉临终病人真正需要的东西。

在书中,努兰讲述了自己行医生涯中一个非常后悔的决定。他曾经接诊过一位身患癌症的 90 多岁的老太太,凭借自己多年的经验判断,努兰认为应该尽快进行手术。然而老太太当时是坚拒创伤性治疗的,她说,自己已经活得够久了,只想体体面面地离开。努兰事后回忆,自己当时太过于急切地验证自己的判断和决策是否正确,因此拼命说服老太太完成了手术。然而事与愿违,手术并不成功,努兰用尽浑身解数,也未能延长老太太的生命。在术后的那段时间,努兰每次查房,老太太都会用非常怨恨的眼神看着他,埋怨他毁掉了自己人生最后的体面。

努兰医生认为,自己当时就是陷在这种解谜的情境里,才让一位本可以安详离世的老太太以一种非常不体面的方式走完了人生最后一程。他事后深刻反省,认为在今后的医疗工作中,应该尽可能让病患知情,权衡自己理想中的临终场景,最后由病人和家属——而不是医生,做出是否治疗的决定。

第二个让我印象非常深刻的故事叫作"最后的圣诞节"。努兰曾经接诊过一名结肠癌晚期患者,名叫罗伯特,是一名律师。他在得知病情时并没有特别痛苦,他说自己早就意识到终有一天会死,因此他一直在脑海里对自己的临终场景有特定的想象——希望过人生中最后一个完美的圣诞节。

罗伯特律师平时非常热情好客,一生广交朋友,他希望能够在人生最后的时光里,邀请自己所有的朋友到家中做客。因此,他在病重时放弃治疗,回到了家中。在最后的圣诞节,他如愿邀请了自己所有的朋友前来做客,宴会上,他跟每一位宾客亲切交谈,宾主尽欢。尽管实际上他并不能吃下任何食物,每隔几小时就要进厨房让太太帮他打止痛针,但他依然认为,这是他人生中最美妙的一个圣诞节。第二年春天,罗伯特律师安然地离开了人世。回顾他的故事,努兰发现:有时候,一个临终病人的愿望可能是非常简单的,能实现心愿,会让垂死的人维持身体的最佳状况,那些为了度过生平最后一个圣诞节,或等待从远方归来的一张亲切面孔,而比预估期限多活几个星期的感人故事，是每一个医务人员都或多或少经历过的。

在日常生活中，我们很少聊到死亡的话题，甚至会刻意避开它。读完这本书，我很深切地感受到，死亡是一个非常漫长并且不可逆的痛苦过程。无论病人过去在社会上多成功，在面对死亡的那一刻，他可能都无法保有自己最后的尊严，甚至可能会引发与家人的各种冲突。在这个临终的漫长过程中，其实有很多身体、情感、精神上的痛苦折磨。如此真切认识了"死亡的脸"，从某种程度上说，其实是帮助我更加深切地体悟了生命的美丽。

书中，努兰医生也提到了自己的反省。现代医学的目的仅仅只是让病人延长生命吗？他觉得不是，他认为医学的价值更在于，到某个程度，医生需要帮助病人更有尊严地走完生命旅途。"有时是治愈，常常是帮助，总是去安慰"，这样真切地认识了死亡的面目，也让我更深刻地领悟到，医学并非冰冷的科学，而是与生命共情的产物。

许一凡，南京市第二医院临床科研中心

真正的死亡，是被世界遗忘
——《寻梦环游记》观后感

文/刘　慧

人的一生，要死去三次：第一次，当你的心跳呼吸停止的时候，是生物学意义上的死亡；第二次，在你的葬礼结束后，你将从人际关系网中消失，你在这个社会将不复存在；第三次，是这个世界上最后一个记得你的人把你忘记，于是，你就真正地死去，整个世界都不再和你有关。

米格是个热爱音乐的孩子，歌神是他最崇拜的偶像。墨西哥亡灵节时，米格不小心闯进了亡灵的世界，遇见了他死去的亲人。亲人们愿意帮助他回到现实世界，但条件是不准碰音乐。喜爱音乐的米格不同意，便去寻找歌神德拉库斯，希望能够得到他的祝福返回人间。后来，米格跟素未谋面的曾曾爷爷合作揭露了歌神的真面目，最终家人理解了曾曾爷爷的良苦用心，并帮助米格成功地返回现实世界。我印象最深的片段就是当米格曾曾祖父的灵魂快要消失在亡灵乐园时——因为当时在世上唯一记得曾曾祖父的米格奶奶患了阿尔茨海默病，即将忘记自己的父亲——家人们一起努力，通过一首 *Remember Me* 让米格奶奶重新记起自己的父亲，米格曾曾祖父的灵魂最终没有从这个世上消失。在电影接近尾声时，一家人团聚在一起的画面十分感人，所有人一起唱歌、跳舞，每一个人的脸上都露出了笑容，笑得那么开心，那么灿烂。

《寻梦环游记》这部影片描述了亲情、梦想、生命和现实。家人是最爱我们的人，他们是我们躲避寒冷的避风港湾，是我们生病受伤时给予温暖的人，是我们遇到失败挫折时给予鼓励的人，是我们坚强的后盾。亲情说来简单，实现却难。《寻梦环游记》告诉我们，要珍惜跟家人在一起的每一时、每一分、每一秒。因为梦想带来的金钱、荣誉都有可能失去，而家人给我们的爱却是无法剥夺、买走的。无论走到天涯海角，我们都要记住自己的父母；无论自己的梦想多么重要，也不能抛弃家人。

每个人都有自己的梦想。电影为我们呈现了米格追求梦想的执着，虽然家人强烈反对，但他还是凭借执着、坚持和不懈努力，实现了自己的音乐梦。在寻梦的过程中，米格和曾曾祖父参加了一次才艺大赛，紧张的米格找不到状态，可在曾曾祖父的鼓励下，他克服了紧张，获得了观众的掌声。在追求梦想的旅途中会遇到许多困难，只有克服了困难，你才会离梦想更近一步。人生最精彩的不是实现梦想的瞬间，而是坚持梦想的过程。

对逝去亲人的祭拜和供奉，世界各地都有类似仪式。在墨西哥亡灵节期间，亲人将黄色花瓣撒在村庄或小镇的路上，家家门口点上南瓜灯，引导逝去的亲人归来，祭坛上摆着玉米羹、巧克力、面包等贡品，供亡灵享用。其实，一个疑问一直存在：死去的人是不是还在这个世界上？在内心深处，我们希望逝去的亲人在另一个世界好好地生活，我们也希望即使现世短暂，亲朋好友在另一个世界还是会重逢。这样好像能安慰阴阳两隔的悲哀，减少有限生命的恐惧和遗憾。《寻梦环游记》就是从这个角度出发，构造了一个瑰丽的亡灵世界。在这个世界上，生死不过一线之隔，死亡是每个人都要经历的过程，我们无法阻挡生命的逝去，我们终将与家人分离。然而，有的人死去，便是消失，有的人却永远地活着。袁隆平院士几十年来专注于杂交水稻技术的研究、应用和推广，其研究成果不但让我们国家拥有了自己解决吃饭问题的能力，也为解决人类仍然面临的饥饿问题做出了广泛的贡献。他用一粒种子改变了世界，解决了60%人口的粮食问题，他把帮助其他国家发展杂交稻当作为人类谋幸福的崇高事业。而被尊称为"万婴之母""生命天使""中国医学圣母"的林巧稚，虽然一生没有结婚，却亲自接生了5万多名婴儿，她将自己的一生都奉献给了医学事业。他们将对党和人民的深情与感恩，化为服务人民的切实行动，化为立足岗位的不懈奋斗；他们忘我的奉献、全心全意为人民服务的精神、精益求精的工作作风，为我们树立了不朽的丰碑。他们将自己的一生演绎得极有意义，人民心中永远会留着对他们的爱。

所以，我们要让自己有限的一生过得有意义，就要为了自己的梦想而努力，为人类、为社会、为家人尽到应尽的责任，做有意义的事情，为人类的福祉努力拼搏，为世界的美好努力奋斗，这样我们才不会走向真正的死亡。

爱，让世界不再孤单；梦想，是我们成长的动力——让我们为爱和梦想而努力吧！

刘慧，中南大学湘雅医院放射科

把死亡当作礼物，你要吗？
—— 读《生命的五种恩赐》

文/田晓青

生命的早晨，一位善良的仙女带着篮子翩翩而来。

她来到一个年轻人的身边，对他说，这篮子里是我给你的礼物，你可以拿一份，选择时要慎重，因为只有一份礼物是最有价值的。

篮子里共有五种礼物，它们分别是：名声、爱情、财富、快乐和死亡。年轻人迫不及待地说：不用考虑了，我选择快乐。

假如此时有个仙女带着篮子和这五种礼物翩翩来到我身边，我会选择什么呢？

在我读完著名美国作家马克·吐温的短文《生命的五种恩赐》后，我不由自主地问自己。

对60多岁的我来说，这五种礼物都不是我想要的。如果倒回去50年，我可能会选择"快乐"；倒回去40年，我可能会选择"爱情"；倒回去30年，我可能会选择"财富"；倒回去20年，可能会选择"名声"；到了现在，我总不能选择"死亡"吧？死亡怎么能算礼物呢？而且是小说中"最有价值的礼物"。对此我不能接受，带着疑惑，我接着读了书中的其他故事。

《生命的五种恩赐——满载一塘人性与情感的絮语》是江苏文艺出版

社出版的"世界名家经典短篇小说丛书"之一。书中收录了 16 篇短篇小说，作者包括马克·吐温、欧·亨利、布鲁诺·舒尔茨、菲茨杰拉德、杰克·伦敦、加缪、纪伯伦等读者熟知的著名作家，收录的小说分别对应着首篇提及的五种礼物。

阅读中，我看到了复杂的人生百态、人性与情感的纠缠、快乐的短暂及空虚、爱情的甜美及无奈、成名的艰难及苦涩、财富的满足及虚假和生命的珍贵及无常。书中纳入的篇篇小说皆佳作，每一篇读完我都不禁掩卷、闭目、回味和沉思。有的篇目更是要反复诵读，出声朗读，比如波兰著名作家、诺贝尔文学奖获得者亨利克·显克维支的《二草原》（也译为《两个草原》）。在反复诵读中，我渐渐感悟到仙女将"死亡"作为"最有价值的礼物"的意义了。

《二草原》为读者虚构了两个同样美好的世界——"生之原"和"死之原"。生之原由善的毗湿奴掌管，死之原由智的湿婆掌管，它们分别在一条清澈小河的两岸。在生之原，毗湿奴不仅创造了适合人类生存的环境，包括四季更迭、风霜雨雪，还"创造了爱，爱又衍生出幸福，于是万千生物得以繁衍生息"。在生之原，人们为了生存和繁衍，学会了工作，随后工作成为他们的生活。无休止的工作使人们感到非常疲惫，他们对工作产生倦怠却不能停下。于是人们又恳求毗湿奴，毗湿奴创造了睡眠，让人们得到休息。然而睡眠太短暂了，苏醒之后还要工作，于是人们希望毗湿奴让睡眠成为永恒。毗湿奴终于发怒了，说："这次我不会满足你们的请求，你们去河对岸寻找你们所要的东西吧。"

人们来到小河边，看到河对岸"没有日出，没有日落，没有白天，也没有黑夜，那是死之原"。"那里充满着百合花一样温暖的色调，是比脚下这弯河水更平静的，绝对安静的世界……那儿并不是不毛之地。一样繁茂的树木，一样磅礴的高山和深邃的峡谷，甚至那儿的世界显得更加美丽。"

看到这百合色的寂静的世界，人们想到了安静和永久的睡眠，于是人们走过小河，"踱步到花丛边，在树林间，在岩石旁边，静静地躺下，眼睛合着，脸上洋溢着无法言喻的安详与喜悦。"

《二草原》对死之原的描述，与我从小获得的关于死亡的认知大相径庭。即使是有医学背景的我，也从来没有想过死后的世界是这样的。当然，这是小说，是虚构的，而且是由小说界的虚构大师显克维支描绘的。

但在反复的诵读中，我似乎感觉到了什么，似乎作家在19世纪末20世纪初就已经预感到，人们为了追逐名利、财富不可避免地会出现疲惫、抑郁、内卷。人们在无休止的工作中，在对物质没有节制的获取中，在生活的重压下，对幸福的感知越来越艰难；一些人或许认识到，真正的幸福是物质无法带来的，它来自人的内心，于是他们期望远离嘈杂和竞争，寻求内心的安宁、祥和，并借此去感受生活的意义。

作家通过"生之原"和"死之原"将毫无节制地追求物质、名利所产生的痛苦，与无欲的内心充实带来的精神安宁进行了对比。现在的人们，往往过度看重对财富的追求，却使精神生活被严重干扰。但从人的本性来看，人是需要内心的充实和安宁的。于是，一些内心觉醒的人通过阅读、学习来丰满自己的内心；有的人返回寂静的乡村过简单的生活，以寻求内心的平静；一些想要摆脱内卷的人通过瑜伽、冥想来寻求内心的安宁；更多的人则是借节假日出门寻找一处亲近自然的地方，让疲惫的自己得到短暂的放松休息。

就《二草原》这篇小说看，将死亡作为礼物，我接受吗？

我现在可以接受了。因为此时，对于死亡，我已经不是从生命的终结这单一的维度去看待了，而是从智性的角度去理解，那就是"所有的事情，站在终点的角度上，全都能够得到原谅"（三岛由纪夫《金阁寺》）。我们之所以乐于选择财富、名声、爱情、快乐这些礼物，是因为它们能带给我们愉悦；而死亡之所以是最有价值的礼物，是因为当人们接受这个礼物之后，或许会更加珍视亲情、友情，学会理解和包容，以更客观、宽阔的眼界去看待人和事。我们会让自己的生活更加从容，让自己有时间去感受生活中那些微不足道的美；会努力工作但绝不让它成为生活的全部；会果断放弃那些经过努力却不能达成的目标而不执拗；会不断地学习、自省和反思，修正自己的行为和处事方式……而最重要的，会注重内心的安宁，以自己的方式活出生命的意义。

田晓青，《中国医学论坛报》高级记者

银色旅程：生命的终极叩问
——读《谁在银闪闪的地方，等你》

文/马艳艳

"生命是一条永不回头的河，不管发源地何等雄伟，流域多么宽阔且肥沃，终有一天，这河必须带着天光云影流向最后一段路。那闪烁的光影不是欢迎，是辞行。"

在人生这所没有围墙的大学里，"生老病死"这四门必修课，人人都不能免考。当有那么一天，老，这个不速之客不请自来，挥之不去。有没有一本书，为我们的老年生活导航？台湾女作家简媜献上的《谁在银闪闪的地方，等你》算是当之无愧的一本。

简媜，台湾宜兰人，本名简敏媜，生于 1961 年，台湾大学中文系毕业，当代散文名家。她曾获中国文艺协会散文创作类文艺奖章、梁实秋文学奖、吴鲁芹散文奖、《中国时报》散文奖首奖等，是《台湾文学经典》最年轻的入选者，也是台湾文坛最无争议的实力派女作家。

在《谁在银闪闪的地方，等你》这本集传记、小说、诗歌、散文体例于一体的 26 万字散文集中，作者遇见苍老，关心衰老，睁大眼睛将目光投向了严肃的社会人文领域，直面滚滚而来的银发浪潮，解读愈加严酷的老年化社会趋势。她以其独到的关怀，为散文题材开辟了迥异往常的类别——老年书写。

简媜给老年找了个美丽的名字，银闪闪的地方，但实际上年老既不美，也不浪漫。在她的笔下，"老"像脚底厚茧给人刺痛感："老，这令人生厌的字，像脚底厚茧，怎么避就是避不了那股针刺之感。厚茧虽痛却要不了命，但老会要命，它慢慢沿着脚踝往上爬，把血管塞成枯枝，那曾经像小鹿奔跳的心脏越来越像老牛拖着破车，车上唯一的家当是一包袱羽毛似的记忆，拖着拖着，连这记忆也随风而去，只剩空壳。""老"又似多情的情人，温情脉脉："老，像受过高等教育的知识分子，温文儒雅，神不知鬼不觉地飘到你身边，以情人的眼波打量着你的身躯。""老"像是个万年奇妖，业务繁忙："流年如流水，老字号无限公司员工夙夜匪懈全年无休，二十四小时待命"，或是种白发，或是破坏牙周，或是帮眼睛搭蚊帐（白内障），极尽毁容之能事，以致宿主面容憔悴、神情萧索、脸色暗淡。"老"更是无耻窃贼，偷走青春和美梦："老，是贼，偷了明眸、皓齿、乌丝，也窃了你那黑桑葚般溢着果蜜与酒香、飘着情歌与甜蜜的夜，回赠给你一丛干牧草，让你笨牛似的，嚼到天蒙蒙亮。"

简媜以发人深省的文字，广泛地思考"老，这到底是怎么回事"，由周遭亲人的故事触及整体社会层面，一路从肉身、人生、老化、疾病到死亡的生命现场，彻底勘探，在问题间穿行并找寻出路。从初老、渐老、耄耋、病役到死亡，她带领读者由生而死，穿梭于想象与现实，仔细勾勒"老人共和国"里的鎏银岁月，以深情至性的柔笔追想至亲的晚年，这是一部全面探讨老年议题的"生死书"。她的散文，完整涵盖健康、心灵、理财、寓居、伦理亲情、社会参与、长期照护、临终准备与葬仪等层面，综观身与心的安顿，物与灵的处境，一面驰骋于浪漫空灵的想象里，一面为现实际遇的悲欢离合拭泪。

文集采用复合式的书写策略，分五辑，有贴近生活的亲情故事，也有诙谐幽默的现场描摹，正文 5 辑之外，附挂 5 篇幻想（作者的自我对话），向读者娓娓诉说着人世浮生的悲喜交集。

她以轻松简单的文风来讲述生老病死这一沉重而庞大的主题，举重若轻。26 万字、371 页的厚厚的一本书，是她写在纸上的。18 支写光了墨水的笔，涂涂改改的竖排版原稿，看到她的原稿照片，便感受得到她的执着、坚韧、真诚。这本书读起来，从容之外，活泼、淋漓、醇厚、亲切，其间不乏种种幽默与戏谑，生趣盎然。作家于嬉笑怒骂间解读生老病死，痛并快乐着。在她的笔下，老人的昵称是"员外"（正员以外，适用于自职场、情场、操场等种种场所退休、每年收到重阳礼金的那一群），作者和驼背的"美元阿嬷"、手抖得厉害的"欧元阿公"，以及盛装打扮、穿金戴玉、踩着蜗步出行的女员外偶遇，对人物形象的勾画栩栩如生，令人不得不佩服作者的文字功力。

文字雕刻家的美誉，于简媜而言，实至名归。她的文字里有幽默：她写自己深受背痛折磨，"最需要的是向上帝借遥控器，将自己的头转至背后，两手亦反转，如此即可痛快地自行捶打背部，无须求人"；按摩器被戏称为刑具，"一字排开，状似催魂梳、挖眼刀、索命绳、神指板、夺心槌……像心狠手辣妖妇的私房暗器"；写阿嬷的掉牙，"六十多岁即大牙小牙落玉盘，七十不到，众牙已叛变而去，只剩孤牙一颗固守山海关"，调皮活泼，妙笔生花。她的文字里有温度，当她的阿嬷和外婆老到进入半遗忘状态时，她感叹："人生何等残酷，我们从小同榻共眠的至亲不见了，跟自己的至亲，也会走到相对而坐却相忘于世间的地步啊！"

她的文字里有情怀，一位中风的老先生被儿子赶出门做运动："他像一个牧羊人，被迫去放牧那两只不离不弃却已然衰弱的脚。""一棵年轻樟树动员了所有叶子替他把风，没人告状他偷懒，没人发现他真的走不动了。"她的文字里有深度，她忠告医生："看尽生老病死，不是为了得到冷硬的心，而是能更柔软地对待下一个与死神搏斗的人，更懂得以暖语拔除惊怖，在医疗的限度内抚慰病者的脆弱，鼓舞其坚强。"她的文字里有思考："现代医疗，是不是给了老人不能结束的痛苦？当我们恳求医生尽一切积极作为让老病孱弱的父母活下去，不惜气切、插管、电击时，我们是从生命的规律、至亲的角度来衡量这件事，还是从自己的感受来下决定？"

她的文字里更有感悟和哲理："完整的人生应该五味杂陈，且不排除遍体鳞伤；老，是一门高深奥妙的学问，必须学习；病，什么人生什么病，不可臆测，也不重要。重要的是，生了那种病，你变成什么样的人？当我们大大方方地谈论死亡，仿佛收回本来就属于自己、最重的那一件生命证据，意味着，我们强壮到能自己保管了；死亡，是完整生命的一部分，更是一种完成。"

简媜在度过流金岁月后，选择立足银闪闪的地方，以另一种叩问人生的姿态，说到爱与老，向世人传达她积极向上的生命观：肉身如舟，于人世漂流，终将走向死亡尽头，当舟身腐朽还于大地时，也是生命完成之时，那一刻，我们得以卸下命运的包袱，获得灵魂的自由。然而在那一刻来临之前，我们必须珍惜生命，用爱与感恩为老病死做准备。老不是敌人，是注定要相偕共游的知己。养生，不是为了把自己养到理想的岁数，而是，养出对生命的态度：不管活到几岁，这一生就够了。在生命的最后阶段，与其战战兢兢地把每天拿来争取长寿，不如用来探访美、享受美，因为鎏金岁月不应该留白。生命的真谛，不在于带走什么，在于留下什么；不在于怎么开始，在于怎么结束。我们惜生之外也应该庄严地领受死亡，礼赞自己的一生终于完成。

我们踏上银色旅程，叩问生命的终极，最理想的模式莫过于：优雅地老去，尊贵地离席。

马艳艳，河南大学第一附属医院

迷失在时间里的旅行者
——观《困在时间里的父亲》有感

文/贺国庭

"我感觉我的叶子在一片又一片地掉落，是树枝！还有风……发生了什么我都不知道了，你知道发生什么了吗？"

时间，宛若流淌于长河中的流水，穿梭于人生旅途，滋养着万千生灵。行走于旅途中的旅行者们在闲暇之时，坐于河边的树荫下，捧起一把清流，想好好端详把玩一番之时，却目睹着细流或是沙粒从指缝间静悄悄地滑落，直至手中已空无一物，却尚存一丝清凉。旅行者们感叹于时间的悄然流逝，怀念着对时间的曾经拥有，收紧行囊，离开树荫，继续着这段未知的旅途。

但存在一群旅行者，在他们的旅途中，以往奔腾不息的流水渐渐干涸，蓬勃茂盛的参天大树树叶渐渐凋零飘落，雄壮的树干渐渐枯萎败落，往日的勃勃生机早已烟消云散，只留下一片变幻莫测、熟悉却又陌生的景象。恐惧与无助无时无刻不充斥着他们的内心，他们执拗地在干涸的河道里寻找着曾经的清流，不厌其烦地反复向周围的旅行者描述着他们眼中这片熟悉却陌生的景象，他们渴求别人的帮助和理解，但得到的却是他人的疏远和不解，他们便是我们身边的阿尔茨海默病患者。

阿尔茨海默病患者常为老年人，在疾病初期常会出现记忆减退、空间障碍、人格障碍等方面的症状，但在这段时期内，人们常常会疏忽此类阿尔茨海默病症状，对他们的举止不解，甚至单纯地将他们的行为简单粗暴地归纳为"老糊涂了"。而电影《困在时间里的父亲》则以一名阿尔茨海默病初期患者的视角，描绘了他所处的这个"奇怪"的世界，错乱的记忆和时间线交织出一段段匪夷所思的故事，一个个陌生又熟悉的人也让他陷入迷茫，将每一位曾经的旁观者带入阿尔茨海默病患者的世界，亲身感受他们所处的世界。

时间是困住父亲的囚笼，也是父亲走出迷雾的指南针。矛盾伴随着混乱是这部影片的主基调，同时也是阿尔茨海默病患者世界的主旋律。无论是从父亲所处公寓时刻变化的陈设，还是在同一空间遇到的顶着一副完全陌生面孔的家人，或是顶着自己最心爱小女儿面孔却仅有几面之缘的护工，抑或近乎偏执地寻找着自己的手表……这些都表明他逐渐迷失在充斥着混乱和矛盾的自我时空之中。

影片中的矛盾不仅仅存在于父亲自己的世界，更是发生在他与女儿、女婿的共同生活之中。面对父亲表现出的种种异常，女儿尊重父亲希望自己居住在公寓的心愿，为他寻找了一个又一个护工来照顾父亲的起居，虽然父亲与每一个护工都相处甚差；她将父亲接到自己的住处，对他进行无微不至的照顾；忍受着父亲种种怪异举止、出言不逊，虽然父亲在外人面前诋毁她照顾自己的初衷是为了侵吞房产。随着时间的流逝和父亲病情的恶化，父女二人之间的隔阂日渐增大，甚至严重影响了女儿的生活。

处于这种世界，无助与恐惧便是随之而来的副产物。安东尼·霍普金斯将阿尔茨海默病患者群体的情感演绎得尤为精湛，呆滞的眼神、日渐疲惫的神态、时刻变化的神情，将阿尔茨海默病患者形象刻画得入木三分，让观众不禁感同身受。

影片的配乐由开头的激昂与振奋逐渐走向悲怆与凋零，安东尼的生活环境也由之前古典优雅的私人公寓，到影片中期女儿简约风的住所，终于以冷色调为主的疗养院。纵然父亲的房间窗外是明媚的阳光、花红柳绿百花争艳之景，但他早已被禁锢在了这方寸之间。影片的结局是令人感伤的，但作为一名医务工作者，除了感慨阿尔茨海默病的可怕，对老人的遭遇抱以同情，我们更应深思如何能够使阿尔茨海默病患者在现实生活中得到更好的照料和有效的治疗。

纵使在医学与科技发达的今天，阿尔茨海默病仍是无法治愈的重大医学难关。但以药物治疗为主，以认知康复训练、音乐治疗等康复治疗为辅的综合治疗方案在一定程度上可有效减轻病情、延缓恶化进程。若在父亲出现异常伊始，女儿听取医生的诊断和建议，前往专业医疗机构接受系统的综合治疗，而非只是寻找一个又一个的护工简单照顾父亲日常起居、机械般地让父亲服用药物，剧情的发展是否会出现转折？

面对阿尔茨海默病等疑难杂症，显然仅仅依靠医务人员的努力是远远不够的，家人的悉心照顾与耐心辅导亦是一剂良方。除了在医疗机构中接受系统治疗，在家中帮助患者适应和改造生活环境也是必要的，例如可把钥匙、钱包等贵重物品统一放置于同一地方；减少住所中镜子的摆放数量，防止患者因镜中图像出现疑惑或恐惧的心理；耐心倾听患者的心声，为患者提供情感支持，使患者安心等。

影片中，父亲在退休前曾是一名优秀的工程师，心中深埋着一颗成为优秀踢踏舞者的种子，抚育女儿成长，但却在颐养天年之际饱受阿尔茨海默病折磨，与女儿愈走愈远，成了最熟悉的陌生人。现实生活中，阿尔茨海默病患者大多也在家庭中扮演着父亲或是母亲的角色，他们也曾经是顶梁柱，支撑起养育整个家庭的重任。他们也曾是孩子们眼中的超人和英雄，为他们遮风挡雨，陪伴他们成长。如今时间却无时无刻不在侵蚀他们的大脑，夺取他们的记忆。此时的他们就像是无助的孩童、迷失的旅行者，渴望着有人能指引着他们离开迷境。他们最需要的不仅仅是专业的医学治疗，更是来自家人们的陪伴与支持。

愿所有阿尔茨海默病患者能够被这个世界温柔以待，余生不再受到伤害。

贺国庭，四川省八一康复中心（四川省康复医院）
成人运动治疗中心治疗师

不仅仅为了那些生命中的感动
——读张大诺《她们知道我来过》

文/高 雯

初夏，南京的雨季。时而大雨滂沱，时而细雨蒙蒙，连续几个听雨的晚上，我在看医院工会推荐的张大诺著的《她们知道我来过》这本书。

翻开此书，种种感怀涌入心里。其中，既有对一个个饱含温度的故事的感动，也有对作者十年如一日的志愿行动的敬佩。这是一本真情饱满的故事书，记录了老人们在这段生命最后的日子里，有温情、有宁静、有期待，也有遗憾，作者以亲身的陪伴，带着我一起走过他走过的这些时光。

书中的每一个故事都深深感动着我、震撼着我，和我的灵魂不断地碰撞，以至于我在阅读中不得不常常把书掩起，听听窗外的细雨轻轻拍打柳叶的声音，让心绪稍稍宁静后再继续读下去。作者张大诺哪里是在讲故事，分明是在教我们如何做人，让我们知道其实可以换种思维、换个方式从更高层面去做个好医生，而这些并不仅仅是为了那些生命中的感动……

书中有一个给佛奶奶戴手套的故事，给我感触很深：一个大学生志愿者发现佛奶奶手凉，就把自己的手套送给佛奶奶，可是佛奶奶手指伸不直自己戴不上，于是作者张大诺对佛奶奶说："奶奶，我帮你戴吧。"他把奶奶的左手轻轻拿起来，把手套先套上去，这时只有一个手指自然地伸了出来，其他的还都看不见。他把手套的孔伸开，看见奶奶的一个指头，不知为何竟突然觉得这是一个婴儿的手指，他伸进左手，轻轻往外拽，拽出来了，然后再找其他手指。张大诺花了近五分钟的时间才给奶奶戴上。戴上手套这么简单的动作对佛奶奶来说已是奢望，即使人们有爱心，但若不细心，也无法发现这一点……作者就是这样，用他切身的体会提醒人们："许多时候，不仅要把高危老人当作孩子，还要把他们当婴儿，只有这样，才能真正知道他们的不易和需求。"看到这里，想到在我们病房里，经常也会碰到这样的患病老人，有时穿刺弄肿了他们的胳膊，疼痛使他们很难去穿起一件外套。可是我留意过吗？我曾这样细心地为他们穿好衣服或扣好纽扣吗？我有过想轻轻扶一下他们的冲动吗？

书中还有这样一个感人的故事：有位90多岁的郝奶奶，她病得很重了，可能预感到自己要走了。张大诺无法想象奶奶对自己生命进程的准确预感，那几乎是生命的本能，但他仍一次次地对郝奶奶说着："奶奶，你会好的，等到春暖花开了，你就好了。"为了让她高兴，他和她一起计算着春节还有多少天，甚至还和奶奶一起憧憬着，她以后100岁了应该怎样庆祝，奶奶也一直微笑着和他一起计算着时间。后来当张大诺再来时，奶奶沉沉地睡着了，张大诺没有惊醒她，但第二天再来时发现奶奶的床空着，她走了。他在奶奶的床前站了好一会，要走时，护工喊住了他，对他说了一句话："那天，郝奶奶知道你来过了。"一句话让他鼻子发酸，他在走廊上慢慢走着，突然间，有句话出现在他心里，和奶奶认识一年多，陪伴她走完了生命的最后旅程，最后这一句"郝奶奶知道你来过了"足够了！这句话让作者感慨万千，这个故事又何尝不撞击我的心灵呢！

这个感人的故事让我扪心自问：我在为患者诊疗的过程中，会不会像张大诺那样去注意到他们渴望交流的目光？会不会知道他们在情感上需要和我们唠嗑？会不会带给他们心理上的安慰和精神上的愉悦？我又有多少次能像张大诺那样，用那种充满温度的、柔软的、不厌其烦的态度去和癌症病人计算他们还有多少好的未来？也许我们就这样一句话，会给他们带来无限的生的希望和与疾病抗争的信念。

张大诺在书中还有这样一段生动的描述：一位患有阿尔茨海默病的奶奶想念亲人，常常拿起电话，也不拨号，直接喊着："闺女，你什么时候来看我？"护士总是躲在她身后，应一句："下周我就来了！"听到"女儿"的回答，老人开心得不得了。这样的电话每周会有好几次，次次都会有应答。其实有时就是这么简单的一句巧妙的应答，就能得到意想不到的效果。一如张大诺体会到的那样：让他们按自己想象的生活吧，即使很糊涂，只要他们能够获得平静，有平静，才有快乐。做这些事情也并非艰难，其实只要我们留意，这些我们都可以做到而且可以做得很好。这些其实真的很容易做到，就看这些举手之劳的关爱是否已成为我们的习惯。这件事让我体会到：为我的病人做一些让他们感动的事绝不是难事，只要有心去观察和体会，就很容易让病人得到瞬间的满足和快乐。

正如张大诺在此书中语重心长地提醒世人："哪些事、哪些人是老人的情感伤心点，一定要非常清楚，那些点会激起高龄老人巨大的心理反应，一定要规避那些点啊。""对高危老人有兴趣做的事情，无论做什么，我们都要赞赏她、鼓励她，那是她自知的为生活多一些快乐而做的努力，那是她不自知的生命力的延续……"这些提醒哪些不是和我的工作息息相关呢？我们查房时，和病人或家属讲述病情时，是否很好地规避过那些癌症患者的敏感点呢？当他们得知患了癌症悲观失望，对家人内疚，想放弃生命时，我们是否做了有效的心理安慰和保护性医疗呢？当他们经过治疗，勇敢地和疾病抗争，取得了哪怕是一点点疗效时，我们是否为此赞赏、鼓励过他们呢？张大诺让我看到自身太多的不足，带给我太多的自我问责。

张大诺的书带给我另一个感受是他给老人们带去快乐和幸福时，自己也从中得到了快乐和幸福。正如一位奶奶的女儿在老人去世后在医院看到张大偌，特意走过来向他表示感谢，并告诉他，她的母亲晚年很少照相，她却找到了奶奶与他的合影，就把这张照片放在屋子里作为纪念。这是无法想象在他的关怀服务中会出现这样一幕，也是他生命中一个猝不及防的感动。他对自己说，也许许多子女都会在父母去世后的某一时刻，在心里想到我们这些人吧，也许只有一次，也许只有几秒钟，但对我们来说，就是巨大的意外、莫大的幸福。其实生活中又何尝不是这样呢？张大诺用行动实践着一个让我震撼的真理：当你给别人奉献了一份快乐，自己也会收到更多的快乐。今后，在我经历了一次次抢救危重病人身心疲惫时，当我在炎热的夏天，门诊一个下午接待了近80个病人连口水都没有时间喝时又想抱怨时，一定会在脑海里想起张大诺这样的人，在周六或者周末，坐两个小时的车去医院陪伴老人们一天。在近十年的关怀中，他陪伴高危老人近3000个小时无怨无悔。也许当我再遇到病人的病情突变病危，家属还没赶来时，可以像张大诺那样在他呼唤亲人时在他耳边应答一声，让处于弥留之际的病人的心灵得到一丝慰藉和宁静。也许当我的病人突然知道自己患癌症最无助最害怕最失望的时候，我可以就这样紧紧地握住他或她的手，温柔地对他说：我们说好了要一起坚持下去，请不要放弃！

  读完张大诺的《她们知道我来过》这本书，我知道我是幸运的，可以在此刻读到这些简单又有意义的故事，从中体会和感受人与人之间本应有的真情与爱，能为自己所关心的、爱的人带去所需的快乐。他的故事让我明白：有很多事虽然是生活中再细微不过的点滴，其背后所蕴含的意义却是重大的。如果每个人来到这个世界上都带有与生俱来的使命，并要通过不同的形式将其完成的话，那么我们每天所经历的其实就是一段寻找并完成这个使命的过程。我对自己说，你不仅是医生，你还可以是你的病人最信赖的亲人、朋友。我们不可能治愈所有的癌症患者，但我们至少可以陪伴他们，让他们在生命最后的时光感受到浓浓的温情和爱心。

我渴望把这份幸运传递下去，让更多的人用同样的爱心来陪伴我们去经历那些可能或终会到来的时刻。人活着，真的不仅仅是为了那些生命中的感动！

高雯，江苏省人民医院

那一团生命的篝火
——关于阿尔茨海默病的电影《脐带》观后记

文/黄杰华

夜幕深沉，此际草原上月色迷人，在苍茫辽阔的大漠深处，正跳跃着一丛巨大的篝火，木材燃烧时发出毕毕剥剥的裂响，伴随着硕大火星高高地跃到空中，红的火与黑的夜交相辉映。在火光与月光的双重照耀下，族人们拉着马头琴，在悠扬的曲调中围着篝火热烈地起舞，用火与舞，来和他们心中永恒的长生天对话。有母与子在其中。一曲舞罢，母亲慢慢走向远方黑暗中燃着火把来迎她前往另一个世界的父母，迎向了下一个轮回的新生，彻悟的儿子割断了他们之间的绳索，满含热泪目送着亲爱的母亲远去……这是电影《脐带》（又名《漫游在蓝色草原》）中的一幕，也是这部电影的高光时刻。

机缘巧合下，邂逅了这部国产小成本艺术影片，一部以阿尔茨海默病为背景，讲述母子之间、人与故园之间深厚绵延的情感，以及探讨死亡与告别这一宏大母题的电影佳作。观影过程中几度落泪，96分钟里，我感受到了爱与美，温暖和治愈。这是一场优美动人的草原视听盛宴，草原好美，爱也好美。

故事情节并不复杂。北漂蒙古族音乐人阿鲁斯回县城看望患阿尔茨海默病的母亲，不想由此开启了一段寻根之旅。困锁在时间里的母亲不再记得任何人，只重复着要回家，她情绪喜怒无常、行为古怪，穷于应付的哥哥已渐失耐心，阿鲁斯因此和哥哥打了一架，第二天便带着母亲回草原上的老家。临行前，哥哥追上来紧紧拥抱了母亲，其实淳朴沉默的大哥不是不爱母亲，只是长期的身心疲惫任谁也难以承受啊。出发了，阿鲁斯的汽车在大地上穿行，沿途风景就像一部风光片，远山连绵起伏，湖水如梦似幻，羊群像云朵一样在无垠的草原上聚了又散，母亲笑了，眼睛亮晶晶的。在老家的母亲快乐得像个孩子，她在海子边跳起了蒙古舞，舞姿和年轻时一样舒展优美，四野空旷，长空白云，水波湛蓝，一切都美极了，可这时候，阿鲁斯却在急切地寻找母亲，原来，母亲不知什么时候，像只鸟儿，翩跹到很远的地方了。怕再弄丢母亲，他悄悄用绳子套住了她，另一端连着自己，这根像脐带一样的长绳，把母子像孕育之初那样，再次紧紧地牵系在了一起。尽管阿鲁斯尽心尽力，还用擅长的音乐给母亲创作乐曲，但她依然吵着回家。阿鲁斯终于明白，原来她是想回到那个少年时的、有姥姥姥爷的家，那个在天地间孤零零矗立着一棵一半生机茂盛一半枯萎死去的神树的家。可它在哪儿？为完成母亲心愿，阿鲁斯再次拉着蒙古包和母亲踏上了新的寻找之旅。两个旅人一路上磕磕绊绊，但也遇到了许多美好，正是在这个陪伴的旅程里，阿鲁斯渐渐走进了母亲真实的内心，也促使他决定放手让母亲走完她最后的羁旅。影片最后，阿鲁斯独自找到了那个"家"，他久久地站在那株象征着生与死的轮回的树前，仿佛找到了心中的答案。

以阿尔茨海默病为题材的电影近年并不少见，但本片阐释角度另辟蹊径，它不像奥斯卡名片《困在时间里的父亲》那样去直面现实与疾病的残酷和痛苦，而是用唯美诗性的电影语言，采用脐带、湖海、神树这些隐喻和意象来呈现人与亲情与土地与自然的联结，用草原民族面向万物轮回时向死而生的豁达态度给予了观者某种坦然面对生死别离的力量，那种每个人都渴望汲取的力量。片中饰演母亲的演员巴德玛用自己身上轻盈、纯真、质朴的气质，把一位失智的母亲演得亲切可感。大概这也是我喜欢该片的又一个原因，因为，她让我想起自己已逝的祖母，那个患有同样病症的、长存在我思念里的祖母。其实，倘不是祖父的去世，或许她不会那么快患病。老两口一辈子鹣鲽情深，虽是老式的婚姻，从的是父母之命媒妁之言，可从她被大红轿子迎进门，两人就没红过脸没吵过架，祖父是个医术精湛的医生，人生末期自己却饱受中风困扰，瘫痪在床，全靠70多岁的祖母一力照顾，在护理出身的祖母的细心照料下，卧床数年的祖父从未患过褥疮，在她身上，我才知道人间伴侣可以情深至此，用祖母的话说，有祖父在，再累她也乐意，她心甘情愿地伺候他，直到最后的时刻来临。可谁都知道照顾一个瘫痪病人有多难，按说要照顾的人走了，或许对双方都是一种解脱，可对祖母不是，祖父走了，她的世界也坍塌了，仿佛一夜之间苍老了，一天天失去生命的光彩。老两口相继而去，只隔了短短三年，三年里，她渐渐不再认识我们，哪怕是从小被她呵着抱着宠若明珠的孙儿；她的行为荒唐可笑，让家人无可奈何。可在我的印象里，祖母的目光神情却越发澄澈纯净似孩童，做的也净是孩子气的事，她会将院子里开得正好的茶花一朵朵一瓣瓣地揪下来细细排开一地；她会像个少女似的害羞，白皙的脸上泛起红晕，说有人要来接她呀……我想，那个人，是不是就是当初站在大红花轿前迎她出轿，从此共度漫漫人生的大学生祖父呢？可叹彼时春衫少年郎，韶华散尽春已逝。只憾在她清醒的时光，没能陪伴更多……

　　如今，自己也在医院工作，看过了更多包括阿尔茨海默病在内的、困扰肉身的种种悲欢苦痛，随着年岁渐长，对生命、对自然也有了更多自己的理解。美国医生特鲁多的墓碑上有句著名的话："有时去治愈，常常去帮助，总是去安慰。"意思是作为一名医者的最大价值，或许不是治愈疾病，而是提供慰藉；医学不仅是技术更是情感；行医不是交易，而是使命。这与我们今天提倡尊重与关切人的生命和价值岂非一致？是啊，在这个神圣的红十字脚下，现代医学或亦有止步不前之处，而像特鲁多那样的医学人文精神则会像那团灼烧的篝火，一直照亮每个人，陪伴每个人，与我们同在。如此，眼泪将不仅是悲伤，而是释怀；告别也不仅是遗忘与终章，更是——序幕。

黄杰华，广西壮族自治区桂东人民医院

病房里的烟火气
——《太阳透过玻璃》读后感

文/许丽莉

阅读完长篇非虚构作品《太阳透过玻璃》，是在一个明媚的春日午后。我坐在玻璃窗内，太阳已把照在脖颈后背处的暖意涂抹到了全身，当然也包括内心，虽然这部作品的内容围绕着"临终"和"逝世"。这是作者薛舒用近乎白描的手法，继上一部同题材长篇作品《远去的人》之后完成的又一倾力之作。作品真实记录了罹患阿尔茨海默病的父亲，渐趋失能失智、生活无法自理，直至失去生命的过程，以及在这数年光景中陪伴父亲左右的母亲、子女的心路历程，并围绕此展开医疗机构、医护人员、病友及其家属之间的故事。

话题虽然严肃，但作者的笔调并不哀伤阴郁、压抑沉重，相反，是乐观豁达、坦然自在，或许是因为作者在经历痛苦挣扎之后的诚然接纳，文中的语言表达甚至让人感觉温暖亲切，细节呈现得更多的是充满人间烟火气的病房。临终是生命的必然过程，死亡是终点亦是起点，是"陨落"更是"升天"，这并不矛盾，就像日夜交替、四季轮回，或者像画一个圆的起笔和收笔。

而给"临终病房"的氛围定调的，按文中所述，应是临床（或更确切地说是"陪伴")时间最多,也是作者着墨最多的护工。相较医护人群,护工人员更显"普通",他们学历不高(甚至汉字辨识不全)、普通话不标准(家乡口音重),然而因能吃苦耐劳、拥有多年工作经历等,他们对于照护工作得心应手甚至任何其他身份人群无法替代,使得他们成为"临终患者""失能患者"不可或缺的人,照顾患者吃喝拉撒、洗漱睡觉,甚至送他们"升天""当小婴儿般照护",包含生理和心理,也包括家属的依赖,护工在,安心就在。

他们足够"大",面对生命逝去遣词造句、面对满床污秽调侃接纳,在这里,苦难、不堪和悲伤,似乎因为他们的存在而加入了暖色调,变得柳暗花明,这份坦然也深深影响着患者和家属。这是护工人员的工作性质和内容决定的,所以平常人看来的"了不起",于他们就是日常。而这生死之间的摆渡人,他们又很"小",他们习惯于在姓氏之前加个"小"字来自称以及被人称呼,哪怕年过半百,他们有着"最平常人"的一面,在个体之中,有想省力一些偷个懒儿的、有喜欢贪点儿小便宜的、有东家长西家短爱搬弄是非的,他们会哭会笑、心胸宽阔却又斤斤计较……以上种种,一再提示着"临终病房"以及身处其中的人,都是人间的一部分,处处展现的同样是市井般的生活,且更是世态炎凉、生死无常突出集中体现的地方。

不论生活在这病房中的人们,如此的生活态度是惯性还是刻意,是自觉还是非自觉,能从这部作品中看到的是,用乐观豁达来表达对于生命的敬畏、对于生活的尊重,或许是一种更高级更自律的方式。引申开来,生命过程中面对的桩桩件件之事,在过程中努力,在结果里坦然,就很好。

"父亲的病床靠着玻璃窗,有太阳的日子,阳光透过玻璃,将暖意照射于人。"阳光抚慰着一切,向来温暖且不会势利。这是作者,对于生命、生老病死向来平等的另一种体现。"他是一个得到了爱的人。"《太阳透过玻璃》全文以此结尾,父亲走完了一生。家庭成员之间的互相关爱、医护病友间的互相帮助,一再提示着"爱是责任、行动、付出,也是收获"。

许丽莉,上海中医药大学附属曙光医院

爱的寄语
——《妈妈》《不能流泪的悲伤》观后感

文/王 敏

记忆，也许会消失，但，爱不会。

——题记

最近我看了两部国产电影，一部是《妈妈》，另外一部是正在热映的爱情影片《不能流泪的悲伤》。在我看来两部影片都是在平凡、细琐的生活中涌动着脉脉温情和爱意，展现着平凡的生命所爆发的执着和坚毅，但是又都透露着对衰老和疾病的悲伤与无奈。

影片《妈妈》中65岁的女儿冯济真得知自己患上阿尔茨海默病后，想提前安顿好85岁母亲的一切生活。而母亲知道真相之后，母爱的天性被再次唤醒，毅然决然地承担起照顾女儿的重任。母女二人的关系也从原来的互不理睬，靠传小纸条交流，走向了相互包容、相互扶持。

影片通过一位母亲的眼睛和笔记，细致描绘出女儿患上阿尔茨海默病后的变化和病情进展，真切地反映了阿尔茨海默病病人的发病过程和病情发展：从记忆衰退到认知能力下降，甚至出现幻听、幻视、尿失禁、情绪失控等情况。当受人尊崇的大学教授、打扮得体的文化学者、生活精致的文艺女性，突然有一天脾气暴躁、面目狰狞、言语粗鄙、身体污秽，任谁也难以接受。疾病击碎的不仅仅是冯济真维持了六十余载的尊严和体面，也让她的灵魂和精神世界轰然崩塌。当年迈龙钟的母亲感觉自己时日无多时，终不忍将女儿独自留在这世上，承受一切苦楚。于是，母女两人精心装扮后走向大海的深处……也许这才是她们的精神和灵魂获得自由的最好方式。既然人类最终无法逃脱终极命运——衰老和死亡，那就让爱来加以超越，在爱的感召和延续中，笑对人生、向死而生。

电影《不能流泪的悲伤》中女主人公赵心卉与男主人公林汉聪跨过重重难关，克服现实对爱情的考验，终于修成正果，携手共赴余生。看似完美的爱情故事，却被一条潜伏的暗线牵引着：人到中年的痴情大叔，为了让患上阿尔茨海默病的妻子重新记起自己、"找到"自己，引导妻子重温旧日的时光，追寻往昔的足迹，让一幕幕双向奔赴的浪漫爱情故事展现在观众的眼前。片尾，当那象征着寻爱之旅开启的录音带再次出现的时候，不禁让人潸然泪下：一遍遍遗忘，一次次寻找，他们真的能找回往日的记忆、回归幸福的生活吗？

虽然两部影片一个的主题是亲情，一个的主旋律是爱情，但两部影片都潜伏着一个隐性的主角——阿尔茨海默病，也可以说这两个故事都因为它而染上了悲剧色彩。据悉，中国有1324万阿尔茨海默病患者，阿尔茨海默病性痴呆更是占全球65岁老年人群患病率的5%—7%。发病早期可见记忆力轻度下降、学习能力下降、注意力不集中等轻度认知障碍，但不影响正常日常生活，未达到痴呆的程度。晚期可见远期记忆减退，伴有情感淡漠、哭笑无常、言语能力丧失等症状，严重者甚至丧失生活能力。《不能流泪的悲伤》中的赵心卉只表现出了记忆减退，而《妈妈》中的冯济真却随着影片中时间的推移出现了二便失禁、丧失行动能力等晚期严重症状。

作为医务人员，我们更多关注的是患者所患的疾病本身，希望通过各类检查手段做出正确的诊断，并给予药物或物理治疗，使疾病痊愈。很多电影中的细节和情景，让我们思考问题的角度不由得从医务工作者或作为医务工作者预备队伍的实习医生、医学生的角色成功转换到患者和患者家人的角色，从而自然而然地去反思自己习以为常的临床工作，更多地从关注疾病到关注病人本身。病理学家魏尔啸在其《科学方法和治疗观点》中就曾说过："医学本质上是社会科学。"医史学家西格里斯特也曾说过："当我说与其说医学是一门自然科学，不如说它是一门社会科学的时候，我曾经不止一次地使医学听众感到震惊。医学的目的是社会的。它的目的不仅是治疗疾病，使某个机体康复。它的目的还要使人能调整以适应他的环境，作为一个有用的社会成员，为了做到这一点，医学经常要应用自然科学的方法，但是最终目的仍然是社会的。"

许多阿尔茨海默病病人在发病前，或许是职业体面的白领丽人、家庭幸福的能干主妇、外表光鲜的成功人士、受人爱戴的社会精英，但发病后，由于病情不可控而做出的种种行为及语言，或被误解歧视，或被侮辱践踏。疾病的痛苦、精神的折磨使他们逐渐失去作为社会成员的能力，甚至丧失生活的勇气。虽然家人的陪伴和关爱能使他们得以生存，但那也只是生存而已，随时失去的记忆、失去记忆后对"陌生人"的恐慌、出现幻觉后对周围亲友的伤害……疾病给患者及其身边的人造成的痛苦和影响真的是我们无法感同身受的。"医学人文"是一种感悟，是一种心灵深处的共鸣，在内心世界里由内而外地产生一种与人文精神趋同的价值观。但社会各方面对于阿尔茨海默病的了解并不多，给予阿尔茨海默病患者本身的精神需求和人文关怀更是少之又少。他们不仅需要家庭的照顾，更需要全社会的呵护与理解。

如果，让我们以电影主人公的视角，重新审视生与死、自由与尊严、爱与被爱等一系列问题，我们又该如何思考，如何抉择……

王敏，甘肃省金昌市中心医院

沟通共情 和谐医患

细读这些质朴温煦的文字，首先勾起我对共情与功利引擎的思考：许多人不曾与他人共情，是共情不能吗？是大脑中镜像神经元缺乏吗？显然不是，而是共情不屑，不愿意启动甚至刻意抑制镜像神经元的兴奋。大家不禁要问，是什么启动了人类共情机制？功利主义者、利己主义者会将共情定义为高级商品，可以花钱买到，这是对共情这一人性表达的歪曲。

——《共情：医患沟通的基石——〈真情沟通：100篇医患沟通的故事〉序》

在复杂的医疗流程中，我们需要相互尊重，相互看见，相互鼓励；当然，有一个心法——只要你心中怀揣爱，怀揣同情，怀揣善意，发出善的语言、善的眼神、善的行动。克利夫兰高效能人际关系的底层逻辑就是："看见你我他，把爱传下去。"

——《高能沟通，迎来医患关系的春天——读〈克利夫兰高效能人际沟通〉》

医疗行业关乎人的生命。在医疗错误发生之后，医疗界要学习航空界的经验，采用黑匣子思维，全面真实地面对错误，通过边际效益进行分析改进，从失败中激发创新，才能持续提高患者安全和医疗质量。

——《医疗事故中的黑匣子思维——〈黑匣子思维〉读后感》

我在这里
——读《照护：哈佛医师和阿尔茨海默病妻子的十年》

文/李　琦

由于职业的原因，我遇到过不少阿尔茨海默病的患者，但直到看完哈佛医师、人类学家凯博文教授写的《照护：哈佛医师和阿尔茨海默病妻子的十年》里讲述他对患阿尔茨海默病妻子琼漫长十年的照护之路后，我才明白这是一件多么艰难又苦涩的事。但在作为照护者的十年里，凯博文说："我变成了一个不同的人，一个更好的人。"

我感动于书里妻子琼对于婚姻和家庭的悉心料理，她是一位大师级的工匠，生活是她手中的材料，凯博文在医学领域濒临崩溃之时，号啕大哭地对着琼说，我需要你，而琼握住他的手抚慰他帮他重建信心。他在书里写道："我的灵魂已经破碎，而这条道路，如果只有我一人，恐怕是永远也无法走完的。"他的前半生一直在接受妻子无微不至的照护与拯救，他向琼学习到了如何去倾听，去对他人认为重要的事情做出回应，更懂得共情，也更容易接近。但在琼患病后，一切都开始得毫无预兆，那些发生在琼身上的可怕事情，先是失去视力，接着是自理能力，还有内心深处的安全感。凯博文说："这是一段漫长而艰辛的旅程。"

凯博文在琼疾病初期的时候，花了几个月的时间去找专家会诊，检查，就只是等待。医生只是将他的妻子看作一组暂无定论的检查数据，而不是需要支持安慰的人。他这样写道："我们好像困在了迷惑与无能的泥淖之中，一群又一群的专家来看我们，却好像看不见我们的恐惧，或者说看不到'我们也是人'的事实。"后来凯博文又去见了一位更资深的专家，但在疾病诊断的过程中，却很少提到"未来会发生什么？我们该怎么办？我的疾病只是疾病，跟我一点儿关系都没有"。"进了诊室，我几乎没有时间把自己正在经历的事情说个明白也没人问我感受如何，然后就被赶出了诊室。"这是凯博文在过去10年所能听到的声音，这也何尝不是我们现在医疗中所面临的巨大困惑，治病，只是为了治疗疾病，而不是为了治疗我的疾病，我不再被作为人而存在。

医学本可以相当伟大，本可以真正帮助别人，但现实的医疗却在医患之间树立了一道"愤世嫉俗"的高墙。我们也想给予每一位患者无微不至的照护，但面对就诊量的急剧攀升，我们又如何去倾听每一位患者的诉说呢？书里一再讲道：如何让我们不只去看病，而是看人，不只去治病，更是去疗愈患者的心灵。于是，凯博文在照护方面提出了一个重要概念，照护的前提是"在场"，"我在这里"才是真正意义上的照护。

由于与职业的密切相关，我深有体会，我真实地目睹过书中所说的"一切开始得毫无征兆，那些发生在身上可怕的事情"。我也很深刻地感受过"行为上的小小的改变会让照护变得更有情味，更懂得共情，更易于接近"。刚到急诊不久的日子，我见到那位老先生的时候是他已经清醒过来但还是接着呼吸机辅助呼吸，嘴巴里插着管子导致他无法发出声音，眼巴巴地看着天花板，手颤颤巍巍敲着床栏，声音不响，也不频繁，我走到床头，他嘴巴微微地动着，我看不懂他在说什么，但我知道他想告诉我些什么，我伸出手握了握他告诉他：我知道插着管子不舒服，坚持一下，会好的，一定会好的。他努力地眨眨眼睛，下巴努力朝手指的方向点了点，我低头一看，看到他努力竖起的大拇指。我想对他来说，这种痛苦感是千真万确，我不知道对他来说抢救室那盏常亮的灯算不算希望的光，但我想我握住他的那一刻，他是感受到了温暖，是看到了希望，而他竖起的大拇指，也成了我的光，成了我坚持初心的信心和动力。归根到底，照护的灵魂也成了对灵魂的照护。

凯博文说，我们照护的对象终究是人，而提供照护的也终究是人，我们都曾是、正是或将是所爱之人的照护者，在社会的各个角落里，有那么多人都成了照护者，当照护者慢慢褪去观察者的身份，成为真正的感同身受者时，才会变得温暖。我想关怀与责任，这是人性的光辉，而坚持与坚守，是我们职业的初心，会有人接过火炬吧，会有人实现照护的意义吧，为了我们每一个人！

李琦，复旦大学附属华山医院急诊ICU

共情：医患沟通的基石
——《真情沟通：100篇医患沟通的故事》序

文/王一方

这是一本鲜活的医患沟通故事集，也是叙事医学（核心是共情与反思）的好读本。这些故事每天都发生在我们的医务生活里，故事里的小冲突、小误会都是通过真情沟通而冰消雪化的，人生的际遇总是有着波浪般的起伏，有道是"不打不相识"，始于小矛盾、小纠葛，终于成为心心相印的好朋友，这样的经历很多人都曾有过。转圜的拐点与机制是什么？那就是共情。真情沟通就是共情沟通，或者说是基于共情的沟通。

共情，又称为同理心、换位思考、神入，指人际交往中，尤其是冲突时能站在对方立场设身处地思考，也就是说人际交往中能够体会他人的情绪和想法、理解他人的立场和感受，并站在他人的角度思考和应对。这一过程包括情绪自控、换位思考、倾听能力以及表达尊重等与情商相连的素养。共情是一项综合能力，包括观察力、洞察力、感受力，是基于认知的同理心，能快速准确确定他人的思路、感觉、动机、意图、行为意向的能力。共情的核心是主客体情感的共振与共鸣，一方进入另一方的情感世界（堡垒），获得共同的情感体验，达成共同的牵挂，共同的颠簸与弛张，愉悦与沮丧，快乐与愁苦，形成共同的情感分享与分担。心理学认为，共情本质上是对人类孤独（躯体、精神、价值）境遇的反抗，社会学认为，共情是人的社会性的张扬，追求人际交往的丰富性，相遇、相投、相依、相助、共生。

共情原理的揭示源自一项动物学实验。1992年，意大利帕尔马大学的一个研究小组率先报道猴子的大脑里有一种特殊细胞，叫镜像神经元，这种细胞不仅在猴子自己伸手够到某种东西时被活化，而且可以在看到别人伸手够到某种东西时活化。也就是说，动物可以将外界发生的事物跟自己联系起来，当看到别人出现某种状态，自己的同类经历就会被唤起，这并非有意识的记忆，而是不经思考的被自动激活的神经回路。看到别人"疼"，可以身临其境地体会到这份遭遇。这样一来，人们似乎认为共情是一种本能，其实不然，共情需要我们刻意去经营。书中的主人公都是在实践中不断学习、总结才获得这份能力的。跳出基础医学的视野，共情能力本质上是一种临床胜任力。书中就展现了医患共情的种种征象，首先是语言的温暖、真诚、率真（甚至有些病友还喜欢刀子嘴、豆腐心的医生），其次还有表情的慈爱，包括眉宇间和眼神中的悲悯、敬畏、神圣，嘴角的牵挂，别样的肢体语言，躯体的前倾，额头、指尖的抚慰等，不局限于嘴上的功夫。

细读这些质朴温煦的文字，首先勾起我对共情与功利引擎的思考，许多人不曾与他人共情，是共情不能吗？是大脑中镜像神经元缺乏吗？显然不是，而是共情不屑，不愿意启动甚至刻意抑制镜像神经元的兴奋。大家不禁要问，是什么启动了人类共情机制？功利主义者、利己主义者会将共情定义为高级商品，可以花钱买到，这是对共情这一人性表达的歪曲。如果一定要对共情进行获益考量的话，患者、医护都是获益者，医者只有共情才能更充分地进入患者的心灵深处，获得更真实的身心社灵偏移证据与因果判断，才能给予更立体（身心社灵）的治疗，获得更满意的疗效，抵达技术、道德上的成功。同时，共情可以帮助患者心志的成长，在疾病煎熬中学会接纳痛苦，豁达生死。

阻碍医护共情能力发展的第二道关卡是技术主义的诊疗观，临床上总有一些人片面崇拜高技术，视共情能力为低技术，无师自通，却不曾去开掘共情能力，强调技术中立，排斥情感的介入。其实，医生的观察不同于科学观察（纯粹客体化的他者），属于参与-观察（主体间性，主客体融合），不是对象化、客体化、数字化纯粹观察，而是体验相通、情感相融的人性观察。生命是神圣的，生命也是神秘的（永远也无法真相大白，只能中白、小白），一切生命活动都是身体和心灵的总和，同样，疾病也是一切身心、社会关系的总和，绝非高技术探头所能把握。因此，医患失语是技术性失语，医生的冷漠是技术中立原则庇护的冷漠，医生的傲慢更是技术辉煌的自满情绪所催生的傲慢，医患冲突是医学中技术统治、垄断文化（漠视人的存在与价值）的根本特征。

妨碍医护共情能力发展的第三道关卡是共情耗竭恐惧，医生在当下求医需求高涨重压下的持续高强度劳作，不仅造成体力上的疲惫，也造成共情能力的耗竭，长期、反复进入患者的苦难隧道，感知疾苦的体验，与其分享与分担疾病的身心社灵颠簸，势必折损医护人员内心的情感与意志力；单向度的技术生活使得他们本来就不丰满的精神生活日渐干涸，共情稀缺、共情乏力、共情耗竭等问题便接踵而至，医护无时、无刻、无差别地释放共情，超出自身的内在精力，勉强应对，不耗竭才怪。如果不解决共情充电、共情快感机制（见苦知福，救苦增福）的建立问题，基于共情的沟通便无法持续。

总之，共情能力的培育是医护人员的社会化过程，优先发展与他人建立情感联结对于职业发展是十分有意义的，首先能有效满足自身的心理需求，建立被尊重、安宁、适意的周边人际环境；减少医患冲突，继而建立友善、和谐的医患关系。可以期待，共情能力的发展是未来和谐医患关系的奠基石，也希望每一位读者都能从书中汲取共情的体验，切实提升沟通人格，而非只是沟通技巧。

王一方，北京大学医学人文学院

医疗事故中的黑匣子思维

——《黑匣子思维》读后感

文/洪 盾

引子:"小手术"

2005年某一天,美国妇女伊莱恩去医院做鼻窦手术,医生告诉她,这没有什么危险,只是一个常规手术。上午8点35分,麻醉药注入患者入睡,通常情况麻醉师使用"喉罩",一种口中插入固定在呼吸道上方的器具。然而当时遇到了困难,由于患者下颌肌肉过于紧张,喉罩无法插入,加大肌肉松弛剂并更换小型喉罩均未成功。

麻醉2分钟后,患者身体发青,血氧饱和度75%。4分钟后,主麻医生尝试氧气面罩,但是氧气仍然无法进入患者肺部。麻醉6分钟后,麻醉师尝试气管插管,但仍遇到麻烦,无法看到呼吸道,一次次尝试均失败。8点43分,也就是8分钟后,患者血氧饱和度降到40%,心率从69次每分降低到50次每分。另一个麻醉师和耳鼻咽喉科医生赶到参与抢救。

此时还有一个方法就是气管切开术。8点47分,护士拿来了气管切开包,并告诉医生工具准备完毕。但是,三个医生均未搭理,全神贯注于气管插管。8点55分,麻醉开始后20分钟,插管终于成功,患者氧饱和度恢复到90%。这时医生均大吃一惊:怎么过了这么长时间?!患者送入ICU,脑扫描显示致命性脑缺氧损伤，患者13天后去世，年仅37岁，留下了两个孩子。

黑匣子思维

为什么一个简单的手术却酿成如此的悲剧？众所周知，医疗行业和航空行业都是与生命安全最紧密的行业，但是这两个行业在心理、观念、制度上有很大差异，其中最根本的是对待错误的态度和方法。航空业每架飞机上均有两个几乎无法被破坏的黑匣子，一旦事故发生，黑匣子被打开，数据得到分析，事故的原因展现，操作程序将得到修正，失败案例业内教学，从而避免错误再犯。从这点说，航空业在对待错误的改进方面远走在医疗业的前端。客观理性分析错误并持续改进，这就是黑匣子思维。

如何对待错误态度（闭环循环）

人类进步历程中最难克服的困难之一就是从错误中学习。医疗工作者也同样需要通过承认错误而不断学习，从而减少再犯的可能。如何承认医疗中的错误？对于接受了多年教育、爬到了事业顶端的资深医生来说，一旦把自己的失误公之于众，后果将不堪设想。因而当工作能力受到质疑时，专业医生倾向于自我防卫。但是，由于医生过度强调权威，无视下级医务人员的警告，可能酿成大错。

有骨科医生在椎体成形术，即在骨质疏松骨折椎体内灌注骨水泥，被术中透视机操作者提醒骨水泥从椎体前面漏出，但是医生却维持自己的权威，没有停止操作而执意继续灌入，导致骨水泥从漏出处进入静脉，最终到达心房，必须只能在心内科帮助下取出心脏中的骨水泥。

前面的例子中，麻醉师也许无法接受气管插管不成功的结果，却忽视了患者的特殊体质，以及触手可及最有效的气管切开包，导致不断尝试错误。

因为不能认识到错误，所以不能从当时的思维中跳出。研究也发现，人在管理层位置越高，就越倾向于找借口为自己的完美主义服务。如何不能正确对待认识错误，就不能有闭环循环，也就是持续质量改进。

医疗规范和边际收益

医疗操作是一个规范过程，临床疾病诊断中的各种指南均是一种医疗规范，而且各项指南、流程、诊断标准均随着医疗实践而不断更新改进。气管插管和椎体成形均是一种医疗规范，但是由于人体的复杂性，一项简单的操作可能在某些特殊病人中，变成极其复杂的医疗过程，而这些情况很难在几页的指南中全部罗列出来，因而医生的实际操作应变能力也非常重要。边际收益指把一项宏大的目标分成多个小的项目，然后对各个项目进行改进，把这些改进结合起来可以获得巨大的进步。

举个例子，椎体成形术可以分成术前关怀、患者体位、术中 C 臂机安放、穿刺点选择、麻醉、穿刺过程、骨水泥灌注、术后康复等多个过程。通过同行经验分享、文献资料学习、个人经验反思、解剖标本演练等多种方式，对每个过程进行标准化，并逐步提高，简化操作流程，减少风险操作，从而形成一个更加全面实用的操作指南。

但是一旦医疗错误发生，如果没有系统分析，容易全盘否认，未形成改进的医疗规范，没有边际收益的概念，以后医务人员还可能再次犯错。

失败激发创新

人们认为创新是一项神秘的活动，各种想法凭空出现，但实际上多数创新来源于失败。现在的专利法规定，只要有一个想法，就可以申请并获得专利。英国有一家戴森公司，其创始人发现传统真空吸尘器尽管马力大，但是容易被垃圾堵住而失去吸力。他查看专利，发现无数人申请了专利，但是这些专利都没有经过实践考验，没有形成真正的产品。最后，经过无数次失败，他发明气旋分离器，从而解决了这个问题，戴森也成为个人资产超过30亿英镑的富翁。

医疗操作远未达到理想的状态，椎体成形术被许多医生形容为小手术，但是正因为如此，产生的各类并发症远超过其他脊柱手术，包括脊髓损伤。骨水泥灌注多依靠医生的个人经验，有医生喜欢骨水泥稀薄时注入，以达到骨水泥与骨骼的理想结合，有医生愿意骨水泥黏稠时注入，减少了外漏的可能，但是由于与骨骼的黏合性差，容易形成骨水泥与骨骼的分离、骨折，导致远期的并发症。国外关节置换时，均在一旁放置一个计时器，在某个固定时间注入骨水泥，这无疑是一种规范，也是一种创新。

各类医疗失败都是创新的源泉，创新的目的在于解决现实存在的实际问题，如果从医疗失败中进行创新，无疑是黑匣子思维最好的方法。

小结

综上所述，医疗行业关乎人的生命。在医疗错误发生之后，医疗界要学习航空界的经验，采用黑匣子思维，全面真实面对错误，通过边际效益进行分析改进，从失败中激发创新，才能持续提高患者安全和医疗质量。

洪盾，台州恩泽医疗中心（集团）

医患关系的复杂性及挑战性
——《中国式医患关系》中一幕的思考

文/郁仁强

在白剑锋先生的《中国式医患关系》中，有一个片段让我深刻地体会到中国医患关系的复杂性和挑战性。这一幕发生在某医院的病房内，医生与一位被诊断为患有重病患者的家属进行了一次艰难的对话。在这个场景里，医生面对病人的家属时显得非常耐心和专业。他通过温和的语气和用心的解释，试图让家属明白患者的病情以及可能需要的治疗方案。然而，患者家属却始终无法接受这个残酷的现实，面对医生给出的临床诊断和治疗方案表现出愤怒和绝望。这个场景也让我重新审视了医疗体系和社会文化对医患关系的影响。看着病人家属一次次地质问、抱怨和求助，不禁引发了我对于如何改善医患关系的思考。

医患关系历来是中国社会关系中重要的一环。从古代的扁鹊和蔡桓公，三国的华佗和曹操，到两三年前的抗疫英雄与疫情中的众生，医患关系如同一幅错综复杂的画卷，交织着医疗体系的布局和社会文化的烙印，展现出令人深思的影响与挑战。

医疗体系对医患关系的影响可谓广泛而深远。资源分配不均的现实，使得医患之间的沟通与信任面临考验。城市与农村的差距，一线医院与基层机构的反差，让患者的医疗选择变得复杂，有时甚至矛盾重重。多次的医保制度改革，虽旨在减轻患者负担，却在实际操作中引发了医药价格的波动，进而影响了医疗服务质量。这一切，让医患关系陷入了资源稀缺与期望落差之中。

社会文化的影响也不容忽视。中国自古就有"医者父母心"之说，医生在患者心目中常被赋予尊贵的地位。这或许在一定程度上提升了医生的责任感，但也可能造成了一些患者对医生的过度依赖，使得医患关系陷入了不健康的互动。另一方面，传统的家庭观念使得患者在医疗决策中常常会受到家庭成员的影响，甚至是操纵，这也为医患关系带来了额外的困境。

医患关系的困境还源于多方面的因素，涵盖了信息不对等、权益冲突、沟通障碍等问题。例如，医学知识深奥，医生难以将专业知识简明易懂地传达给患者，患者难以理解疾病的诊断和治疗，更难以准确理解医生的建议；在选择治疗方案时，医生可能面临医学、经济、伦理等多重考量，而患者则可能对治疗方案存在疑虑；医生在忙碌的工作环境中，缺乏与患者充分交流的时间，不理解患者的需求和期望，可能导致患者不满；医生的职称评审过于强调学术研究，而忽视了临床实践的重要性；同时，受到医疗纠纷、不公平待遇甚至虚假新闻等的影响，导致医患之间的信任危机，加剧了矛盾。这些困境可能导致医患之间的矛盾和误解，影响医疗质量和患者满意度。

这几年，随着医疗技术的进步和医疗服务的提升，使得一些高效、精准的治疗方式得以应用，精准医疗将成为未来医学的重要发展方向。在当今医学领域，精准医疗被认为是一种前沿和有潜力的方法，因为它可以提高医疗效果、降低医疗风险，并为患者带来更好的健康结果。然而，精准医疗也使得我国医疗的花费在近年来呈现不断增长的趋势，巨大的医疗支出的增加使很多家庭面临经济负担。

在这样的情况下，我深刻地感受到了医患之间信息传递的困难和矛盾。医生尽力进行有效的沟通，但家属由于自身的情感和对亲人的关怀，往往很难理智地接受医疗建议。

可以改善医患关系的措施很多，但我想从最根本上改善这一状况，"医者仁心"的培养和医学知识科普非常重要。培养"医者仁心"的核心在于医学教育和医疗文化的塑造。在医学教育中，强调医生的职业道德和医德，培养他们对患者的尊重、同情和责任感；在医疗生涯中，为医生提供心理健康支持，帮助他们应对医疗环境的压力，保持同情心和热情；同时，要建立健全医患反馈机制，让医生了解患者的看法和意见，从而不断改进。国家也需要通过在多种渠道（如互联网、社交媒体、医院宣传等）进行医学科普，患者可以更好地了解疾病、治疗选项和预防方法，增加他们对医疗过程的理解和信心。科普有助于增强社会大众的健康意识，推动疾病的预防和早期诊断，降低发病率。患者在了解医学知识的基础上，可以更好地判断何时需要就医，避免不必要的医疗消耗。

愿每一位医者在时代的滚轮中坚持初心和自我，也愿每一位患者能够在求医路上保持理性与信任，共同创造一种更加理解与尊重的医患关系。我相信，通过更深入的了解和共同努力，我们可以缓解医患之间的矛盾，建立更加和谐和人性化的医疗体系。

郁仁强，重庆医科大学附属第一医院放射科

高能沟通，迎来医患关系的春天
——读《克利夫兰高效能人际沟通》

文/朱玲珠

一周内连续阅读 4 遍《克利夫兰高效能人际沟通》，通过这家独特的医院，我感受到共情的力量，感受到沟通的魅力，感受到独特的医疗文化，这本书带给我很大的触动。

1. 成长性思维的人才能接住当众的难堪

如果没有哈佛商学院的公众演讲，没有年轻学生卡拉·梅夫·巴内特的当众质疑："克利夫兰医学中心有培训医生拥有同理心吗？"

受邀分享的克利夫兰首席执行官科斯格罗夫不会被当众惊愕，开始聚焦医患沟通问题的解决。

10 天后，被质疑的科斯格罗夫在沙特阿拉伯国际医疗旅游城的落成典礼上，听到未来医疗服务的愿景，看到国王和观众在流泪，那一刻他反问自己一个问题：我们过去的医疗服务，真的是患者所需的吗？他意识到：医学中心需要治愈的不仅是患者的身体，还有他们的灵魂和精神。

当这样尴尬的提问通过积极地内醒及反思后，克利夫兰医学中心的医患沟通改变进行了全面推进，最终通过本书和一个4分多钟的《医患共情》视频影响了全世界的医院。

试想下，如果科斯格罗夫没有成长性思维，没有运用"错误是成长的好机会""意见反馈是礼物，接受吧"这样的成长性思维，而一直纠结在被指责被批评的情绪里，走不出来，那就没有了今日的克利夫兰。世界最佳医院排名中，克利夫兰医学中心名列世界第二，医患满意度从最初的46%提升到现在的99%。

2. 医生不是神，需要被鼓励

在我的认知里，医生令人尊重，无所不能，具有权威，很像英雄。但在书中第103页，清晰描述了医生的苦、难堪、愤怒、痛苦时刻，医生也有特殊的至暗时刻。

每当病情变化，每当发生医疗纠纷，每当患者情绪愤怒等时刻，医生会陷入困境，他如何做到高效能沟通，这是他们必须面对的时刻。书中说：医生认为六分之一的医患相处存在困难，他们认为彼此的相处既耗时，又容易对职业不满，私下很希望他们不要来就诊。

看到这样的文字，让我开始同情医生，也意识到那些时刻是医生需要支持和跨越的时机，如果我遇上，我会给予他们鼓励，协助他们，给予信心和勇气。

一句话：医生不是神，他们也需要被鼓励，也值得被爱。

3. 领导的重视程度决定了沟通培训的推进

医患沟通是一项技能，需要刻意练习，最重要的是高层领导的重视。

医学生从学校毕业之后，如果没有沟通培训以及得到反馈，那对他的成长是不利的。克利夫兰成立了一个部门，那就是患者体验办公室，涉及12项服务及项目，包括满意度分析、健康教育、患者体验日活动、关爱伙伴、患者心声咨询委员会、克里夫兰体验活动、申诉专员、H.E.A.R.T沟通模式等活动，加上高层的支持，才有了全面铺开的医患沟通培训。上自高层、管理部门，下至每位医生护士，5000多人都接受了地毯式培训。

没有领导的支持就没有患者体验办公室12个项目的推进，也就没有现在的克利夫兰。

4. 基于学员的需求不断完善，才是培训的最高境界

当沟通培训中发现实习医生，为了来培训，需要凌晨4点到病房完成科室查房，没有时间吃早饭，而到现场才能吃，下午课堂上常常打盹。

培训开始关注这个现象，采取一天集中培训，事先准备充足的食物，关注学员的身体状况，遇有挑战性话题演练的时候，让他们自行分享自己的实战案例，大家先自行讨论，推荐一个大家认可的进行演练，充分尊重大家的意愿，沟通培训才得以完成，这都是基于学员的需求不断推进的结果，相信给了学员不少的学习动力。最底层的是培训关注到、看见了学员的需求。

5. 医患沟通要有多赢思维，它的远方一定是患者和医生关系的双向奔赴

克利夫兰的医患沟通，通过借鉴和创新，创造出沟通R.E.A.D模式。强调高效能沟通的三个层次，从建立关系、发展关系到互动关系，真正地

推进了医院对沟通的理解。

第一层次的沟通在于，让患者感受到欢迎和尊重，如进门前敲门、语气语调的使用等。

第二层次在不断确认患者的临床表现，基本情况，包括家庭、生活婚姻等情况，了解患者的生命故事，来挖掘疾病背后独一无二的患者。

第三层次是将医患关系互动增强，增加更多信任。交付超出预期的服务，比如医生预先告诉患者复诊的时间，自己坐诊安排、留电话号码给患者；这里让我想到了我们的心胸外科的主任叶敏华，总是将病人或家属的电话号码，在他手机上备注上姓名以及疾病类型，方便下次来电，和患者清晰对话。这样的行动，必将让患者没有后顾之忧，愿意在自己的空间里留一个位置给患者，那是一种包容，一种接纳。

真正把患者当成了一个活生生的人，真正在践行"有时是治愈，常常是帮助，总是去安慰"。相信医疗的春天会到来，不再有医暴医闹事件。

4分30秒的《医患共情》视频，为何能得到广泛传播？因为它发现患者和医者都是一个完整的人开始，他唤醒了人类对于生命的尊重。

每一个患者，每一个医生，他都是一个生命，我们需要在诊疗过程中，不断地相互鼓励，相互看见，相互支持，才能成就最佳的医患关系，最佳的医患关系是双向奔赴的。

6. 允许员工在失败中成长

书中最后一章谈到"向失败鞠躬"，这是尊重员工的表现。很多的部门对于员工犯错，批评指责，造成员工有很大的心理负担，不敢将失败公布于众，害怕承担，也没有将失败经验进行分享，这是资源的浪费。

在培训班上，当有人情绪不稳哭泣的时候，引导师会给他一些时间，询问大家的类似经验给予共情，而不是忽视学员强烈的情绪继续讲课，这也是尊重他们的体现。传递允许员工犯错，让员工在失败中得到成长，也给整个团队得到最大化的警示作用。这体现了医疗对于员工的包容和尊重。

允许犯错，本身就是一种成长；欲盖弥彰，将会产生更多的医疗隐患和事故。

写在最后

克利夫兰医学中心不是奇迹，它只是在创新医患沟通的方法；克利夫兰医学中心不是唯一，它只是看见了患者的生命故事；克利夫兰医学中心不是结局，一定还会涌现更好的方法。

不知道你是否认同，在医院的大环境中，不光是患者和医生，还有大量的护士、护理员、保洁、后勤服务部门、行政管理部门等均是我们日常交集比较多的关系。

在复杂的医疗流程中，我们需要相互尊重，相互看见，相互鼓励；当然，有一个心法——只要你心中怀揣爱，怀揣同情，怀揣善意，发出善的语言、善的眼神、善的行动。这样，医院里面的工作人员之间的关系定会出现双向奔赴，人际关系越来越美好，同时也能带来患者同样被看见，同样被善待，坚持下去，一定能够赢得医患关系的春天，世界也将会越来越美好！

一句话，克利夫兰高效能人际关系的底层逻辑就是："看见你我他，把爱传下去。"

最后，奉上一份书中的金句集锦，与你共勉！

如果你知道他们的故事，可能就不会再这样对待他们了。

只要有了意识，人们才能改变自己的行为。

当患者的大脑情绪化的时候，他们需要情绪上的回应。

领导力是一门艺术，能助力人们创造出原本不会发生的结果。

如果没有花时间去了解患者，我们就不能，也不应该说理解患者的感受。

只有让照护们有足够的空间释放压力、反思和产生联结，才能赋予他们心理韧性，缓解职业倦怠。

照护患者的秘诀在于关怀患者。

悲伤、愤怒、恐惧和不确定是无法被修复的。情绪困扰不能进行缝合，但将情绪表达出来通常具有治疗的作用。因此与手术技术不同的技能组合是不可或缺的，特别是共情的倾听和沟通。

同理心是设身处地地感知人的情绪和处境，并能变成通过沟通将这种感知表达出来的能力。

朱玲珠，台州恩泽医疗中心（集团）

提高沟通能力　促进医患关系
——读《克利夫兰高效能人际沟通》有感

文/包祖晓

一

随着社会、经济、科技的快速发展，人类对健康的内涵及外延的认识也在不断地深化。所谓"无病即健康"已成为传统的健康观，而现代人的健康观是"整体健康"。1948年世界卫生组织（WHO）提出："健康不仅仅是没有疾病或虚弱，而是在身体上、心理上和社会适应能力上达到一个完美状态。"在此基础上，国内学者提出：一个人只有在躯体健康、心理健康、社会适应良好和道德健康四个方面都健全，才算是完全健康的人。用德国哲学家叔本华的话说就是："对于人的幸福起着首要关键作用的，是属于人的主体的美好素质，这些包括高贵的品格、良好的智力、愉快的性情和健康良好的体魄——一句话，'健康的身体加上健康的心灵'。"钟南山院士提出："健康的一半是心理健康。"

"有时是治愈、常常是帮助、总是去安慰"，这是长眠于纽约东北部的撒拉纳克湖畔的特鲁多医生的墓志铭，足见医生与患者之间的人际沟通在医疗中的地位是很高的。

我在《做自己的旁观者：用禅的智慧疗愈生命》一书中也曾经写道："医疗上的景象亦是如此。如今，现代医疗不断展现出近乎神奇的技巧和力量，令许多外行人感到惊奇。可是，在这同时，许多人对现代医学感到不安。批评者认为现代医疗技术建立在实用和效果的考量上，而医学的内在'缺乏灵魂'，这很可能会带来丧失人性的诅咒。"从某种程度上可以说，"医患之间的人际沟通"的重要性无论怎么强调也不过分。

二

读完《克利夫兰高效能人际沟通》一书，我的心情无比激动与充实，可以看出本书的作者对于医患沟通方面有着深入的思考与感悟，所提到的具体的沟通技巧也极为细化和全面。

例如，克利夫兰医学中心在改善患者体验中发挥重要作用的"H. E. A. R. T"回应五步法。Hear：聆听患者的声音；Empathy：共情患者的感受（我看得出/听得出你很难受）；Apology：致歉并挽回患者的信任（我很抱歉让你失望了）；Respond：回应患者的需求（我能帮上什么忙吧）；Thank：感谢患者的倾诉（谢谢你花时间告诉我这些）。

再例如，作者在《克利夫兰高效能人际沟通》一书的第 67 页提出医疗人际关系 5 个要求和 5 个不要求。5 个要求分别是：情感联系；互相尊重；浓厚的兴趣；患者扑救和社会心理因素；目标一致，即努力实现积极的临床结果。5 个不要求分别是：友谊；对所有事情达成一致；时间限制；容忍越界行为；在常规范围之外练习。

还有，书的第六章"困扰临床医生的对话"中的案例非常详细和具体，可借鉴性很强。

当然，更重要的是，本书作者把医疗系统中的常见人际沟通方面的问题、策略和方法进行了系统化、理论化。

在心理治疗行业有一句俗语："治疗师与来访者之间的治疗关系决定着治疗的结局。"这就是说，对一位精神心理科医生来说，医患沟通意味着后面那无数 0 前面的那一个"1"，沟通的好坏会直接影响疾病的诊治和治疗的效果，没有建立在良好沟通上的治疗会事倍功半。

总之，能看到这本书，无疑是幸运的，因为这不仅是一本教人际沟通之"术"的书，更是一本处理人际关系和医患沟通之"道"的书。

三

我曾经在自己的著作《做自己的旁观者：用禅的智慧疗愈生命》一书中提出了正念禅疗的 5 大技巧——接纳、停顿、专注、旁观和爱，这跟克利夫兰医学中心所提出的"H.E.A.R.T"回应五步法的切合度是挺高的。

作为擅长正念心理治疗的精神心理科医生，我觉得《克利夫兰高效能人际沟通》一书把正念的精髓表达得淋漓尽致。

例如，其中的 Hear 不是"普通地听"，而是"正念地聆听"，是一种主动的心理过程，在此过程中，你需要有目的、有思考地注意他人传递来的信息，需要注意除声音刺激之外的话语的线索，如肢体语言、语调或者面部表情。这就意味着，听不是一种选择，而是正念地聆听。

当我们正念地聆听时，我们将所有的意识都关注于讲述者。我们首先将自己的朝向和注意指向对方。他在交流什么？他的面部表情或身体语言如何？我们将带着开放的意识去听，而不是基于评价、批判、贴标签或者假设自己完全理解对方的情境。我们要充满共情地去对待讲述者，努力从他的角度去理解他的体验。也就是说，我们要带着初心去聆听。同时，我们也要警觉自己对对方沟通内容的反应。我们会注意到特定的情绪、思维或者身体知觉。无论我们的意图如何，我们会发现自己有评价、不安、无聊，或者觉得自己准确地理解了对方的感受。我们开始觉察到这些反应，但是不要从语言上进行反馈，给对方充分的空间表达自己。一开始你会觉得尴尬，因为我们习惯于微笑、点头或者进行其他社会性的礼貌反应。但实际上，全然临在地对待一个人——有意识和正念地聆听，不带任何反应——这是我们给予对方的珍贵礼物。

四

国内蒋艳等做过调查，在内科病房，34%的不良事件与医疗沟通相关。我经常在想，如果我们每个医护人员身上都具有"开放、共情、怜悯、慈爱"等人际正念品质，践行克利夫兰医学中心所提出的"H. E. A. R. T"回应五步法，那么，医患关系就会得到良性发展，医院也能真正把"以患者为中心"的理念落到实处。

包祖晓，台州恩泽医疗中心（集团）精神卫生科

好好说话　高效沟通
——读《克利夫兰高效能人际沟通》有感

文/杨春白雪

在学习月期间，我精读了《克利夫兰高效能人际沟通》这本书，在学习期间又恰逢国家卫健委重磅出台了《改善就医感受提升患者体验主题活动方案（2023—2025年）》要求，医疗机构牢固树立"以病人为中心"的服务理念，规范医疗机构内服务用语、行为，增强医患沟通意识和能力，构建和谐的医患关系，打造"更有温度的医疗服务"。

患者真的太难沟通吗？

在通常的认知下，行政岗位工作人员和患者的沟通机会似乎很少，但实际情况却是：我们常常面临着处理患者情绪的状况，他们抑或气势汹汹、悲痛欲绝，抑或道谢连连、赞誉有加。但似乎我们总是记住了那个气喘吁吁又拍着桌子说着要投诉的大爷，抑或那一群叫嚣着"找院长"的患者家属。

究竟是患者太难沟通，还是我们之间的沟通太难？在书中其实也提及，医生们认为1/6的患者沟通相处存在困难，最具挑战性的情况包括患者不必要或不恰当的治疗需求、对治疗的不满，以及不切实际的期望。

然而，实际情况是患者被贴上了"难以沟通"的标签，医务人员给了自己更多的暗示，让沟通变得更加艰难。我想，让沟通变得艰难的主要原因有二：一方面"医生往往略过无法对患者说出口的内容"，特别是在特殊的场景下如何说出"残忍"或"无能为力"的话变得艰难；另一方面我们总是更多地关注生理上的过程，而忽视患者心理上的感受和体验。当我们知道那个嗓门很大的大爷只是因为"听力障碍"，而那个妈妈之所以投诉是因为她抱着小孩挂针，整整几个小时没有座位，当我们知道背后的隐情和我们服务中的薄弱环节后，我们是否可以用更谦逊、更宽容、更平和的态度和同理心与他们展开沟通。

患者为什么没有感受到自己在医疗服务的中心？

一次偶然的机会，我陪同朋友去一家省级医院就诊，我们所在的是"妇儿"诊区，从门诊导诊开始我感受到了良好的诊疗体验。接诊台是一位十分有亲和力的女性长辈，她软言细语地询问站在我们前面的小朋友："你好，小朋友，有什么不舒服的呀？我们来测一下温度，阿姨给你一颗棒棒糖哟。"当轮到我们分诊取号时，她获悉我们是从外地来院就医后说："考虑到您可以早点返程，给您安排在了复诊病人之后，这样可以较早就诊。"她的举动和言行，打动了我这个 10 多年在医院工作的"高标准"从业者。随后的门诊诊疗中，医生的病史询问和知情告知也十分的耐心和妥帖，告知了药物、饮食和注意事项，并把医嘱和注意事项写下来，"你的用药情况和注意事项都写在了这里，遵照执行就可以了"。整个就诊过程十分的"松弛"，全然感受不出医生"赶时间"的紧迫和压力。

这个亲身经历让我感受到，很多时候当我们善于把我们的服务流程和人性化的设计表达出来后，我们的患者似乎变得更加容易沟通，他们似乎变得不再挑刺和抱怨，即使我们让他就诊等待了 1 个小时。他们会体会到我们所有的流程和看似烦琐的步骤都是为了保障他们的安全和健康，以病人为中心的口号也并非营销辞藻。

我们要如何好好说话？

其实真正困扰我们的是，如何才能有效地沟通？

我认为，转变观念是首先要达成共识的一点。书中提出：所有在场员工均为"照顾者"（caregiver），这一叫法摒弃了传统的带有等级界限的职能部门、临床科室和外聘人员的分类方法，肯定了所有员工在诊疗过程中发挥着同样重要的作用。

其次，是如何训练自己的高效沟通能力？书中提出了"以人际关系为中心的沟通"，可以提升患者和照顾者的体验，同时提出了"R. E. D. E"模式，且该模式可以与传统的问诊环节无缝整合。总的来说就是要先建立关系，表达重视和尊重；然后发展关系，运用反应性倾听，了解患者的看法；最后要加强关系的互动，共享诊断信息和共同制定治疗方案。

最后，就是当我们掌握了沟通技巧后，更要重视情绪上的回应。书中这样说："当患者被杏仁核劫持时，他们需要情绪上的回应。"

"我们相信，在生死关头，为自己的生命战斗的人，一定'难缠'。"记得一次我总值班时，被 ICU 邀请与患者家属谈话，我和家属的对话并不顺利，他的母亲在几天前不过经历了一个小手术，而几个小时前还在病床上和他说笑，他无法接受他的母亲要上 ECOMO，甚至随时可能死亡。其实书中提出，告知患者坏消息和应对强烈情绪时，要让患者对信息的流动拥有一定的掌控感，并要利用他们已获知的信息来推进后续的沟通，同时通过沉默等方式给予情绪上的回应，向其传达支持和共情。

在当前外部竞争愈加激烈的时代下，患者的选择似乎更多，良好的医患沟通对于医疗服务质量提升有着至关重要的影响，对于照顾者而言培养高效的沟通能力和心理韧性是我们同样需要不断精进的课题。

杨春白雪，台州恩泽医疗中心（集团）

急诊的一早一晚
——读《叙事医学：弥合循证治疗与医学人文的鸿沟》

文/王晓霞

虽然每天上下班都会路过单位的急诊，但去急诊工作区的次数很少，对急诊的印象都是由停停走走的救护车、无暇体面的患者、形容焦虑的家属、脚步匆匆的医护交织在一起的画面，充斥着紧张、焦虑和不安。急诊，大抵是一个能不去就不去的地方。

但最近连续去了两次，一次是夜间，一次是早间，感触良多。记得《叙事医学：弥合循证治疗与医学人文的鸿沟》一书中，有一句我至今留有深刻印象的断言："患者叙事是对有效治疗的一种探索"，我觉得患者叙事不仅是对有效治疗的一种探索，也是改善医患关系的一种探索。很多时候，通过患者所见所闻所感所想，医者收获的是确定病情、制定方案、救治患者的信息，而患者和家属收获的，可能是对医者的理解与尊重。

下面，我想要叙述的就是我作为患者家属在急诊所经历的一早一晚，所观察到的一点一滴。

先说夜间。我家孩子走路时摔倒了，磕伤了膝盖，有点儿严重，需要专业清创包扎处理。就近的社区门诊早已空无一人，老年病医院的急诊，按规定也不接诊此类情况，无奈之下，只能赶到距离更远一点儿的自家单

位看急诊。那会儿

是晚上八九点的样子，知道人多，但没想到这么多。在我们前面等待分诊的患者就有好几拨，最前面的患者是个坐在轮椅上的老年人，紧接着是个躺在转移床上的中年人，还有一个嘴巴里出血的小孩。虽然家属都是一样的慌乱无措、手忙脚乱、词不达意，但分诊台的护士还是在只言片语中捕捉到有效信息，在短时间里快速分诊，轮到我们的时候，我甚至还没把就诊卡准备好。

分诊后的下一站，是急诊外科的诊室，诊室外三三两两的患者正在候诊，而诊室里医生或是问诊，或是记录，或是查体，或是看报告，其间还要不停地解答非接诊患者及家属的各种问题。从分诊、候诊、医生问诊、查看伤口、清创包扎到嘱咐注意事项，整个流程大概一个小时的样子，医生一刻也没停，像陀螺一样地转。我们出诊室的时候，已经感到很疲惫了，是的，只是来看病，就感到累。医生也累了吧，门外还有新患者在等待，等这拨患者处理完了，又会有新一拨的患者出现……急诊的夜，光是想想，就让人挠头。我和爱人感慨，那些接诊的医生日复一日，长年累月，熬过了多少个这样的夜晚。

在家睡了一觉，挂心孩子的伤口，没怎么睡好，一早就头昏脑胀的。昨晚急诊医生叮嘱，今天还是要来门诊找医生细看一下，孩子的伤口有没有感染，为了不耽误上班，我和爱人早上八点就带孩子来单位了，这个时间，正常门诊还没开诊，只有急诊。还是昨天的那个场景，接诊的医生都没有换班，还是昨晚的那拨人。虽然距离下班只有一个小时了，但他们还在不知疲倦地继续，忙碌的节奏没有丝毫停摆的意思。终于轮到我们了，我在门外迟疑着要不要立刻进去，就在这短暂的空当，医生靠着椅背闭上了眼睛，就这样睡着了，真的是秒睡。他大概以为暂时没有患者了吧。真是不忍心叫醒他，我们迟疑着、迟疑着，蹑手蹑脚地进入了诊室，犹豫着要不要唤他一下。呀，下一秒他就睁眼了，真的是秒醒。似乎不需要太多的语言，他只看了一眼我们，就起身开始检查孩子的伤口，专业又敬业，我盯着他看，他都毫无察觉。

医学人文常常强调医者要对患者有同理心，我固然赞同，但也希望患者对医者有同理心，毕竟只有相互的理解，同频的共情，才能产生和谐美好的医患关系。你看，我只是在带孩子就诊的过程中稍稍观察了一下急诊医生的工作状态，就充满了感慨、感动和感激。而在以前，我会漠然地认为，那是他的工作，是他应该做的。

我知道，自己记录下来的急诊片段再普通不过，远远不能反映出急诊医生日常面临的抢救任务的急、危、险、重。但依然感觉到了他们的辛苦和敬业，就是想说一句：嘿，那个连续接了24小时急诊的大夫，虽然你的头发泛着油，背也微微驼着，但在我和我家孩子眼里，你的样子真是帅气、高大、温暖又坚毅！

如果有人觉得急诊医生没有我说的那么重要和伟岸，建议大家有空读读这本《叙事医学：弥合循证治疗与医学人文的鸿沟》。没错，不管你是医者还是患者，或者患者家属，读一读，触动总是有的。

王晓霞，新疆医科大学第一附属医院

医学发展
任重道远

医学的发展就像一个人穿行在充满荆棘的迷宫中，伸手不见五指，可能一辈子都走不出去。而前人不惧危险，奋力拼搏，从上帝手中抢来一支昏暗的火炬；后人接过火炬，继续在充满荆棘的迷宫中前行，同时将火炬发展、强化，慢慢变成了灯笼、油灯、电筒，未来还有可能发展成强光照明灯。

——《在希望中欢呼，在绝望中坚守——观〈手术两百年〉有感》

"人菌大战"交替进行，循环往复，我们总想干掉病原菌，但历史经验告诉我们，人类目前只在地球上待了几百万年，但微生物已经待了几十亿年。我们应当反思自己：滥用抗生素的危害有多大？抗生素在杀死致病菌的同时也杀死了机体的益生菌，破坏了微生态……遏制滥用抗生素，迫在眉睫，这关乎人类未来的共同命运。

——《"人菌大战"——读〈枪炮、病菌与钢铁〉有感》

未来的医学科学应该注重技术的可行性和安全性，更加注重人文关怀和社会责任，促进全球合作和共享，为人类健康和福祉做出更大的贡献。

——《从〈三体〉科幻浅谈未来医学技术——读〈三体〉有感》

麻醉，让人睡着的艺术
——观医疗纪录片《手术两百年·手术基石篇》有感

文/李 晨

孤独有十级，疼痛有十二级。作为十二级疼痛的克星——麻醉，常常在外科手术中被称为"让人睡着的艺术"。

如果从华佗开刀作为这世界上的第一台手术算起，外科手术已经在世界上存在了两千年。《手术两百年》另辟蹊径，从历史的维度，理性克制地展现人类近两百年手术上的重大突破发展，力求记录科技和历史的变迁。

《手术两百年`手术基石篇》将内容集中体现在手术的止血，麻醉和消毒三个方面。该纪录片制片组耗时3年，前往美英德法等多个国家，拍摄了国内外70余家医学博物馆、医院、医疗研究机构，采访了50多位医学顶级权威专家，通过严谨的专业解说、荒诞的类舞台剧表演形式、真实考究的外科手术场景拍摄，以及有趣的三维动画的演示，向我们解读了手术的历史进程。

纪录片的开头通过世界上真实存在的唯一一台百分之三百的超高死亡率的手术抛砖引玉，提出了手术的三大难题：止血、麻醉和消毒。在欧洲中世纪那个科技不发达的年代，人们常常把巫术当成医学，都是向神职人员寻医求药。神职人员是不可以见血的，见血会被认为违背上帝的旨意。

理发店的 Tony 老师因为职业的原因常常携带绷带和止血药，暂时代替神职人员化身为外科医生解决人们的手术需求。当时理发店门口旋转木柱上的红白蓝色分别代表了鲜红的血、擦手的白布、蓝色的静脉。没有干净的手术场所，没有高端的医疗仪器，没有先进的医学技术，手术成了恐怖的代名词。

随着外科医生地位的提升，手术场所逐渐从理发店迁移到环形剧院，兼顾教学和卖票盈利两种功能。外科医生身着燕尾服，单膝跪地，利用刑具约束病人，确保病人不会逃跑，上演一次次令人惊恐的手术。因为无法解决疼痛和感染问题，一直到 19 世纪中期，外科医生还无法进行一场安全的手术。一些医生通过具有致幻作用的植物来缓解疼痛，还有一些医生干脆把病人敲晕或者灌醉。病人常常在剧痛中尖叫醒来，甚至疼痛让部分患有心脑血管疾病的病人死亡。对于那个时代的手术成功取决于手术的速度。快成了唯一的制胜法宝，但是无法从根本上解决问题。

时代从不缺乏天才的出现。这些人无一例外都在各自的时代里引起了轩然大波，甚至不解和辱骂，但历史会给予他们尊重与地位。到了 19 世纪中期以后，莫顿医生成了那个时代的"天才"。他在偶然中发现乙醚的麻醉作用，让外科手术的发展有了转机。1846 年，莫顿来到哈佛大学，在众人的质疑声中，通过自制的乙醚雾化器对病人进行麻醉，完成了历史上唯一公开的无痛手术。人类与疼痛的数次交锋中，这是第一次取得了压倒性的胜利。

到了现代，麻醉学成为医学领域中一个相对新兴的学科，麻醉医生这个职业随着麻醉药物的出现慢慢从医生群体中脱颖而出。在上个世纪末美国评选的影响人类文明进程的 100 项伟大发明中，麻醉名列第四位。中国麻醉学科的发展已经是新中国成立以后的事情。中国的麻醉学科随着 70 多年几代人的不懈努力，现已有了重大的发展。麻醉不仅仅适用于急危重病和围手术期救治，更是主导舒适化医学的发展。

"今天的我们，比历史上任何一个时期的前人都能更好地享受这唯一一次的生命。"

这是《手术两百年》的开篇语，却值得我在观看结束后反复回味和推敲。我们可以是睡着的人，但不要成为一个永远叫不醒装睡的人。医学是伴随着人类痛苦出现的古老表达和减轻疼痛的美好愿望而诞生。纵观整个麻醉的发展史，你会发现医学的进步太不容易，这条路上充斥着难以想象的禁忌、恐怖和黑暗。从最初的野蛮生长到现在的严谨精确，背后是无数先驱者的鲜血牺牲和人类对生命的自我探索。我无比庆幸自己生活在这个医疗技术高速发展的年代，也无比庆幸自己作为医务人员见证了柳叶刀向着身体长驱直入、创造伟大的生命奇迹。

李晨，江苏省人民医院

在希望中欢呼，在绝望中坚守

——观《手术两百年》有感

文/王 铁

  小时候，就像在鲁迅先生的百草园里一样，我时常在草丛中探索，渴望能抓住一只丰臀细腰的蚂蚁或一只弯曲扭动的蚯蚓，想给它带来一场"开腹探查术"。

  长大后，我对生物解剖的好奇随着时间存留了下来。通过不断学习，我对大自然轻易就能创造出如此众多复杂、井然有序的系统感到震惊。大自然之手点石成金般使得生物拥有了完全不一样的DNA，蕴藏了每种生物独特的"生命密码"。

  最近，我观看了纪录片《手术两百年》，从外科手术的起源说起，分为八个部分，包括手术的起源、三大基石的发展，腹腔镜手术、开颅手术、心脏手术、器官移植、癌症的外科治疗与对于手术未来的展望，无一不让我深刻认识了近代手术的发展。在过去的200年中，医学手术经历了从简单到复杂的漫长历程。医学技术的不断进步和创新使手术越来越精细化和安全化。然而，我们也看到了近代手术的一些问题，例如手术风险和手术后遗症等。因此，这就需要我们不断地探索和创新，使得近代手术更加安全和有效。

在第一集中提到，医学是来自人类救治同类的本能。早在1500年前，在吐鲁番盆地发现的女性干尸的身上就有手术的痕迹。1500年前到200年前，外科可以说是经历了"野蛮生长"的一段时期。而今天，我们的手术不再是简单地划开身体或切去某一部分，而是尽量做到对病人身心上最小的伤害。

这就不得不从让这一学科能够得到飞速发展的三大基石说起。外科手术的三大基石：麻醉、止血和消毒。在片中，中世纪的外科手术无异于酷刑。人们恐惧手术与恐惧豺狼相比有过之而无不及，不到万不得已绝不会轻易尝试，而且医生必须严格控制手术时间，否则病人会因疼痛、失血而死去。就算有幸在手术中存活下来，也会因为感染而死去。三大基石得以确立，使得外科手术的时长得到增加，医生能更加专心地进行各种精细的操作。术后死亡率大大降低，也让人们对于手术不再惧怕。这一切，使外科手术的发展不再受限制。

但在发展的道路上，却有着许多难以想象的困难。沃纳福斯曼是一名德国泌尿科医生，他在查看论文时，发现给病人使用的导尿管只要足够长，就可以从静脉一直延伸到心脏。当他为这一想法申请的实验被否决后，他把自己的手臂静脉切开，将一截橡胶管沿着被切开的静脉一直伸入，最终抵达心脏——他用自己的身体做了这一实验。但因各种原因，他的这一发现并没有得到医学界的响应，甚至发出许多嘲笑的声音，他也一直是一名并不出名的泌尿科普通医师。直到1956年，当他默默无闻了二十多年以后，才获得了诺贝尔奖，以表彰他在这一领域做出的巨大贡献。

正是因为有了他，大多数心血管疾病不再需要开胸，而是通过介入手段来进行治疗。介入手术进一步完善了胸外科的手术手段，但在这之前，心脏手术却是一个巨大的难题。比奇洛，是一名加拿大医生。他发现低温可以使心脏停止跳动，但心脏跳动的停止同时意味着身体得不到血液与氧气的交换。这就要寻找心脏停跳与死亡之间的平衡，医生们发现这一平衡点是 6 分钟。6 分钟的时间只够维持一场非常简单的手术。只有足够长的手术时间才能够让医生冷静、仔细地进行操作。虽然 6 分钟是历史上的一个里程碑，它开启了心脏手术的序幕，但这依然不够。1954 年，一名患有先天性心脏病的男孩找到了心脏外科医生李拉海。男孩的心脏先天畸形，必须通过手术进行矫正。低温停跳术所维持的 6 分钟无法为这样庞大的手术提供充足的时间，没有医生有胆量做这样复杂而又充满危险性的手术。李拉海独辟蹊径，用一种叫活体交叉循环的方式完成了这一看似不可能的手术。

就像之前所说的那样，心脏停跳时间过长意味着死亡，这是因为停跳后血液与氧气无法及时输送到全身。如果有什么能暂时代替心脏做这一工作或使用其他血液来代替原本的血液，手术的时间将大大延长。那时心肺机还没有研发上市，能替代这一工作的只有另一人的心脏。李拉海设想用一根管子将病人的动脉与静脉与另一人的连接起来，用健康的血液暂时代替因为手术而无法流动的血液。手术成功了，小男孩重新回到了家人的怀抱。而他不知道的是，为他手术的医生是在用自己的职业生涯作为赌注。

这一方式在当时引发了巨大争议，却也在心脏手术的历史上增添了浓墨重彩的一笔。直到心肺机的成功研发，心脏手术才得到了巨大的发展。但李拉海的这一尝试，无疑体现了外科医生对于创新、探索的渴望与巨大的勇气，也为他赢得了"心脏外科之父"的美誉。

其实看完这部纪录片，获得的医学知识倒是其次。可能是因为我的职业敏感性，我更加能体会到医生们在当时发明新的治疗方法时所面临的困境，与他们公布发明所需要的巨大勇气。许多在我们今天看起来稀松平常的事，在当年就是一件有可能毁掉科学家一生的灭顶之灾。解剖被教会明令禁止。但现在，我们都知道如果没有萨里的解剖与哈维的循环系统，医学的发展就像一个人穿行在充满荆棘的迷宫中，伸手不见五指，可能一辈子都走不出去。而前人不惧危险，奋力拼搏，从上帝手中抢来一支昏暗的火炬；后人接过火炬，继续在充满荆棘的迷宫中前行，同时将火炬发展、强化，慢慢变成了灯笼、油灯、电筒，未来还有可能发展成强光照明灯。

现在，抗生素的使用，更加规范的消毒程序，止血方式的改进以及麻醉的使用，都在驱动外科的飞速发展。我们的医疗环境变得更加可靠，不用再经历两百年前的病人所经历的痛苦。人类正在为走出这迷宫付出巨大的牺牲。曾经有牺牲，现在有牺牲，将来也一定会有牺牲。

纪录片的结尾，我看到了人们对于医学未来的畅想、美好的憧憬以及使人振奋的信心。看到这里，我真正明白了事情重要的不是结果，而是过程，过程体现了我们的意志、我们的坚定、我们的信仰。

最后一集结束时，我转头看向窗外的落日余晖，陷入了沉思，耳边传来楼下孩子的追逐打闹，发出爽朗的笑声，这哪是什么童年，现在我才明白，这是生命的赞歌。

王铁，山西白求恩医院

"人菌大战"
——读《枪炮、病菌与钢铁》有感

文/李 熠

　　病菌的流行对人类历史产生了怎样的影响？作者戴德蒙在《枪炮、病菌与钢铁》书中指出人类整个近代史的主要杀手是天花、流行性感冒、肺结核、疟疾、瘟疫、麻疹和霍乱，它们都是从动物的疾病演化而来的传染病，过去战争的胜利者并不是那些拥有最优秀的将军和最精良武器的军队，而是那些携带有传染性病菌的军队，欧洲人征服新大陆并使印第安人口大量减少就是最好的例子。

　　病菌同我们一样都是自然选择的产物，它以稀奇古怪的方式使我们生病，传播能力越强，繁殖后代越多。流感、百日咳等病菌会使受害者打喷嚏，并且通过呼吸道传播给下一个宿主；霍乱菌会使受害者大量腹泻，从而污染水源传播给下一个饮用者；狂犬病毒会改变宿主的行为，病毒会进入唾液，通过疯狂乱咬感染新的受害者；沙门菌和寄生虫感染蛋或肉，受害者吃了便被感染；还有些病菌不是等到旧宿主死后被吃掉，而是选择在昆虫的唾液中"搭便车"，提供"免费便车"的可能是蚊子、跳蚤、虱子等，它们咬了原来的宿主，然后离开寻找新宿主，飞往全世界传播疟疾、瘟疫、伤害等。

农业与城市的出现在某种程度上加速了病菌的传播，在农业文明时代，人类是定居的，会留下很多排泄物，上面聚集大量的病菌和寄生虫，农民会把粪便收集起来施肥；灌溉农业和鱼类养殖为蜗牛和水蛭提供生活环境，蜗牛是血吸虫的宿主，血吸虫通过水蛭钻进人类皮肤而感染人类，后来城市的出现更利于病菌的传播，在城市中，人口更加密集，卫生条件更加糟糕，更有利于流行病毒的传播，同时这时候世界贸易也开始进行，使得这类病菌可以迅速传播到世界各地。

物竞天择，适者生存。我想这句话适用于地球上的任何一个物种，微生物几乎在地球诞生之日就已经存在，优胜劣汰的机制更是体现得淋漓尽致，从人类各个时期的演化中，病原微生物总能利用各种有利的环境去传播并繁衍自己的后代。

从人类本身来看，我们机体受到外来病菌的感染，会首先激活自身免疫系统来杀死病菌，然后在过程中会逐步形成特异性的抗体，从而避免再次感染，但根据过往经验，流行性感冒等呼吸道病毒，我们对它们的抵抗力只是暂时的，这些聪明的病毒会逃避免疫系统的杀伤机制，不断变异、SARS 和新冠病毒就是最好的例子，新冠病毒最初在武汉暴发疫情，我们对其一无所知，从最初的阿尔法毒株，再到奥密克戎，在人群中大流行已经变异演化了好几代，在医学技术发达的今天，我国很快掌握了病毒的特性和基因特征，针对性研发出了相应的疫苗和药物，在政府宏观调控下，在"一方有难，八方支援"的社会主义制度优越性下，在社会各个行业共同努力下，新冠得到了强有力的控制，最大限度地遏制了新冠病毒对我们的伤害，如今 WHO 已经宣布新冠疫情不再作为公共卫生紧急事件，但三年疫情足以改变整个世界，各行各业都在发生巨变，我们的生活似乎又回到了平静，但其他病原微生物依旧影响着我们。

在后新冠疫情时代，病原微生物带给人类的挑战依旧众多，如今的

"超级细菌"是危害人类的强力杀手，在人类研发出青霉素的那一刻起，病菌也在不断进化出耐药性，各种多重耐药菌迫使人类不断研发新的药物来应对；古老的结核病曾是席卷全球的第一杀手，在链霉素发明以后结核病死亡率大大降低，我们以为找到了解决办法，但结核菌相应地发展出极强的耐药性，21世纪以来耐药结核的病死率直线上升，不断需要研发新的抗结核药物治疗。

在现代文明发展的今天，我们人类具备了医学药物的手段去杀死病菌或通过疫苗产生抗体保护机体健康，但是病原微生物也不断演化产生耐药性或不断变异逃避人类免疫系统识别，最大限度为了自身基因的物种繁衍后代。

"人菌大战"交替进行，循环往复，我们总想干掉病原菌，但历史经验告诉我们，人类目前只在地球上待了几百万年，但微生物已经待了几十亿年。我们应当反思自己：滥用抗生素的危害有多大？抗生素在杀死致病菌的同时，也杀死了机体的益生菌，破坏了微生态。当各种细菌、真菌和寄生虫随着时间的推移发生变化，不再对药物产生反应，使感染更难治疗，并增加疾病传播、严重疾病和死亡的风险时，就会产生病原菌的耐药性；由于耐药性，抗生素药物将无效，感染会变得越来越难治，甚至最终无法治疗。因此，遏制微生物耐药，遏制滥用抗生素，迫在眉睫，这关乎全人类的福祉，关乎人类未来的共同命运。希望我们未来有药可用，有药可医。

李熠，河南省胸科医院

敬畏药物
——读德劳因·伯奇的《药物简史》

文/金开山

在阅读英国医生德劳因·伯奇的《药物简史》之前，我很难想象现代药品的起源，竟然是与生产色彩鲜艳的布料和织物的染料深深地交织在一起的；我也极少知道关于鸦片、奎宁、阿司匹林等那么多的抗病故事。

书中颇有些偏激的话语，比如：

"我们应始终牢记先哲的箴言：我坚决相信，如果把现在使用的所有药物都沉入海底，对全人类肯定是件好事，但鱼类就要遭殃了。"

"……在人类历史上的大多数时期，医生害死的病人远比救活的多。他们的药物与建议毒如砒霜，他们真诚、满怀善意，却能置人于死地。"

"……关于医疗的传统知识并不可靠，世界上第一批医生根本就是骗子。无论对于哪行哪业来说，这都是个不同寻常的开端，更何况是这类一贯享有特殊信任的职业。在此后的 3500 年间，情况并无太大改观。"

但作者在书中确实向我们披露了一些令人震惊的医药史知识，比如：

"美国对第一种有效的抗艾滋病药物齐多夫定的试验就遭到更改，没有采用死亡或完全发展成艾滋病的指标，而是仅观察 CD4 细胞数量的增加；欧洲则坚持使用硬指标的试验，最终结果证明齐多夫定有严重的不良反应，并会产生抗药性，无益于艾滋病治疗。"

"沙利度胺的市场寿命仅几年，就使得逾万名'海豹肢畸形'的婴儿出生，其中仅一半活到了成年。"

"在过去30多年间，医生一直凭直觉使用类固醇来治疗颅脑创伤。通过对238家医院招募的总共10,008例患者的研究显示，类固醇治疗组的绝对死亡风险比安慰剂组高出3.4%，结果害死了成千上万的病患。"

…………

伯奇所有刻薄的语言，和这些耸人听闻的事例，其实只是铺垫，他真正的目的是呼吁人们尽可能地科学、客观地评估药物的疗效，唤起所有人对于药物的敬畏之心。

敬畏药物，我的理解是：其一，人们应当尊重人类几千年来对医药的艰辛的探索过程，以及取得的巨大成就。

尽管在统计学引入医药研究之前，人们对某些药品或某些治疗方法的疗效依赖经验，甚至是某种顽固的偏见，今天看来，有些甚至是愚蠢和血腥的。但不能抹杀人类在医药研究上取得的成就。举个例子，2018年上映的电影《我不是药神》，我想很多人都看过。那里面提到的治疗慢性粒细胞性白血病的新药"格列卫"，在它诞生前，只有30%的慢性粒细胞性白血病病人能在确诊后活过五年，但接受格列卫治疗的患者总生存率达到89%！再举个例子，过去人们服用华法林作为抗凝药，这个药很容易引起出血，需要经常抽静脉血检测凝血酶原时间国际标准化率来调整药物剂量。但2008年利伐沙班上市后，既有明确的抗凝效果，又降低了出血风险，不再需要频繁检测凝血功能，给病人带来很大的方便。这样的例子举不胜举。

如今，一种新药能用到人体，是要"过五关斩六将"的。从大的流程讲就要有四个方面，包括新药的发现、临床前研究、临床研究和新药申请，每一个方面又有很多步骤需要完成，比如新药的发现就需要药物作用靶点以及生物标记的选择与确认、先导化合物的确定、构效关系的研究与活性化合物的筛选、候选药物的选定。临床前研究就要包括化学制造和控制、药代动力学、安全性药理、毒理研究和制剂开发。临床研究更是需要Ⅰ期临床试验、Ⅱ期临床试验、Ⅲ期临床试验。即便获得批准上市，还要进行Ⅳ期临床研究（药物上市后监测）。这里面有的医学名词我们读者可能不懂，但读者可以看出，药物研制上市是一个严苛的过程，不但要耗用很长时间，还要耗费大量的资金。所有这些，都是为了保证药物的有效性和安全性，这些程序也是人类吸取了医药史上血的教训之后制定出来的。

我们吃一粒米当思来之不易，同样，我们把一粒药丸丢进嘴里的时候，也是要感恩很多人的。

敬畏药物的另一方面，我想应该是警告人们不要滥用药物。滥用药物现象，是与药物的商业运作密切相关的。上面已经说到，新药的研发、上市需要很长的时间和很大的资金。为了及早收回投资，或者为了谋取更大利润，就会有少数药商为了缩短上市时间而省略必要的研制环节，编造假数据，再用金钱贿赂通过审批。有的药商研制过程是正规的，但为了尽早收回投入的资金，将新药价格提高到骇人的程度，导致多数亟需药物的病人用不起药。一旦药物进入临床应用，药商都要尽可能增加销售，他们会拼命做广告夸大药物疗效。还有的药商，将目光投向拥有处方权的医生，以药品回扣的方式引诱医生多开药、开贵药……

今天，滥用药物最典型的例子就是抗生素。此外，有些研究热度高的药物也应当引起足够的警惕，比如二甲双胍。就目前多如牛毛的研究文献来看，似乎这个药有百利而无一弊，称之为"神药"也不为过。然而，历史告诉我们，凡是被包装得接近完美的药物，终究带有浮夸的嫌疑。对于二甲双胍这个问世已经百年的老药，其具有一定的临床应用价值是毋庸置疑的。但硬要将其打造成包治百病、延年益寿的神药，则神话终将会破灭的。

敬畏药物，就是要谨记"是药三分毒"的格言，医生在给病人用药时一定是经过权衡利弊的，而病人也一定是有接受某些不可预知之结果的心理准备的。

敬畏药物，就是要做到"该用的用，不该用的或者可用可不用的，坚决不用"，让那些凝结了人类智慧、经历千锤百炼研制出来的药物，真正发挥治病救人的功效。

当然，果真如此，或许有一些药厂将要倒闭，但这不在一名医生或一个病人的考虑范围之内。

金开山，上海市保健医疗中心（原华东疗养院）

锐意进取，思辨争明
——读《老鱼头的麻醉随笔》有感

文/韩传宝

2024年龙年春节，在中华民族大家庭共同回归团聚的日子里，我一口气读完了《老鱼头的麻醉随笔》，如同享食了一顿丰盛的节日大餐，韵味浓厚，回味悠长。

《老鱼头的麻醉随笔》汇集了我国著名的麻醉学大家于布为教授从医近50年的所思、所想、所著，内容丰富，思想深刻，对从事麻醉工作25年的我产生了很大的触动。于是不吐不快，随附以感想成文。

全书分为上、中、下和附录四个部分。上篇为"麻醉的理念"，中篇为"麻醉的实践"，下篇为"辑录"（包括大师的人生、科普、丁香园论坛回复和精华课件等），以及"附录"（包括与广大麻醉医生的精彩论战等）。由于在不同场合，难免有相似话题的讨论，所以书中不乏重复之处，但我认为，正是这些重复，从不同角度深刻诠释和强化了于布为教授的"麻醉思想"。总结起来，有以下四点共鸣。

首先，是于布为教授对麻醉本质的哲学思考，尤其是对全身麻醉意识、疼痛与麻醉深度的思考。虽然，我们天天在做麻醉，能完成数以千计万计的手术，而且麻醉的安全性也有了大幅度提高，但我们作为专业的麻醉医生，又有多少人在思考什么是麻醉，麻醉的本质是什么呢？回首过去，自从接触麻醉专业以来，我就听前辈老师说，关于全身麻醉机制的研究将大有可为，而如今，二十多年过去了，全身麻醉的机制仍然局限在如脂质学说、蛋白质学说、突触传递学说及神经网络调节等几个较为模糊的学说上。尽管多年以来，国家重点推进"脑科学"和"脑功能"计划的研究，但似乎仍没能见及曙光。

19 世纪末，被后世尊为"外科之父"的奥地利医生西奥多·比尔罗特（Theodor Billroth）曾说出"魔咒"："在心脏上做手术，是对外科艺术的亵渎，任何一个试图进行心脏手术的人，都将落得身败名裂的下场。"然而时至今日，我们已经打破魔咒，心脏外科手术早已遍地开花。

显然，与打开即便是跳动的也即能看得见内部结构的心脏相比，关于作用于人体中枢的全身麻醉机制的研究，则可能牵涉到更多的通路、节点和递质，牵涉更多的控制与被控制、调节与被调节、影响与被影响等众多相互之间的关系，可以说，意识与疼痛的形成千头万绪，其机制必定更为复杂、更为庞大。有人说，人的大脑结构和功能犹如浓缩版的宇宙一样浩瀚无穷。但是，如同科学探索浩瀚的宇宙一样，麻醉领域对意识的研究可能永无止境，因为我们无法脱离对事物的感知，达到站在意识之上的高度去观察意识、研究意识。尽管如此，正如没有停止对浩瀚宇宙的探索一样，医学也不能停止对意识的探究。回顾历史，正是一代又一代科学家、医学家在无止境的探索过程中获得了重大的突破和发现，从而推动了人类文明的不断进步。

纵观科学的发展，从对自然现象的哲学思考中获得的具有普遍性和必然性的规律，总结成知识，就成了科学；但对那些不能为科学所验证的现象，也就是说那些不具备普遍性和必然性的现象，就不能采用科学的方法去证明或证伪，因而被排除在科学的范畴之外，甚至被冠以"迷信"的帽子。面对如此境遇，我们不得不像智慧的古人那样仰望天空，回归哲学，去寻找现象的本质和意义。在此背景之下，于布为教授在深思熟虑之后，大胆提出了麻醉的哲学定义：指麻醉药引起的可逆性意识丧失，是麻醉的基础。不难看出，从哲学意义上看，麻醉中意识的消失是"全或无"或"开关"的现象，而"疼痛"的感觉是以"意识"的存在为前提，没有了意识，也就没有了疼痛。从这个角度上看，这显然与麻醉手术中机体的反应不符。于是，于布为教授又进一步提出了麻醉的临床定义：是在哲学定义的基础上，抑制伤害性刺激引起的血压、心率以及体动反应（亦是抑制交感兴奋），是麻醉的应用基础。手术中病人的血压、心率等指标会随着手术刺激强度和麻醉用药量的多少而波动，于是顺理成章地引出了"麻醉深度"的概念，可谓是水到渠成，入情入理，从而较为全面地诠释了麻醉本质的"二元论"论断。这是深度的思考，这是高度的概括，是透过现象窥视"本质"的例证。

不仅如此，针对目前麻醉医生普遍存在职业倦怠的现状，结合福建三明市麻醉事件（18天先后有4名患者麻醉后死亡），作为全国著名的麻醉学大家，在谈到麻醉医生的成就感时，直言不讳道："救人一命，胜造七级浮屠。行医是为子孙后代积阴德的事，想想作为一个麻醉医生，我们一生救了多少人命，又为子孙后代积了多少阴德！不要说这是封建迷信，正是由于我们的努力，我们通过工作养成的高度责任感和认真负责的态度，都会在不知不觉中影响我们的后代，这可是比你留给子女多少金钱财富都更宝贵的东西。"这是多么掷地有声、多么直白深刻又直击心灵的话语啊！什么是价值？什么是追求？什么叫境界？用金钱衡量的价值是有限的，而生命的价值是无限的，它的价值可以泽被后世。记得裘法祖院士说过："德不近佛者不可为医，才不近仙者不可为医。"而对麻醉医生来说，医需尽心者方能为麻，麻得平稳者勿以为庸。

其实，就教育而言，排第一位的永远只能是"德"，所谓"德、智、体、美、劳"，"德"无论在任何时候都是当仁不让的。俗话说：做人凭良心，做事凭原则。没有良心，所学的知识，便没有了灵魂，失去了敬畏之心，做事自然就没了底线。且不说无数哲学家、科学家所论证的上帝是否存在，但人类作为自然界的高级生物，面对那么多的未知，我们最起码的敬畏之心总不能丧失。所谓"敬"，就是知道什么是好，是追求的目标；所谓"畏"，就是知道什么是最差，是不能突破的底线。我不敢说在从医的二十多年中，曾挽救过多少病人，也记不清为了病人曾奋战过多少个日日夜夜，经历过多少次生死时速，只记得每次奋不顾身、全神贯注地抢救成功时，那种身心疲惫后的轻松畅快，以及那份筋疲力尽后的彻底心安。记得好多年以前，美国《读者文摘》有个公众测试：世界上什么最快乐？排在第一位的答案是经过千辛万苦将肿瘤切除的外科医生。其实，与外科医生同台、全力保障病人生命安全的，正是麻醉医生。

其次，大胆想象和实事求是的逻辑分析。于布为教授根据临床现象和已有的明确的医学知识，大胆而富有创新性地提出了"急性超容血液稀释"和"有效循环血容量"的理念。据我多年的临床经验，这些理念确是实践中实事求是的总结和升华，多年来，我本人也是一直坚持这么实施的麻醉和管理。明知手术病人术前禁食，却不注重补充禁食水量（晶体液为主）；明知麻醉诱导后麻醉药物扩张血管致有效循环血容量不足，却不快速补充（胶体液为主），而在许多学术报告中和多种期刊里见到的却是撇开这些主要矛盾不谈，反而剑走偏锋，标新立异，大谈一些什么"高大上"的"干""湿"之争，"晶""胶"之争，致使一些麻醉医生对所学知识产生困惑，甚至无所适从，在麻醉管理时，患者循环大幅波动，而频频应用血管活性药物，弄得不好，或许由此而酿成恶性不良事件。

事物发展的根本原因，不是在事物的外部而是在事物的内部，在于事物内部的矛盾性。而在解决问题时强调：要抓住事物的主要矛盾或矛盾的主要方面，问题才能迎刃而解。当患者有效循环血容量不足时，主要矛盾显然是容量不足，处理方法无疑是输液补充血容量。那些仅应用血管活性药物维持循环表面上稳定的管理者，其做法实际上是置患者于潜在的危险之中。至于那些所谓的"干""湿"之争的依据何在，意义如何？便一目了然了。或者，进一步试想，难道是已经确定机体真的需要"干"的环境才能有利于患者的恢复（相当于口渴不给水喝）？难道是对机体对所谓多余水分（人为定义）调节能力的否定（类似于喝水肾脏不排尿）？同时，对于矛盾的特殊性，毛泽东主席强调：要具体问题具体分析。在分析有效循环血容量不足的原因时，当然也不能过分强调矛盾的普遍性一味补充血容量了事，而忽略其中的特殊性。若是由于感染或过敏反应等所致血管通透性增加所致，那么，由于血管麻痹，也不能一味地输液补充血容量（会从血管漏出，加重组织水肿），而应在去除病因的基础上，适当补液，同时配合血管活性药物，来维持循环的稳定，以等待血管麻痹状态的恢复。

第三，如何正确看待当前过热的循证医学。于布为教授用逻辑推理出一个悖论："一个指南，它所依赖的证据越新，其权威性就越强；但反过来说，它的证据越新，就意味着它的更新越快，而一个时时需要更新的指南，也就谈不上什么权威性了。"面对这样一个严谨的逻辑推论，从方法学上看，循证医学已经失去了权威性。实际上，纵观医学的发展，人们一直是在与疾病的抗争中不断探索着前进的，而循证医学是对已经做过的研究并发表过的文章的再总结。当权威的学术部门机构依据已发表过的研究的文章结论，进行再讨论认定，最终形成当下最新的指南，那么这个"证据"至少也得是三四年前的研究或治疗方案了。如果说循证的结论是对"三四年前的治疗方案"的总结和修正，本无可厚非，但非要以此来指导当前的治疗，甚至被奉为经典，到处大谈特谈，那对医学来说，到底是进步了呢？

还是倒退了呢？于布为教授在通过对循证医学中存在的"投资者误差""研究者误差""荟萃分析的写作者误差"以及"对经验近乎完全的否定"等理论缺陷的分析后，不由得感叹道：按照循证医学的逻辑，我们将看不到大师，看不到学术流派的争鸣，只看到一群由药厂培养出来的按照一个腔调去讲话的庸医。由此不难理解，对已经明确疗效的治疗方案，还要开展那些所谓大规模、多中心的重复研究的原因。气极之下的于布为教授义正词严："谁给了临床医生这样的权利，在科学的幌子下，剥夺了患者得到更好治疗的权利？"

最后，于布为教授坎坷而辉煌的成长经历着实令人唏嘘和赞叹。2岁不会讲话，被人误以为先天性耳聋；2岁时摔倒致脑部受伤，引发癫痫大发作，直至11岁治愈；5岁时患小儿麻痹症，走路困难（后来恢复）。仅是这些童年的经历，就难以想象；而更难以想象的是，有这样经历的人，还能通过不懈的努力，以优异的成绩考研、考博、出国，并通过大量的阅读写作，完成上述如此高深的思考，做出有利于推动中国麻醉事业前进的大事，想必于布为教授一定有异于常人的努力、坚持和思考。

孟子曰："故天将降大任于斯人也，必先苦其心志，劳其筋骨，饿其体肤，空乏其身，行拂乱其所为，所以动心忍性，曾益其所不能。"也许这是上天的安排，以磨炼其意志。然而，艰苦的环境增强的是体魄和毅力，并不一定能激发深度的思考。爱因斯坦说："如果给我1个小时去解一道题目，我会用55分钟去思考，只要思考正确，那么5分钟足够给出答案。"卡尼曼在《思考，快与慢》中写道："没有深入的思考，勤奋就没有意义。"于布为教授这些深度的思考得益于他广泛的阅读：他坚持不懈通读大量的中英文专业期刊、原著，增加了他专业知识的厚度；阅读大量的系列丛书，增加了他相关科学知识的广度；阅读大量的中外哲学著作，培养了他善于思考的习惯。

2024 年春节假期就要结束了，我庆幸能有这样一段宝贵的时光，让我沐浴在《老鱼头的麻醉随笔》一书中知识的海洋，感受于布为教授笔下文字营造的思考的广度和深度！"宝剑锋从磨砺出，梅花香自苦寒来。"承受过磨砺的于布为教授，插上勤于阅读、善于思考的翅膀，用行动引领着我们对麻醉医学的不断思考与探索……

韩传宝，江苏省人民医院麻醉与围术期医学科主任医师

深入了解疼痛，才能为患者止痛
——读《解释疼痛》（*Explain Pain*）

文/李长江

疼痛在人群中普遍存在，作为物理治疗师，理解疼痛及其相关因素，是有效治疗和管理疼痛患者极其重要的第一步。最近，我读的这本《解释疼痛》（*Explain Pain*）则是本领域最重要、最烧脑的著作。想要进入疼痛物理治疗领域，真正理解这本书是一切诊断推理和治疗管理方法的起点。

我们普通人大多经历过疼痛，这些疼痛体验影响着我们对疼痛的理解。轻微刮伤通常比严重擦伤感觉疼痛要少，而且随着伤口愈合，疼痛似乎会减轻，暗示我们所感受到的疼痛程度与受损程度直接相关。因此，疼痛通常被解释为身体受损的一个症状指示。如果疼痛持续，直观的解释是引发疼痛的损伤或疾病过程尚未得到解决。

许多临床医生所接受的训练强化了这种对疼痛的直观理解，大多数本科教科书无意中将疼痛描述为一种特异性的三级神经元疼痛通路激活的必然结果。疼痛被认为是一种病理症状，只有在损伤愈合后才会得到解决。很少有人能认识到并指出，这样的描述并非事实，只是过时的疼痛理论观念表达的大众化，经不起认真推敲。

有许多人受到严重创伤却感觉不到疼痛，例如士兵们在战斗中受到可怕创伤却无痛，鲨鱼袭击受害者肢体被咬断而无痛，运动员受伤继续比赛而无痛。每天我们所经历的，比如当我们注意到身体上的刮伤或瘀青时，却无法回忆起它们是什么时候发生的，也证明了这一点。这些例证表明，损伤及其产生的感觉信息可以独立于疼痛而发生。相反，幻肢痛的描述则突出了疼痛可以在没有明确的病理和感觉信息的情况下感觉到。

读完这本书，对我今后在临床治疗中有着巨大的操作及指导意义。它提醒我，作为一名物理治疗师，面对不同的患者都要认识到，每一种疼痛，无论是与严重损伤有关的，还是有助于保护的瞬间感觉，都取决于意义和环境。在实验中操纵有害刺激的意义或受试者的情绪会直接影响疼痛的强度。在临床上，疼痛的严重程度已经被证明是随着所感知的原因而变化的。

与经历过类似撞击过程的普通百姓相比，在战斗中受伤的士兵报告疼痛较轻，止痛的需求也较低；将疼痛归因于癌症复发的乳房切除术患者所报告的疼痛程度高于那些不这么认为的患者。越来越多的临床文献表明，疼痛强度和持续时间与情绪因素、灾难化、恐惧和对恢复的不良预期有关。

回忆此前治疗过的形形色色的疼痛患者，这本书给我的启示是：不要仅仅从纯粹的生物医学角度来处理人们的疼痛。疼痛并不是组织病理学异常的精确标记，而是一种不愉快的感觉，它无法脱离感觉和情感这两个方面的因素。疼痛感受来自生物、心理和社会领域因素的影响，并加快它所感知身体部分的保护（无论是否需要）。学无止境，医学更是如此，需要不断学习，不断进步，才能更好地服务患者。

李长江，新疆医科大学第五附属医院

高兴死了·难过疯了
——读《高兴死了》有感

文/杨春白雪

"世界上的一切都照常运转，而你却在生死线上挣扎。"这句话大概可以很忧伤地告诉我们抑郁症患者的心态，虽然当他们生病的时候，也许已经没有这样的情感意识了。

《高兴死了》是一本讲抑郁症的书，更确切地说，是一个精神病患者的自述和脑洞，只是作者是用愉悦、诙谐的口气讲出来的。如果你以为，作者是想凭借幽默的笔触让这本书变成一本令你开怀大笑的书，那便错了。翻开书的首页，作者说："这里面夹了一张2500万美元的钞票，所以你最好在店员发现之前，迅速把它买走。"我莫名其妙地被这种"无聊梗"调动了情绪，决定买下它，但2500万美元的钞票根本不存在。当然，这本书所传递的能量远远超过了它的商品价格，它让大家看到了作者努力抗争、努力生活的姿态。

作者"正常"时的豁达心态，让我想起网络上的段子：你有什么不开心的事情，说出来让我们开心一下。之所以为"正常"二字打引号，实在是因为作者是一个饱受多种精神病"凌迟"的患者，那些疾病的专业名词包括：高功能抑郁症、严重焦虑症、回避型人格障碍（类似社交焦虑症）、偶发的自我感丧失症、睡眠综合障碍症，以及轻度强迫症和拔毛癖。

这样一个已与悲伤断绝来往，甚至可以说与"恶魔"为伍的人，在"正常"时多少还有点愤怒的情绪，她说："我为生活向我扔出这种我根本接不住的弧线球而愤怒；我为人间悲剧的分配看似如此不公平而愤怒；我为自己没有其他的情绪可以用来表达而愤怒。"然而，愤怒没有让她消沉，因为这与她身上背负的那些随时爆发的"精神炸弹"相比太微不足道了，于是她霸道地说："我想要疯狂地高兴起来，出于纯粹的愤怒。"

为了疯狂地高兴起来，她变得更为自由、更为洒脱，努力实践着自己的想法。重度睡眠障碍给了她更多时间和自己的手机约会，在等待安眠药发挥药效的时间里，她将自己想到的"绝妙"主意记录下来发给自己，其中不乏无厘头的脑洞，比如她认为，人们之所以把舒适的日子过成"色拉时代"，是因为那些有钱人已经有钱到可以在餐桌上放一些原本就是用来扔掉的食物。

为了疯狂地高兴起来，她变得更为尖锐、更为独特。她说："我不理解人们为什么一直在宣传'不要甘于平庸，要做个与众不同的人'之类的想法。你已经极其与众不同了，每个人都极其与众不同。这就是为什么警察要用指纹来鉴别身份……我们没有人可以凭借与众不同而与众不同，因为与众不同是你所能做的最与众相同的事情。"

为了疯狂地高兴起来，她变得更为宽容、更为豁达。比如她给女生们支招，如果和老公吵架就一定要和他自拍，待他冷静的时候就可以用照片向对方证明"你看上去比我更生气"。而这样做的好处就是当你拍照时，对方"要么微笑，要么摆出一副臭脸，两者必选其一"，无论哪一种，你的目的都达到了。这样的例子无不透露出做人的哲学。再比如笔者夫妻俩总是因为将喝完一半的水乱放而招致争吵，于是他们互相承诺"再也不把喝了一半的水杯在屋子里到处乱放"和"如果不可避免地依然把喝了一半的水杯在屋子里到处乱放，也不能责怪"。

为了疯狂地高兴起来，她变得更为智慧、更为通透。我时常在想，是什么支撑重度抑郁患者在满脑子都被"自杀"二字，连身体也诚实地以身赴死时，还可以凭借信念从恶魔的手中逃出？她却告诉我："因为我从黑暗走向光明，又从光明走回黑暗，我看见了它们之间的鲜明对比。"

对于一个患有多种精神疾病的人而言，"高兴死了"意味着一个叫"高兴"的东西已经死去，因为他们已经感觉不到任何关于高兴的情绪，但这本书告诉我们高兴死了其实意味着我们应该向死而生，用疯狂的快乐来夺回发疯时被抢走的快乐，即使高兴地死去。

杨春白雪，台州恩泽医疗中心（集团）

"覆杯而愈"并非传说

——读《谢映庐医案》有感

文/单孟俊

"越数日,忽然寒热如疟,牙关不开,二便阻闭,气升呃逆,忙延数医。咸议中风重症,无从措手。余至视之,知为肺气郁闭,因慰之曰:'如此轻症,吾一剂可愈!'……顷刻二便通利,呃逆顿止……"

每每读至此处,我都拍案叫绝!这需要何等的自信、胆识和气魄!当然,基于这一切的前提是扎实的中医基本功,基于对病症的精准识别。

曾几时起,中医生们对中医能不能治病,能治什么病产生了怀疑和困惑。越来越多西医病名的出现和现代医学对疾病的认识逐渐占据了中医生们的大脑,从而出现了诸如"西医方法能治的西医方法治,西医方法治不好的中医也肯定治不好"的思想,中医逐渐成了可有可无的医学,或者觉得治"已病"太难,还是治"未病"吧!殊不知,"已病"的象已现,尚且毫无头绪,更何况"未病"之时一切尚在氤氲,更难判断,绝非随意补泻就能防患于未然。

再下去,中医怕是要无病可医!为什么会出现如此尴尬的境地?古时候的中医都是家族传承和师带徒,就像谢映庐,出身于中医世家,《谢映庐医案》也是医术传授时的教材。有这些能够独当一面的医家作为老师,首先学生对中医学是充满信心的，对老师是充满崇敬之心的，在理论学习的同时，日日跟诊也是必修课，每天的耳濡目染能够让学生迅速成长。而现今的医学院校培养模式则缺少了这种领路人和榜样的作用，学生学完理论知识是很茫然的，除了应付考试，什么也做不了。倘若有老师在你理论学习阶段起消极示范作用，那后果很严重。我在学中医内科学的时候，从附属医院过来给我们上课的老师就在课堂上自问自答：中医能治高血压吗？不能……中医能治糖尿病吗？不能……如果这也不能治，那也不能治，那中医的教学和传承还有何意义！

那是不是如今的中医就没有希望成才了呢？其实中医成才自古就不容易，尤其是要成为大家，更是难上加难！但即便如此，成为一个能独当一面的合格中医，还是有希望的，当然，这需要付出异于常人的努力，而且光努力还不够，得有正确的方法和途径。很幸运，在方向问题上，我没有走歪路。

我可以很确信，中医学习必须在《伤寒论》和《金匮要略》上花足够多的时间和精力。这是基石，这是门槛，否则很难建立起比较系统的中医辨证和治疗体系，至于学成熟练之后如何发展，那就是"修行看个人了"！

虽然现在中医也学习西医，学科越分越细，但抛开现代医学的进步，中医本身的疗效却越来越差。在没有养成中医整体辨证体系前，分科无疑让中医生们的诊疗思维越发狭窄和僵化，慢慢就沦落到只会开自己学科某几个疾病协定方的地步。

但合格的中医都是全科医生，因为中医辨证不需要受西医诊断的影响。

举几个例子。

黄仕沛教授治疗过一例法布里病，这种病全球罕见，没有人有经验，但是这并不影响黄教授的诊疗。根据患者的症状表现，黄教授判断该患者符合《金匮要略·中风历节》的描述——"诸肢节疼痛，身体尪羸，头眩短气，温温欲吐。"于是用了《金匮要略》中相应的处方桂枝芍药知母汤加味，经过一段时间的治疗后，患者痊愈。而黄煌教授用《伤寒论》中的五苓散加味治好了另一例罕见病：巴特综合征。我自己也深有体会，抛开西医病名，用纯中医的思路去辨证开方才能获得理想的疗效。

前不久我一朋友的儿子反复高热十日，儿童医院检查肺炎支原体弱阳性，但是退烧药和抗生素用后40°的高烧就是退不下来。找我看后，我判断为太阳伤寒（外感风寒），用了《伤寒论》中的麻黄汤，吃了一剂，当天体温就下来了，第二天就好了，连第二剂药都没喝。另外一位小患者，同样高烧不退，儿童医院检查后诊断为甲流，用了退热药体温不降。我看了以后判断为食积外感，开了保和丸的汤剂，也是喝下当天体温就下来了。同样像新冠感染，辨证、用方准确也一样能很快缓解和转阴，且不留后遗症。

但如果没有形成系统的中医诊疗思路，而代之以所谓先进的现代医学循证医学思维，往往会认为上述个案没有意义，若要确定有效，必须科学循证。比如纳入N个肺炎支原体感染的高热病人（或者仅仅是感冒发烧病人），用麻黄汤去治，看看能治好几个，而且最好随机对照一下；或者纳入N个甲流的病人，用保和丸去治，看看能治好几个；或者用同样的方法去验证桂枝芍药知母汤对法布里病、五苓散对巴特综合征的效果，但通常这种研究是得不出阳性结果的。所以，麻黄汤能治外感性发热吗？能也不能——因为只有当感冒发烧表现为太阳伤寒的麻黄汤证时，用麻黄汤才能覆杯而愈。但外感发热性疾病可以表现为太多的可能性，你完全没法预见他可能是何种证型、会用何方，最常见的外感发烧尚且如此，何况那些内科杂病、疑难病！所以目前最科学的临床研究方法能验证中医的疗效了吗？显然不能！而钟情和迷恋于科学研究的中医们会随着自己的研究而对中医越来越缺乏信心。

每个中医在自己的学习过程中都会碰到困惑，遇到瓶颈，怎么办？找名师，找经典，找榜样，像谢映庐这样的医家及其医著，就是很好的老师和榜样，他们会给你信心和动力，指引你不断前行，让你在迷茫、无助、彷徨时不至于迷失方向和初衷。

行医者前路必然充满荆棘，必然充满各种艰难险阻，但我们依然需要不忘初心。初心不变，沿着正确的方向坚定地走下去，即使无法成为一代名医，也依然可以领略一路的美景，可以品尝救死扶伤后的安慰和欣喜。

单孟俊，上海中医药大学附属龙华医院

从《三体》科幻浅谈未来医学技术
——读《三体》有感

文/孙灵跃

　　《三体》是刘慈欣老师的科幻小说系列，被誉为中国科幻文学的巅峰之作，也是目前中国科幻小说面世以来影响最为广泛的作品之一。该系列小说以"三体"为线索，以宇宙、科学、文化等元素为背景，探讨了人类文明、宇宙文明、道德、哲学等深刻的主题。《三体》是一部充满科幻元素的小说，其中展现的未来医学科学技术也是小说中的一个重要主题。

　　小说中所描述的未来医学科学技术具有非常高的科幻性。其中令人印象深刻的有以下几类：1.全息医学影像技术：能够以全息图的形式呈现出病人的身体内部结构和器官的情况，甚至可以进行三维重建。这种技术极大地提高了医生的诊断能力，让医生能够更加准确地了解病人的身体状况。2.生物纳米技术：利用纳米技术的手段，将生物体内的微小结构进行操控和调整，实现治疗和修复的目的。这种技术可以在非常微小的尺度上进行操作，能够精确地治疗疾病，减少对身体的损害，提高治疗效果。3.空间生物技术：利用太空环境的特殊条件，为某些疾病的治疗提供新的思路和方法。例如，太空环境的微重力状态可以有效减少肿瘤细胞的增殖，同时还能够利用太空环境中的高能粒子进行治疗。4.心理治疗技术：通过虚拟现实技术让病人进入虚拟现实的世界中，接受心理治疗，这对于一些心理疾病的治疗非常有帮助。另外小说中还描写了一种名为"星际传送"的医疗技术，它可以将人的大脑信息扫描并传送到远处，使得医生可以在不同的星球上进行诊断和治疗。此外，还有通过遗传学手段控制人类智力和身体机能的技术、可以延缓人类衰老和延长寿命的技术等。这些技术的想象力十分丰富，令人叹为观止，也使得未来人类的生命和健康得到了前所未有的保障。

　　然而，从现实角度来看，这些技术还不能完全实现。目前，全息医学影像技术在现实生活中已经得到了一定程度的应用，但是其在医学影像学中的地位还远远不够突出。随着 3D 打印技术和人工智能技术的快速发展，这种技术的应用可能会更加广泛，但是需要更多投入和研究。生物纳米技术在现实生活中已经取得了一定的进展，例如在药物传递和细胞工程领域已经有了应用。但是生物纳米技术面临的挑战也很大，例如如何控制纳米粒子的分布和生物相容性等问题。因此，实现生物纳米技术的应用还需要更多的科学家投入这个领域，深入研究并解决问题。空间生物技术在实际应用中已经发挥了一定的作用，例如对航天员的健康监测和疾病预防。但是，其应用范围还比较有限，因为实施成本高昂。未来随着太空科学和技术的不断进步，这种技术的应用可能会更加广泛。虚拟现实技术在现实生活中已经被应用于心理治疗领域，例如在恐惧症、创伤后应激障碍等方面取得了一定的效果。但是，这种技术的应用还有待进一步发展和完善，比如如何创造更加真实和沉浸的虚拟现实环境，以及如何更好地评估治疗效果等问题。另外，人类对于大脑信息的处理和理解还十分有限，因此想要通过扫描人类大脑信息来进行诊断和治疗仍然存在非常大的难度。此外，遗传学方面的研究也存在许多伦理和法律问题，需要严格监管和规范。即便是寿命延长技术，目前的研究也还处于初级阶段，要想实现对人类寿命的显著延长仍然存在非常大的挑战。我们需要认识到科幻小说中的未来科学技术并非一定能够实现。不过，我们可以从中看到未来医学科学的发展方向。例如，随着生物医学和计算机技术的不断进步，人类对于生命科学的认识和处理能力也将不断提高，这可能会带来更多的医学科学技术革新。此外，基因编辑技术、细胞治疗、人工智能等新技术的出现也有望为医学科学带来更大的变革。

未来的医学科学方向应该朝着人性化和普惠化的方向发展。虽然小说中所描述的未来医学科学技术令人兴奋，但是我们需要认识到，医学科学技术的发展应该以实际应用为导向。未来的医学科学还应该注重全球合作和共享。随着全球化的发展和互联网的普及，人们之间的距离和信息壁垒正在逐步消失，医学科学技术的发展也不再受限于国界和地域。未来的医学科学应该注重技术的可行性和安全性，更加注重人文关怀和社会责任，促进全球合作和共享，为人类健康和福祉做出更大的贡献。

孙灵跃，上海交通大学医学院附属仁济医院心内科